新时代教师发展丛书

教师怎样做

教学诊断

◎ 严先元

汪 玲

编著

教师德怎样让师师德师风落地生根
教师怎样引导学生用好信息技术
教师如何进行教育学习方式
新课师怎样做教育行动研究
教师怎样做教学诊断
教师的课堂教学是什么样子
教师怎样设计一堂好课
教师怎样进行校本研修
教师怎样进行课堂教学质量的管理

东北师范大学出版社
NORTHEAST NORMAL UNIVERSITY PRESS

·长春·

图书在版编目(CIP)数据

教师怎样做教学诊断 / 严先元,汪玲编著. —长春:
东北师范大学出版社,2020.7
(新时代教师发展丛书/严先元主编)
ISBN 978 - 7 - 5681 - 7009 - 3

Ⅰ.①教… Ⅱ.①严…②汪… Ⅲ.①中小学—教学
研究 Ⅳ.①G632.0

中国版本图书馆 CIP 数据核字(2020)第133096号

□责任编辑:孙红光 □封面设计:隋福成
□责任校对:李 杭 □责任印制:许 冰

东北师范大学出版社出版发行
长春净月经济开发区金宝街 118 号(邮政编码:130117)
电话:0431-84568164
网址:http://www.nenup.com
东北师范大学音像出版社制版
辽宁新华印务有限公司印装
沈阳市张士经济技术开发区中央大街六号路 14 甲—3 号
(邮政编码:110021)
2020 年 7 月第 1 版 2020 年 7 月第 2 次印刷
幅面尺寸:169 mm×239 mm 印张:15.5 字数:224 千

定价:88.00 元

总 序

　　教师是立教之本、兴教之源。教师作为教育发展"第一资源"的价值判断，确定了教师在实现中华民族伟大复兴中国梦进程中的重要作用。中共中央、国务院在《关于全面深化新时代教师队伍建设改革的意见》中明确指出："教师承担着传播知识、传播思想、传播真理的历史使命，肩负着塑造灵魂、塑造生命、塑造人的时代重任，是教育发展的第一资源，是国家富强、民族振兴、人民幸福的重要基石。"这不仅强调了教师与现代化国家的共生关系，更突出了建设高素质、专业化、创新型教师队伍与建设具有中国特色社会主义现代化强国之间的密切关联。

　　党的十九大报告指出，使命呼唤担当，使命引领未来。建设高素质、专业化、创新型教师队伍任重道远。我国有研究者指出，建设这样一支队伍主要有三条基本途径：一是个体内在路径，二是制度外部路径，三是文化融合路径。① 本书在这三个方面都有涉及，但更多地聚焦于教师主体性实践的个体内在路径，对当前广大教师来说，这可能是更适切的。

　　关于本丛书内容选择，主要出于以下考虑：习近平总书记曾在《求是》杂志发表《一个国家、一个民族不能没有灵魂》的重要文章，他引用《左传·襄公二十四年》中的话"太上有立德，其次有立功，其次有立言"，教导我们要"立德""立功""立言"，才能创不朽之业。本丛书重视通过"以德立身、以德立学、以德立教、以德育德"，促进师德修养提升，不仅有专册论述，而且在各册中突出价值定位和价值引领。由于教师的"建功立业"在时

---

　　① 朱旭东，宋萑，等. 新时代中国教师队伍建设的顶层设计 [M]. 北京：北京师范大学出版社，2018：8-9.

间和精力上大多用于"教学活动",特别是用在"提高教学质量的主阵地——课堂教学"上,因此我们针对教学诊断、教育评价、教育行动研究、校本研修等都做了分册撰述。同时,根据教师专业的特质,教师发展必须以"实践性知识"作为支撑,我们也从校本研修、行动研究、技术促进学习和提高信息素养等方面做了一些专门的讨论,希望教师以"立言"的形式进行创新探索,积淀经验成果,实现交流互动。

建设教育强国是中华民族伟大复兴的基础工程,我们每一位教师都为投身这伟大斗争、伟大工程、伟大事业、伟大梦想而深受鼓舞。我们深信,经过奋发努力,"教师综合素质、专业化水平和创新能力大幅提升,培养造就数以百万计的骨干教师、数以十万计的卓越教师、数以万计的教育家型教师","广大教师在岗位上有幸福感、事业上有成就感、社会上有荣誉感,教师成为让人羡慕的职业"的目标一定能实现。

为此,我们期待着本套丛书的出版能够为广大基层教师的教育教学工作带来一定的帮助。

2020 年 7 月

前　言

　　"诊断"是人们耳熟能详的一个词语，在治病救人的医疗实践中，诊断是运用某些技术或方法对特定对象的症状、病理、治疗、护理、康复等进行科学判定的活动，虽涉及一系列的"作业"，但本质上是一种"智慧"的运演。"教学诊断"作为一种隐喻，是指对教学系统（主要是指教师的"教"、学生的"学"以及"教"与"学"的环境因素）存在的"病症""病因""病理"进行考察、分析和推断的过程，旨在发现问题和解决问题，是教师了解和认识教育对象、分析和解构课程内容、审视自身工作必不可少的专业素养。

　　学生的学习常常伴随一个"试错"的过程，甚至可以说错误或毛病是学习不可或缺的一部分，因此"诊断"即指正，"诊断"即引导。心理学研究中有一个蔡格尼克效应，由此我们可以推断，在学习过程中，某些内容由于"受阻"而可能产生更为深刻的"印痕"，这对后来的学习能有所帮助。也有测试效应之说，证明测试发现问题可以直接促进学习，包括"为学习提供必要的难度"、"促进学习的精细加工"和"为学生提供策略转移的机会"等。这些研究其实都启示我们，发现和揭示学习中的问题，具有积极的意义，而"对症下药"是水到渠成之举。

　　教学诊断是一种严谨的专业实践，学校教学中的问题极为多样繁复，本书只是提供一个基础的操作框架，希望老师们重视这一问题，在教学中不断探索，总结经验，为实现公平而有质量的教育做出自己的贡献。

目 录 Content

第一章

什么是教学诊断

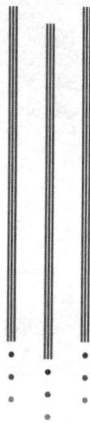

教学诊断是针对教师和学生为达到教学目标的共同活动，运用一定的方法和技术所进行的一种问题分析与判断。

教学是教育系统的一个子系统，有它自身的功能、特性和运行规律。当教学系统运行偏离了目标或出现了系统障碍时，就须及时发现，找出问题的原因，做出恰当的处置，以保证系统正常健康地运行。这一工作在很大程度上要诉诸教学诊断。

一、　教学诊断的意义

"诊断"是人们耳熟能详的一个词，《现代汉语词典》（第5版）把它解释为"在给病人做检查之后判定病人的病症及其发展情况"。教学诊断，也可以大致理解为对教学系统的"病症""病因""病理"进行分析、推断的一种实践活动。当然，这是一种临床的病理学角度的看法，许多专家都持这种看法，如朱智贤在《心理学大辞典》中指出，心理诊断"是用心理学的方法评定病人的心理障碍，确定它的性质和程度，从而有助于疾病的辨别"[①]。也有一些研究者从更广泛的意义上来看待诊断，如斯通和尼尔森认为："诊断并非局限于缺陷，而是适合于所有学习者的有效教学的内在组成部分……诊断是对学生的需要状态、学习条件或缺陷的科学描述或分类。"[②] 学者黄月霞认为："诊断过程应视为帮助儿童的起始评定阶段。事实上，它是认识儿童和了解儿童的过程。"[③]

（一）教学诊断的界定

对于教学诊断的界定须注意两点：首先要明确"教学"的含义是什么，这涉及教学诊断的"对象范畴"；其次要弄清教学诊断主要是做什么的，这涉

[①]　朱智贤. 心理学大辞典［M］. 北京：北京师范大学出版社，1989：773.

[②]　DAVID R S, ELWIN C N. Educational Psychology：The Development of Teaching Skills［M］. New York：Harper & Row Publishers，1982：315—316.

[③]　黄月霞. 儿童辅导与咨询［M］. 台北：桂冠图书股份有限公司，1986：67.

及教学诊断的"操作范畴"。

教学是教学诊断的对象领域。由于教学是一种复杂的社会活动范畴，大体上说，教学本身的内在要素构成及其相互关系是相对稳定的，在教学中也较为易于觉知和把握，因此，在教学诊断中可以把教学作为一种基础性的认知。在此基础上出现的随时代发展而进行的实践探索，则昭示了一种积极的变革走向，是教学诊断的进取要求。当然，我们也力求找出一个聚焦点，使之在操作上有清晰的定位。

（1）教学活动的基础性构成

根据李定仁和徐继存的研究，我国对教学概念的解释可以分为以下四种类型①：

第一种解释是从教师、教育者的角度来界定的。典型的表述有："教学是传授知识、技能的过程。""教学就是经验的传递。""教学是教师根据社会需要，按照确定的教育目的，通过向学生传授知识完成教学任务的双边活动。"

第二种解释是从学生学的角度来界定的。典型的表述如："教学是学生在教师指导下，在掌握知识过程中发展能力的活动。在此基础上增强体质并形成一定的思想品德。""教学是一种以教材为中介，学生在教师指导下掌握知识的认识活动。""教学是指学生在教师有目的、有计划的指导下，积极主动地掌握系统的文化科学基础知识，同时发展智能和体力，并形成一定思想品德的活动。"

第三种解释是从教师和学生协同活动的角度来界定的。典型的表述是"教学是教师教和学生学的统一活动"。

第四种解释是从教师教和学生学的角度来界定的。典型的表述如"教学即教师引起、维持、促进学生学习的所有行为方式"。

在对上述四种解释进行综合评价时，李定仁和徐继存写道："围绕着'教学生学'，以及作为其背景的教与学'共同活动'的教学含义进行的各种研究及其取得的成果，表明在对教学概念的界定上，目前已达到相当高的理性、综合的层次。"② 这说明后两种对教学的解释，应当是当前我国教育界对教学

---

① 李定仁，徐继存. 教学论研究二十年 [M]. 北京：人民教育出版社，2001：51—56.
② 李定仁，徐继存. 教学论研究二十年 [M]. 北京：人民教育出版社，2001：51—56.

实质认识的最高水平。

从上面对"教学"的界定，我们可以这样认为，教学作为教学诊断的对象，主要涉及两个方面：

- 教师的"教"与学生的"学"两种活动构成协同的系统；
- 以智育为主要任务，并涵盖德、智、体三个方面的目标。

（2）课堂教学改革的实践探索

我国著名教学论专家裴娣娜在 2018 年指出[①]，改革开放 40 年，我国课堂教学改革研究实现了深刻的历史性转变。

一是揭示了课堂教学生成发展的核心内涵。

课堂教学改革的核心概念包括以下五方面：体现发展观的教学目标及其多元价值取向，实践活动与教学认识，合作交往与教学的社会性，人文科学统整与教学文化性，教与学方式变革与学生差异发展。

课堂教学改革形成了三个基本命题：课堂教学是一种使人找到生命自觉的变革性实践；从"学会生存"、"学会关心"到"学会发展"，是课堂教学阶段性目标实质性的超越；课堂教学是在变革与适应、解放与控制、继承与创新的互动中建构与生成的。

二是重构了课堂教学结构要素及其研究体系。

课堂教学以学生学习与发展为核心进行重构，形成了"目标理念、内容选择、进程设计、方式策略、反思评价"五个基本要素。

在目标理念上，经历了从"知识点""三维目标"到"四基"的发展过程，实现了从关注知识体系到关注学生学习成长，从学科中心转向学生中心，从应试和知识本位转向提高素质、育人为本，实现了学校教育从"工具论"到"发展论"研究主题的时代位移。

在内容设计与选择上，批判旧的唯理智主义知识观，关注学科知识的整合，关注学生生活经验的积累，关注与现实生活实际的联系，关注为学生提供更多的自主选择的学习机会。

在课堂教学的进程设计和方式上，关注学生的主动参与，让学生在观察、

---

① 裴娣娜. 为了每一个学生：中国课堂教学改革 40 年的实践探索 [J]. 中小学管理，2018（11）.

操作、讨论、质疑、探究中，在情感的体验中，学习知识，完善人格。从教师系统讲授为唯一方式，到学生自主、合作的学习探究，关注学生学习过程中问题意识和创造性思维品质的培养。无论是对以知识学习为中心的"目标—策略—评价"模式，还是以儿童经验习得为中心的"活动—体验—表现"模式，这无疑都是一个重要突破。

三是创生了课堂教学实践的多种形态。

课堂教学实践的多种形态集中在对"要构建什么样的课堂"这一问题的回答。我国中小学实践工作者打通了由理论向现实转化的路径，创生了种类繁多、各有特色的课堂形态。

研究者尝试对当下各种课堂形态进行描述性归纳，概括出以下类型：①基于生命自觉的课堂。如生命课堂、生本（学本）课堂。②基于情境教育、生态观、素质教育、教学文化的课堂。这种课堂致力于创设问题的情境，展示思维过程，使学生有较高的思维活动的质和量。③基于回归生活的课堂。其教学关注点是"联系生活""创设情境""活动体验"。④基于合作交往的课堂。这类课堂更关注学生的社会交往意识、社会角色规范和社会交往技能，引导学生学会合作，学会人际协调、相互尊重、自尊自信，培养学生社会适应性。⑤基于信息技术条件下的智慧课堂、个性化学习课堂。

此外，除了从国外引进的如"翻转课堂"，还有关注成效的若干"高效课堂""品质课堂""自主学习与发展课堂"等。无论何种类型的课堂形态，均呈现出课堂教学的基础性、实践性和文化性。

四是构建了基于本土的课堂教学研究范式。

研究方法论的变革是使课堂教学改革保持生命力的根本动力，研究呈现三个主要特点。

其一，多学科的研究视角。多学科的研究视角不仅有教学论、学科教育学、教育心理学，还有教育社会学、语言学、生态学、发生学、现象学以及信息科学等。如从心理学角度审视剖析学生学习过程中的思维品质、认知发展和知识获得（林崇德、黄希庭）。多学科的话语，体现了中国课堂教学改革开放、多元的重要趋势。

其二，具有中国特色的教育实验研究。首先，坚守"教育实验首先是教育思想的实验"这一命题，以高位理念引领，充分挖掘实验主体的主观能动性和创造性，以区别于自然科学的实验。其次，呈现出多种类型。既有在一定教育思想理论指导下由高校及科研单位研究者策划主持的教育实验，如主体教育实验、新基础教育实验、课堂教学社会学研究、"结构—定向"教学实验等，也有以解决实践中学生学习成长中的问题为核心，以教育实践工作者为主体的数量众多的教育实验，如整体改革、创新教育、差异教育、情境教育等实验。除此之外，还有引进国外先进理论的验证性实验和以大面积提高课堂教学质量为目的的教育实验，如目标教学实验、新教育实验、初中学习困难学生的教育实验、中学实验等，其以减负增效为目标，针对性强，规模大。

其三，优势互补、联合攻关的研究团队。我国课堂教学改革形成了由高校研究人员、中小学实践工作者以及地方教育行政干部组成的合作共同体研究队伍，三方合议，跟踪全程，在理论与实践的对话碰撞中共同创生教学范式。这同样是一种有创意的研究范式的建构。

（3）建构学习中心课堂

学校教学的特点就是学生是在教师指导下学习的，教与学形成相互依存、相互作用的关系，这比学生自发式的学习更经济、更有效。同时，教师不能越俎代庖，因为学生是学习的主体，也是自我发展的主体。我国 21 世纪素养的提出及相应的课程改革，共同引导着教学趋向以学生为中心，促进学生自主学习，设计并开展基于问题或基于项目的学习。[①]

我国有的研究者针对我国教学中的痼疾，提出如下策略：亟须呼唤学生的立场，彰显学习的责任；注重理念的先行，从生活世界、人际关系和自我关系三方面重新反思学习；注重多元共生，构建以学习为中心的可行路径，倡导探究的、合作的、反思性的学习方法，促进学生迈向整体性学习。更有研究指出，从已有课堂教学改革的经验、相关理论研究的倡导和国家推行的教育改革的趋势三个层面来看，建构学习中心课堂应该成为我国当今课堂教

---

① 刘晟，魏锐，周平艳，等.21世纪核心素养教育的课程、教学与评价［J］.华东师范大学学报（教育科学版），2016（3）.

学转型的基本取向。① 学习中心课堂是指以学生学习活动为整个课堂教学过程的中心或本体的课堂。在学习中心课堂中，课堂教学过程的组织要尽可能让学生能动、独立地学习，并使之成为其学习的基本状态，使学生的能动、独立的学习占据主要的教学时空。在学习中心课堂中，教师的指导作用仍然是不可缺少的，但指导在教学过程中的地位和功能要进行调整，即要从课堂的本体、目的调整为促进学生能动、独立和有效学习的条件或手段。②

根据我国已有的"草根经验"，研究者提出下面的操作框架：

第一，以学为本（少教多学）。将教学过程关注的焦点从教师的教转向学生的学，以学生的有效学习为整个课堂教学的中心。为此，在课堂教学时间分配上，倡导学生的主动、独立的学习占据大部分课堂教学的时间和空间；对应地，减少或限制教师单向讲授的时间。

第二，先学后教。主张凡是学生自己能学习的内容放手让学生自己先学习，教师在学生自学之后，主要针对学生学习的难点进行有针对性的点拨、讲解。

第三，以学定教。教师的教的内容、方式、速度、难度，以及评判教的效果等，要以学生学习中存在的问题、疑难、需求以及学习的质量、效果来确定和评价。

第四，教学组织形式的变革。为落实以学为本、先学后教、以学定教等理念，在教学组织形式上，将学生个体学习（自学）、小组学习（互学）、全班学习（共学）等不同的教学组织形式结合使用，打破传统教学以全班集体教学为唯一组织形式的格局。

第五，教与学的方式的变革。首先改变教师教的方式，将传统的以讲授为主的教的方式改变为方法指导、反馈评价、过程组织、互动交流、个别辅导等多种方式；对应地，学生学习的方式也从单一、被动"听学"（通过听教师讲来学习）和作业，过渡到主动学（乐学、趣学），多方式学（看书思考、主动提问、与人交流、自我检测、作业训练、反思总结等），个性化学（自由

① 陈得君，毛菊. 反学习行为批判及其应对策略：兼谈建构以学习为中心的可行路径 [J]. 教育理论与实践，2019 (13).
② 陈佑清. 建构学习中心课堂：我国中小学课堂教学转型的取向探析 [J]. 教育研究，2014 (3).

表达、独特地表现）。另外，有的学校的教学改革带有综合、整体的性质，不仅是改革课堂教学模式（教学流程），还改变了教学管理制度（如洋思中学的"日日清、周周清、月月清"制度）等。

综观上述教学改革经验，我们可以发现，尽管这些改革经验在教学过程的具体组织上不完全相同，但在涉及的课堂教学改革的核心内容和主题上，是高度相似甚至是一致的，其主要包括教与学的关系（教与学占用教学时间的比重、教与学的先后顺序）调整、教学组织形式的改变（教学空间布置变化），以及教学活动方式的变革。这些调整和变革的核心追求或主题是通过改变教与学的时空结构及活动方式，落实学生在教学过程中的主体地位和自主学习方式。

（二）教学诊断的要义

教学诊断是对教学的诊断，那么这种诊断的内涵有什么特殊之处呢？

• 教学诊断是教育诊断的一个子项目

这是针对教学诊断指向的特定范围而言的。教育系统虽然从属于更大的社会系统，但它内部存在诸多相互联系又相对独立的子系统，教学系统就是其中之一。教学诊断只是对教学系统进行诊断时的一个子项目，强调这一点不仅是要限定诊断的对象范围，而且强调要用系统的思维在相互联系中来看待和分析教学中的现象、问题和原因。

从教育病理学的角度讲，既然教学作为教育系统中的一个子系统，同其母系统一样，就可能会产生各种疾病。在本质上，当母系统生病或处于不健康状态时，其子系统也就不可避免地患病或处于不健康状态。结构功能理论的研究已证实了这一点：系统结构出了任何问题，都可能影响系统的子系统。同理，一旦任何子系统出了问题，系统本身和其他子系统也将受到影响。所以子系统患病有两种可能：

一是子系统本身出了障碍，产生疾病；

二是母系统带来的、造成的疾病。

教学这一子系统，它的最大疾病莫过于不能正常实现教学的各种功能①。

• 教学诊断是对教与学的实践活动进行的诊断

按照苏联心理学家阿·尼·列昂捷夫的说法，"活动是以心理反应为中介的生活单位"，"人的活动是以动作和动作链索的形式存在的"。教与学的共同活动是一种实践活动，它表现为一种外在的"动作总和"或"动作链索"，教学诊断正是以这种外部的表现为依据做出分析和判断的。这种分析和判断无疑会涉及心理活动，但它对内在心理活动的分析一般不会在生物学的层面上进行，即不对遗传的、生理机能方面的原因深究，而只是对后天习得的、学校教学中出现的、影响达成目标的各种行为做出诊断。这是教学诊断有别于心身医学、心理诊断与治疗的地方。

• 教学诊断是一个发现问题、分析问题和指出解决问题思路的过程

教学诊断主要是针对教学中的疾病或问题而展开的。而疾病的存在对于有机系统来说是普遍的，几乎是不可避免的。"在完全意义上，我们还找不到一个已彻底摆脱所有病症纠缠的教学系统——小到一个学校的教学、一堂课的教学，大到一类学校的教学、一个国家的教学，任何教学系统都或多或少受着一种或多种教学病症的折磨。教学系统的这种性质可以称为'教学系统的患病性'，即教学系统的疾病是不可避免的，教学系统的完全健康状态是不可达到的。"② 教学诊断就是要根据教学系统的问题，通过搜集各种不正常现象（病态和症状）的信息，追索这些现象产生的原因（病因）并揭示其本质（病理），提出防治的建议或开出补救的"处方"。所以说，教学诊断是一个发现问题、分析问题并指出解决问题思路的过程。

• 教学诊断有一套科学的操作规范

教学诊断需要运用一定的工具和技术去获取科学结论。和医生诊断疾患一样，教学诊断需要借助一定的诊断工具。这些工具有的是物质性的，如测试手段、调查表格、问卷、观察记录表等；有些是精神性的，如概念工具、教学原理、教学规范等。在教学诊断时，还要运用一系列方法，如观察、调查、测量、作品分析等；也要采用特定的技术，如课堂教学中的互动分析技

---

① 裴娣娜. 现代教学论：第二卷 [M]. 北京：人民教育出版社，2005：334.
② 裴娣娜. 现代教学论：第二卷 [M]. 北京：人民教育出版社，2005：364.

术，学生学习问题诊断中的任务分析技术、心理分析技术等。总之，教学诊断有一套科学的操作规范，力求准确地确定教学的病症和病因。

• 教学诊断是对客观存在的一种主观判断

教学诊断必须占有大量的、客观存在的真实信息，以便正确地"诊"出问题，所以，教学诊断是建基于客观存在的事实和现象之上的，这是教学诊断的一个重要属性。但是，要对这些客观存在的事实做出分析和推测，准确地"断"出个结论来，要经过诊断主体的一番复杂的、积极的思维活动，这不仅因为教学现象本身极为复杂，因果之间、要素之间绝非线性的、单向的相互作用，它们之间的关系和联系错综交织，而且因为认识和判断这些复杂现象的人，还会带着自身的价值倾向、教学理念和专业素养进入教学诊断，做出的诊断当然也可能见仁见智，莫衷一是。这也是强调规范教学诊断操作的原因之一。

综上所述，我们认为，教学诊断是针对教师和学生为达到教学目标的共同活动，运用一定的方法和技术所进行的一种问题分析与判断。这种分析与判断的基础是对问题的发现，即把握客观的现象与事实及其背后的原因，而目的在于找出防治措施，提出解决问题的建议。

（三）教学诊断的作用

教学诊断的作用是由教学诊断的功能所决定的。如果把教学诊断的主要功能定位于发现、分析和解决教学中的问题，那么，教学诊断的作用主要体现在以下方面：

1. 提高教学质量

党的十九大报告指出，中国特色社会主义已进入新时代。与中国特色社会主义发展同步，中国特色社会主义教育也进入新时代。《国家中长期教育改革和发展规划纲要（2010—2020年）》提出，把提高教育质量作为新时代教育改革与发展的核心任务。就教学诊断而言，一切诊断都离不开对"教育质量"的理解。

（1）教育质量的含义

• "质量"的定义

"质量"是人们耳熟能详的一个词语，除了作为一个物理量外，通常"质量"被解释为"产品或工作的优劣程度"。但这个解释也引出一个问题，那就是怎样来确定产品或工作的优劣程度。国际标准化组织（简称 ISO）发布的 ISO 质量管理体系标准将"质量"定义为"一组固有特性满足要求的程度"。这里的"要求"是指顾客和其他相关方明示的、通常隐含的或必须履行的需求或期望。[①] 这一定义有助于我们从固有特性和满足需求两方面来理解教育质量。

• 教育的固有特性

教育的固有特性主要指教育的根本性质。正如有学者指出的，"对教育质量的评估必然与对教育'本质'的理解相联系"，"判断教育质量的标准决定了教育质量的定义"。[②]

毫无疑问，教育的固有特性是"育人"。鲁洁教授讲，教育"以人之生成、完善为基本出发点，将人的发展作为衡量的根本尺度，用人自我生成的逻辑去理解和运作教育"，"把促进人的发展和生活的完善作为教育的根本出发点和归宿，教育要以'育人为本'"。[③]

如果将"育人"视为教育的固有特性，那么，"育人"又将派生出两种性质：一是"生产"活动的性质——培养人才，人才即其"产品"；二是"服务"活动的性质——为广大人民群众提供公共服务，办人民满意的教育。应当看到，这两种性质反映在质量上、认定上并不相同。就生产来讲，质量由作为生产结果的产品来体现，所以产品生产最重要的是结果。服务的过程本身就是服务，严格地讲，服务是一个过程，服务质量体现在服务过程之中。

• 教育如何满足需求

教育作为一种公共服务，它服务的对象不仅包括学生及其家长，还包括

---

① 国家质量技术监督局. 中华人民共和国国家标准：质量管理体系标准 [M]. 北京：中国标准出版社，2001：8，11—12.

② 沈伟，卢乃桂. 问责背景下的教育质量：何为与为何 [J]. 全球教育展望，2011 (2).

③ 鲁洁. 教育的原点：育人 [J]. 华东师范大学学报（教育科学版），2008 (4).

政府、高一级学校和用人单位。有研究者指出①，如果我们把服务提供和有形产品生产都理解为一个"输入—过程—结果（输出）"过程，那么，服务质量必须通过输入、过程、结果（输出）三个方面来表现。从满足需求的角度来说，对于学生及其家长，教育的输入、过程和结果是同等重要的；对于政府，由于其肩负为公民提供教育机会的责任，确保学生受到公正的对待，所以政府在关注教育结果（输出）的时候，也关注教育过程；对于用人单位和高一级学校，质量主要通过教育结果来体现。因此，我们应该树立全过程质量的教育质量观，注重通过教育的各个环节以及教育的多种质量特性满足学生及其家长、政府、社会对教育的不同要求，有效地提高教育质量。

（2）教育质量的特性

由于教育提供的"产品"与"服务"，其质量特性并不完全相同，因此，有学者提出，应该在结合教育"服务"质量特性和教育"生产"质量特性的基础上，突出教育"服务"的质量特性②。这样，可以把教育质量特性具体归纳为功能性、文明性、舒适性、时间性、安全性、经济性和可信性七个方面。这对我们有很大启示。

在理解和把握教育质量的意义时，以下三个方面的质量特性最为重要。

• 教育质量的功能特性

教育质量的功能特性即教育的过程和结果是否发挥了应有的育人作用和效果，是否落实了立德树人的根本任务，课程与教学目标落实的程度如何，等等。

• 教育质量的需求特性

教育必须满足其消费者的需求。不同的教育消费者的需求是有所不同的。在教育发生的第一时间，教育的直接消费者是学生，但最终消费者还包括家长、用人单位、高一级学校、社会以及政府等。因此，在总体把握教育质量的功能特性的基础上，可以有针对性地变换关注的角度。面对学生及其家长

---

① 参考程凤春 2010 年发表于《中国教育政策评论》的《教育质量特性的表现形式和内容——教育质量内涵新解》。

② 参考程凤春 2010 年发表于《中国教育政策评论》的《教育质量特性的表现形式和内容——教育质量内涵新解》。

时，应更多从服务属性的角度来考虑教育，全方位地满足他们的质量要求；面对政府、高一级学校和用人单位时，应更多从生产属性的角度来考虑教育，侧重于用教育结果满足其质量要求。

• 教育质量的价值特性

在关注教育质量的功能特性和需求特性时，必须重视其价值表现的"正当性"，如："文明性"——满足精神文明要求；"安全性"——生命与财产不受侵害与损失；"经济性"——尽量减少时间与其他资源耗费；"可信性"——让消费对象感到放心；等等。①

基于教育的质量特性，我们不难确立一个认定教育质量的框架：①教育作为一种"育人"的生产性活动，其质量可以由"产品"来体现，表现在达成培养目标的水平上，这反映了教育质量的功能特性。②教育作为一种服务性活动，其质量体现在服务"过程"之中。"过程"的质量主要应视其"合规律"与"正当性"的状况，这反映了教育质量的价值特性。

据此，认定教育质量应当做的工作主要就是两项：一是确定学生达成培养目标的"标准"；二是建立组织教育活动过程的"规范"。这其实就是研究者所提出的下面的观点：对于关注结果的教育质量与注重过程的教育质量而言，虽然结果与过程密切相关，但仅仅关注结果的教育质量是一种"事后检测"，难以及时地发现、解决教育中的问题，因此，正确的教育质量观应把结果与过程有机结合起来。②

（3）科学的教育质量观

观念是行动的先导，确立科学的教育质量观，是提高教育质量的措施的指导思想和内在依据。《国家中长期教育改革和发展规划纲要（2010—2020年）》把提高教育质量作为教育发展的核心任务，提出树立科学的质量观，把促进人的全面发展、适应社会需要作为衡量教育质量的根本标准。

• 适应社会发展需要

我们知道，"质量"是满足需要的一种属性，"质量"首先要适应社会发

---

① 石中英. 关于当前我国中小学价值教育几个问题的思考 [J]. 人民教育，2010（8）.
② 李润洲，张斌贤. 教育质量的三维解析 [J]. 中国教育学刊，2013（7）.

展需要。从我国当今社会发展的要求来讲，就是要按照科学发展观的要求，坚持育人为本，尊重教育规律，全面实施素质教育。在人才观上，要树立全面发展的观念、人人成才的观念、多样化人才的观念、终身学习的观念以及系统培养的观念。贯彻党的教育方针，核心是解决好培养什么样的人、怎样培养人的重大问题，重点是面向全体学生，促进学生全面发展，着力提高学生服务国家、服务人民的责任感，培养其勇于探索的创新精神和善于解决问题的实践能力。

•促进学生全面发展

全面发展，就是贯彻党的教育方针，使学生在德、智、体、美诸方面都得到发展。应坚持德育为先、能力为重，生动活泼地开展德育工作，体现时代性和针对性，提高学生的学习兴趣、学习能力和批判思维能力；牢固树立健康第一的思想，加强学生体育锻炼，不断增强学生体质；重视学生心理健康教育，培养学生的积极心态和健康人格；加强和改进美育，开齐、开好艺术类课程，提高学生艺术审美和创造能力，陶冶学生的审美情操；加强和改进劳动教育，培养学生劳动观念、劳动态度、劳动技能和社会实践能力。

全面发展必须坚持文化知识学习与思想品德修养的统一、理论学习与社会实践的统一、全面发展与个性发展的统一。

学习链接

教育部基础教育质量监测中心常务副主任胡平平认为："教育质量，从学生来讲，除了学业水平，也应包括情感、态度与价值观，包括学习的能力、学习的情感、学习的兴趣，包括后续发展的各种动力和潜能；从外部来讲，对一个区域群体教育质量的考量还应包括教育行政部门、学校为孩子的发展提供了什么条件、动力和机会，其中就包括课程资源（课程资源又包括师资条件，包括教育教学课程的开设），还包括各种投入。"[①]

•引导学生健康成长

《教育部关于推进中小学教育质量综合评价改革的意见》将"以学生发展

———————

① 余慧娟. 新教育质量观冲击决策者：访教育部基础教育质量监测中心常务副主任胡平平 [J]. 人民教育，2012（21）.

为核心""促进学生全面发展、健康成长"作为中小学教育质量综合评价改革的总体目标，提出了以人为本的理念和以全面发展为核心的科学教育质量观。学生的健康成长是教育工作的出发点和落脚点。以人为本，就是强调以学生为主体，遵循学生身心发展规律和教育教学规律，满足学生的个体需求。引导学生健康成长，需要面向全体学生，尊重学生的人格，注重学生个性的发展。从国内教育改革来看，上海中小学生学业质量绿色指标中的"绿色"，就是指遵循学习规律，符合学生身心特点，促进师生健康、全面发展的状态。中小学生学业质量的"绿色"意味着全面、正确的学业质量观，它由学业水平及影响学业水平的相关因素构成；学业质量绿色指标将引导我们既关注学生的学业，又关注学生为学业水平所付出的各种努力，从而创建学生健康快乐成长的良好环境。[①]

学习链接

减轻学生课业负担，保证学生健康成长[②]

一项对 2013 年北京 34652 名五年级学生的调查显示，在政策文件中有明确要求的睡眠时间、家庭作业时间、校内周课时量、校内课外学习等几项内容上，满足 10 小时睡眠的学生仅为 27%，仍有 31.9% 的学生不能在 1 小时以内完成家庭作业，有 56.5% 的学生校内周课时量超过 30 节，有 30.3% 的学生仍参加校内的课外学习，可见学生的实际情况与政策要求仍有差距。

调查分析提出：

减负政策效果初显，但需进一步强化政策导向，建立长效机制，确保减负目标的实现。

正视睡眠不足对学生身体、心理发展不利的客观事实，理性看待牺牲睡眠换取学业成绩小幅有限增加的实际价值，从身心发展的长远角度考虑，充分保证学生睡眠时间。

根据学生学习状况差异，合理布置适合学生学业水平的有针对性的家庭

① 沈祖芸.《绿色》之核：上海率先构建义务教育学业质量评价体系述评 [J]. 上海教育，2011（21）.

② 王云峰，郝懿，李美娟. 小学生课业负担与学业成绩的关系研究 [J]. 中国教育学刊，2014（10）.

作业，使作业练习成为帮助学生掌握学习目标、提升学业水平的有效方式。

充分了解、分析课后学习对不同学生的效果，结合学生学业水平和负担水平实际情况，选择内容适当、时间适度的学习内容，避免无效的时间投入带来适得其反的效果。

对于学生的终身发展，教师、学校、行政管理者以及家长应持有正确价值观，全面综合看待学生课业负担与学业进步的关系。

上海市中小学生学业质量绿色指标举要

学生学习动力指数

学生学习动力指数主要有四个方面，分别为学生学习自信心、学习动机、学习压力和学生对学校的认同度。

学生学业水平指数

学生学业水平指数包含学生学业成绩的标准达成度、学生高层次思维能力指数以及学生学业成绩均衡度。

学生学业负担指数

学生学业负担指数包括睡眠时间、做作业时间、补课时间。

师生关系指数

师生关系的调查主要包含了教师是否尊重学生，是否公正、平等地对待学生，是否信任学生，等等。

教师教学方式指数

教师教学方式分为教师自评和学生评价两个方面。其中，教师对教学方式的自评主要有三个指标，分别为因材施教、互动教学、探究与发展能力。

校长课程领导力指数

校长课程领导力的调查分析包含三个方面，分别为课程决策与计划、课程组织与实施、课程管理与评价。校长课程领导力指数是通过采集教师问卷数据并进行数据分析得到的结果。

品德行为指数

良好的品德包括热爱祖国、自尊自爱、尊重他人、讲诚信、有责任心、遵守公德以及拥有关怀之心、公正之心。

学生社会经济背景对学业成绩的影响指数

父母受教育程度、父母职业、家庭文化资源等综合为学生社会经济背景。

进步指数

进步指数包括学习动力进步指数、师生关系进步指数、学业负担进步指数等。

身心健康指数

学生的身心健康主要通过学生近视率、肥胖率、身体素质及幸福感等指标来反映。

2. 推动学校发展

教学是学校的中心工作，学校的发展离不开教学系统的健康运行。学校的发展始终是在矛盾运动中实现的：发现矛盾，解决矛盾；再发现矛盾，再解决矛盾。在这种循环往复中，学校就可以一步步地上台阶，上档次。根据美国教育管理学家劳克斯·霍斯利提出的观点，人或组织的不断进步需要不断地被人观察和评估。教学诊断在获得教学活动信息、加深对教学实践的理解、促进学校集体的学习与探索等方面具有积极作用。

从教学系统的实际情况看，教学中的矛盾和问题是相当普遍的。这正如任何有机体都有可能患上疾病一样。教学这个多元而复杂的系统，在不当的运作方式和内外异常因素的影响之下，也容易患上或这或那的"疾病"。我国著名学者石鸥教授在《教学未必都神圣》一文中提出：教学未必都神圣，是因为教学虽有传授知识、发展心智能力、培养良好品德的理想，也有妨碍心智、不利品德培养的现实。教学未必都神圣，是因为它的每一个进步，往往又是以一种退步为代价的。应试成绩高了，个性更受压抑了；培养的学生多了，却是按同一尺度剪裁出来的。

教学未必都神圣，是因为健康的教学能达到我们预期的目标，而有些教学压根儿就达不到预期目标，它们压根儿就是不健康的，它们出了问题，它们病了。

学校要发展，就不能不正视学校教学中的毛病，要研究和解决这些问题，使之在矛盾运动中前进。因此，教学诊断在推动学校发展中起到至关重要的作用。

3. 促进教师成长

教师成长的根本动因是教师专业需要同教师专业素质之间的内在矛盾。也就是说，教师在教学中渴求创造的愿望同他们做出教学创造的可能条件之间存在的矛盾会推动着他们不断地前进。因此，揭示理想目标与他们现实状况之间的差异，使教师意识到自身在教学活动中的问题与毛病，是促使他们警醒、反思和提高的有效措施。我们知道，美国学者波斯纳曾提出一个公式：教师的成长＝经验＋反思。教学诊断促进教师自我反思，使教师对教学活动具有高度敏感性，使教师随时保持专业自觉，不断追求工作完美和素质优化的有效刺激和重要手段。特别是在以"自我诊断"为先导并伴之以互动式诊断的条件下，教育诊断促进教师专业成长的作用更为显著。

我国有的研究者曾提出实行"诊断式教师教育"，他们指出："在教师的教学实践中，不断地被诊断，能促进教师的专业发展。教师的不断进步，需要不断地被人诊断。通过对教师教学工作的诊断可为教师思考和分析自己的教学活动提供大量的客观的信息：教学是一项个体的劳动，通常发生在没有其他人存在的情况下，而由他人通过诊断所提出的不同观点可提高教师对教学实践的理解。对课堂教学的诊断不仅有利于被诊断者，可促进他们提高教学管理和教学艺术，而且有利于诊断者：参与诊断的教师要阅读大量的有关方面的理论知识，这种学习的进步无疑是由于问题解决的要求所促动的。当教师被诊断时，他们倾向于采用新的教学方法，当他们发现新的教学方法具有潜在的积极效果时，他们更热衷于继续从事教学改革，创造性地开展工作。"[1]

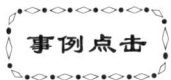

事例点击

一位特级教师对教学诊断的感受[2]

自己年轻的时候，如果遇到有人听课，特别希望别人能表扬一番而不是批评，尤其是公开课。如果教学主任或者教学校长击中我的要害，或者听课

---

[1]　赖学军，尤冰虹. 论诊断式教师教育 [J]. 教育理论与实践，2004 (17).
[2]　窦桂梅. 梳理课堂 [M]. 南宁：广西教育出版社，2004：233-234.

老师"指指戳戳"，我会好几天"沉浸"在不快之中，像得了一场病。

至今还记得8年前代表省参加全国教学比赛"练课"的情景。在长春解放大路小学的礼堂，我练讲二年级的《初冬》一课。课后，共计有11位专家进行点评。大家把这只"麻雀"解剖得体无完肤。我的教态，我的声调，我组织教学的能力，还有对教材挖掘的情况，都存在严重的缺陷。整整一个下午，在解放大路小学的小会议室中，我蜷缩在沙发的一角，接受"批评"。在回家的公共汽车上，我眼望窗外落日余晖中的一排排杨树，不争气的眼泪直在眼眶中打转。回到家里，我倒床不起，一直折腾到半夜才昏沉沉睡去……

大赛的讲台上，我成功了。可手捧金灿灿的奖杯的成功时刻，内心真正幸福的却是对一次次被"扒皮"的回味。

最难忘的是1996年，学校领导请来专家给我的教学进行"诊断"。我讲的是《飞机遇险》，教学时数三课时。自己备课，一上午连着上，然后说课，下午由专家点评。可以想象，没有领导的指导，自己的水平有限，自然而然造成了教学深度的有限。专家这次来听课的任务就是给我"开药方"，自然要"找"出病来。于是，整整一个下午我都被痛苦地"折磨"着，只记得本子上记得满满的。当时的感觉就是自己已经"病入膏肓"，不可救药了。晚上，踏着疲惫的脚步回家去，那脚步就像灌了铅一样沉重。在自家的楼下，我坐在台阶上仰望满天星斗……

随着年龄的增长、认识的提高，现在，我越来越深刻地认识到，就是这样的历练或者说是"打击"，成就了我，让我把一切批判和奋斗视为平平常常的事情，开始能背得起也放得下教学的"十字架"了。

特别是读了叶澜教授强调的课堂观后我更加振奋：没有问题的课堂是不存在的。有问题表明还有发展空间，关键是要敏锐地发现问题，勇敢地正视问题，创造性地解决问题，把课堂上的问题作为一种可供开发的资源。叶澜教授还形象地把评课过程称为"捉虫"——捉教学思想上的问题之虫，捉教学实践上的问题之虫。

虽然说我没有得到叶澜教授的"捉虫"，但我这棵苗苗茁壮成长，领导指导的过程不就是给我"捉虫"的过程吗？我不是叶澜教授课题组的成员，但是这几年，我不也是在课堂上和教师一起"捉虫"吗？——从小处着眼，大局设想，细节入手，整体把握，并把自己所写的听课随笔汇集起来，形成一本属于自己的独特的课堂指导参考书。这也像叶澜老师践行的那样——寻找问题，解决问题，并进一步由具体问题延伸拓展开去，和教师一起努力上升到更高的层面和更广的范围来反思、重建。

4．达成教学目标

教学促进学生的发展是通过学生的有效学习来实现的，但学生的学习不可能一帆风顺，差错和问题是他们学习活动的正常组成部分。学生往往不能轻易达到教学目标。从教与学的展开过程看，学生在经历了一系列学习活动之后，会由"教学评价"提供学生是否达到教学目标的结果信息。这种结果不外乎如下三种情况：一是学生能正确表现出教学目标的要求；二是学生不能表现出教学目标的要求；三是学生在教学目标的要求上有错误表现。后两种情况是需要进行教学的诊断与补救的。

教学的诊断与补救一般按如下思路进行：首先要对学生未能达到教学目标的一般原因形成认识，其次要运用可行的技术诊断出学生学习上遇到的具体困难，最后要针对困难进行补救。因此，通过教学诊断来保证每一名学生学习质量的提高是必不可少的。同时，教学诊断还为此后指导学生的学习、防治学生的学习困难和行为障碍提供可靠的思想资料和实践经验。

（四）教学诊断的重心

由于教学活动的内容和形式都极为丰富，有一些教育活动的方式是相互渗透和交叉的，有一些内容也不是我们关注的焦点，因此，我们有必要明确教学诊断要解决的重点问题。这里主要是从教学诊断与教学评价的比较来说明。

评价是对事物做出价值判断的过程。教学评价就是根据一定的教学目标和课程标准，用理性分析、统计分析等多种方法对教学活动进行系统检测与考核，对教学过程和教学结果进行价值判断的活动。教学评价具有多种功能，比如诊断功能、反馈功能、定向功能、证明功能以及教学功能等。现代教学评价十分重视评价的多种功能和作用的发挥，使评价成为促进教学质量全面提高的重要手段[①]。

从教学评价具有诊断功能这一点看，教学评价与教学诊断有共同之处，有交叉的部分，有些具体操作也是相互渗透、相互为用的。

但教学诊断与教学评价相比，显然有不同的侧重点。如果说教育评价重点是"价值判断"，即对优劣给出个说法，做出评定，其效应可扩展到鉴别、筛选等领域的话，那么，教学诊断则是指向教学中的问题或毛病，重点是分析病状、追索病因、阐明病理，其目的主要是防治与补救。所以教育诊断是在教育评价之后进行的更深入的针对问题与病症进行分析、研究和处理的活动。

教学诊断同心理治疗中的诊断不一样，教学诊断侧重于实践活动本身的问题分析，而不过多地考虑先天的遗传因素、生理心理特征与心理疾患。它也不同于心理教育或心理辅导，因为心理诊断的任务主要是提供对病症和病因的判断，指出防治的方向和思路，不可能完成"辅导"或"干预"的具体工作。

二、 教学诊断的内容

教学关联的领域极为广泛，因此进行教学诊断时必然要牵扯到相当多的事件和条件，比如教学制度、课程设计、教学环境等都可能进入教学诊断的视野，但它们不一定是教学诊断的中心。前面已经述及，教学是为了达到教学目标，由教师教和学生学构成的协同活动系统，因此，我们把教学诊断的内容主要定位于影响教学目标实现的教师教的活动和学生学的活动上。具体地讲，其内容主要是学校教学质量诊断、教师教学活动诊断、学生学习问题诊断。

---

① 裴娣娜. 现代教学论：第一卷 [M]. 北京：人民教育出版社，2005：334.

（一）学校教学质量诊断

教学质量是衡量学校教学工作成效最重要的标尺，是教师教学和学生学习状况的综合反映。对教学质量进行诊断主要是在学校层面上进行的。

1. 教学质量诊断之认识

"质量"一词，《汉语大辞典》把它解释为"事物、产品或工作的优劣程度"。国际标准化组织认为"质量"是满足明确的或隐含的需要的程度。我国有的学者指出，"质量"是指一组固有特性满足需求的程度。

质量实际包含了两方面的内容：一是本质质量，二是评价质量。

那么，又该怎样来理解学校教学质量呢？

在理论上对教学质量有四种不同的理解。

第一种观点是将教学质量理解为学生质量。这种观点将"大面积提高教学质量"界定为在基础教育阶段，以提高民族的素质为目的，通过教学，使每个受教育者尽可能达到全面的、和谐的发展。衡量教学质量的标准是每个学生应掌握一个合格公民所需的最基本的东西，应打好文、理科的学习基础，掌握成为专门人才所需的知识或技能。

第二种观点认为教学质量是指教学效果。评价标准是教学大纲规定的教学目的、要求，应大幅度提高教学效率而不增加学生的课业负担。

第三种观点认为教学质量是教的质量和学的质量的组合，既要评教的质量，又要评学的质量。

第四种观点认为教学质量是对教学提出的一定的质量要求，既要对学生的学习能力和学习成绩上的变化做出估计，又要对教师的教授能力和教授效果做出估计。由于教授质量决定着教学质量，因而对教师授课质量的评价是评价教学质量的最重要方面。

对教学质量内涵理解的差异，反映在实践中，主要表现为：由于片面追求升学率，评价范围仅仅限于学生学习结果的诊断，评价内容强调可量化的、表面的、非实质性行为，忽视内在的、实质性的能力、情感与态度，同时未能突出强调对课堂教学质量这一中心环节的评价。

有的研究者综合各种观点后提出：教学质量是指学校教学是否达到了一定的质量要求，即学校在一定条件下，满足学生身心发展、满足当前和未来社会发展需要的教学活动过程及结果的特征的总和，或者说是在一定的时间内和一定的条件下，学生的发展变化达到某一标准的程度以及公众对这种发展变化的满意度。

研究教学质量，实际是研究教学效能问题。教学效能不是以学生某次考试成绩作为评价指标。正如有的学者指出的，教学效能反映了学校教学使学生的学习状况发生变化的方向、程度与大小。现代教学关注的是使全体学生都得到最充分的发展，寻求使每名学生达到最高学习水平的学习环境和条件①。

2. 教学质量的构成要素

我们知道，学校教学质量指的是一个复杂系统的各方面因素的整体综合表现。学校教学质量的结构要素从根本上规定着教学质量诊断的基本范围。

关于学校教学质量的基本要素及结构，可以有以下两种不同的分析方法。

第一种是按照过程，将构成教学质量的基本要素确定为输入、过程、输出三个相互联系的方面。输入方面主要包括政府或其他机构对学校的投入，学校所占有的资源，教师、学生、管理者在时间、精力等方面的投入；过程方面主要包括教学过程的组织是否优化，教学中的一切活动是否指向于教学目标或目的；输出方面主要是指学生的发展变化，以及这种发展变化达到某个标准的程度、满足目标公众的期望的程度等。

第二种是按照学校教学质量的内容，表现在学校教学的方方面面，具体涉及以下内容：课程结构体系是否合理，教材及内容结构是否科学，教学技术手段是否齐全先进，教学管理体制是否有内在活力和良好的运行机制，指导思想、教学观念是否先进正确，是否能体现学校办学特色等。

因此，当我们在讨论一个学校的教学质量时，绝不仅仅指这所学校某一门具体学科课程讲授质量的高低。将学校教学质量的诸多因素加以综合概括，可以归纳梳理为课程建设、课堂教学水平及教学管理三个基本要素，形成一

---

① 裴娣娜. 现代教学论：第一卷 ［M］. 北京：人民教育出版社，2005：326—327.

个层次结构（参见下图）。

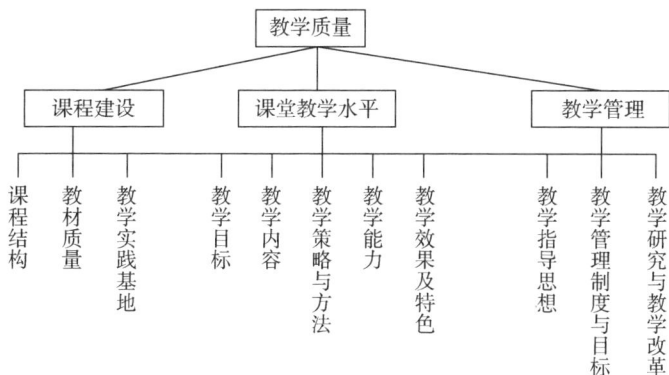

学校教学质量基本要求结构层次图

3. 教学质量的分析与诊断

根据上述教学质量基本要素构成的框架，教学质量分析与诊断的内容是比较明确的。由于"课程建设"与"教学管理"大都是学校层面上的工作，它们出现问题，原因并不在教与学的活动本身，教师也只是在课程实施和参与管理的环节上同它们发生关联，因此不在此赘述，一些同它们较为密切的诊断，放到教学诊断的系统分析中介绍。至于"课堂教学水平"的诊断将在课堂教学活动的诊断中讨论。

（二）教师教学活动诊断

教师的教学是围绕课堂教学进行的一系列活动，因此，教师教学活动诊断的内容可从以下方面来确定。

1. 诊断教师的教学工作过程

教学是教师与学生交往互动、共同发展的过程，是师生之间沟通的社会实践活动。学校中学科教学的主要作用就在于以这种活动为源泉，引发学生的文化性发展[①]。我国有的研究者认为，教学活动过程包括两个子系统，即

① 钟启泉. 教学活动理论的考察 [J]. 教育研究，2005 (5).

"教"和"学"子系统。

从系统管理的角度研究"教"子系统，必然经历计划、实施、总结三个阶段。在计划阶段，教师对教学进行准备，设计教学方案等，可称为"教学设计"；在实施阶段，教师通过师生交往互动，促进学生建构知识，可称为"师生互动"；在总结阶段，教师通过教学目标完成情况，检验教学方案的得失，进行反思，以求改善，主要在课堂教学之后发生，可称为"总结反思"。由此把"教"子系统划分为三个相对应的分支系统：教学设计系统、师生互动系统、总结反思系统。

在课程改革背景下，学生由知识的接受者转变为知识的建构者，在教学过程中必然要对学习进行管理。从系统管理的角度研究"学"子系统，也必然经历计划、实施、总结三个阶段，与教学的计划、实施、总结阶段相对应。

我国学者曾勾画出下面这样一个轮廓来表明教师在教学中的主要工作（见下图）。

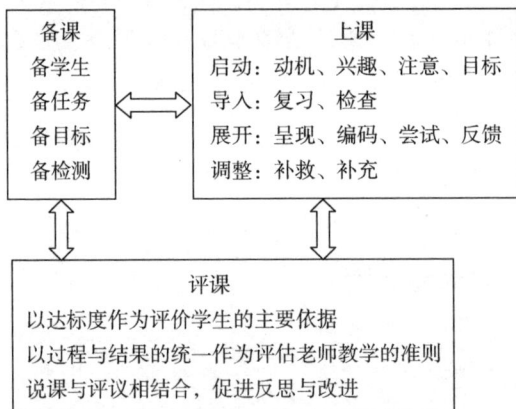

综上所述，对教师教学工作的诊断包括三方面的内容：教学设计（备课）、课堂教学（上课）、教学评价（结果、总结与反思）。

2. 诊断教师的教学行为方式

这是一种较之教学工作分析更为细化的临床分析诊断，主要指向具体的教学行动。

教学是在一个教学共同体中实现的信息交换与文化传播的过程。教师在教学活动中的信息传输，首先，要依赖教师对所传递的信息进行加工处理，如分析学情、钻研教材、确定目标、创建环境、谋划策略等，此即通常说的教学设计。其次，在课堂中教师以与学生相互作用的形式进行信息的交流，期间教师必须采用一系列有效的教学行为方式（如导入、讲解、提问、板书、演示、变化、反馈、调节、组织管理、结束等），以提高信息交流的效率。最后，教师还应对信息传输的效果进行测量、诊断和评价，采取回授或补救的措施。

从对教师教学行为方式进行诊断的具体实践看，教师的教学行为方式可划分为以下的内容：

• 教学设计的行为：进行需求分析、确定教学目标、谋划教学策略、撰写教学文本等。

• 教学活动调控的行为：激发动机、导入新课、呈现教材、活动变化、反馈调节、教学管理等。

• 指导学生学习的行为：讲授、提问、讨论、演示、板书、学习方式指导与学法指导等。

• 教学评价的行为：评价功能的定位、评价标准的确定、评价方式方法的选择、评价结果的运用等。

3. 诊断教师的专业素养结构

教学中的问题常常与教师的专业素养息息相关，因此，对教学中的问题进行追因和析理，必然要触及教师多方面的素质及其结构，诊断内容涉及以下方面：

• 教师的专业精神和专业态度：如服务精神、奉献精神、事业心与责任感等。

• 教师的教育思想与教学理念：包括教学观、学生观、质量观、学科观等。

• 教师的知识结构：本体性知识、条件性知识、实践性知识等。

• 教师的教学能力：如处理教材的能力、选择和运用教学策略与方法的能力、设计教学过程的能力、课堂教学监控的能力、语言表达的能力，以及教学的机智等。

• 教师的人格品质：包括教师的职业道德、情意品质、"自我"意识等。

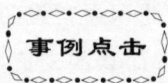

┌─────────────────┐
│ 事例点击 │
└─────────────────┘

冷眼看质疑[①]
——对课堂教学中启发学生质疑的分析

"学贵有疑"的传统在中国颇为久远。伴随着素质教育的推进和新课标的出台，教师都在自己的课堂教学中增加了质疑环节，以体现学生的主体地位和教学过程的有的放矢。这些都是令人欣慰的！但同时出现的低效率、低质量的兜圈子现象，也应当引起我们的警醒。

1. 虚晃一枪，两张皮

今天听的是《瀑布》。在第一课时的最后环节，学生一连串提出好多问题，比如："好像叠叠的浪涌上岸滩"中"叠叠"是什么意思？"千丈青山衬着一道白银"中怎么说是"白银"？"一座珍珠的屏"中的"珍珠"是什么？……

面对提问，教师只是倾听，态度极其和蔼。待学生都问完了，教师说："很好，下节课我们一起解决这些问题。"为什么不趁热打铁而要留到下节课？等到了"下一节"，学生的兴奋期已过。同时我担心：在下一节课，热情已经冷却的，可能不仅仅是学生，教师也可能不再理会"上一节"的问题，只是依然执行自己固有的教学思路。

2. 明知故问，走形式

学生质疑主要有两方面意义：一是使教师清楚学生学习的难点、疑点，从而进行有针对性的教学，提高效率；二是帮助学生深入理解课文。但是，我发现，有的质疑就是注重形式，走过场，为疑而疑。

"看到题目你想到了什么问题？"这是我在另一节《瀑布》课上听到的发问。

学生根据平时教师引导的习惯，开始了动嘴不动心的所谓质疑。如："为什么写瀑布？""怎么写瀑布的？""瀑布是怎样的情景？"其实，这是服务于老师思路的明知故问。试想：我们在阅读的时候，看到题目，如果感觉吸引人，

---

① 窦桂梅. 梳理课堂 [M]. 南宁：广西教育出版社，2004：2—3.

就会一气读下去，怎么可能"停"在那里，思考"写什么""怎么写""为什么这样写"？即便有，我也只能从阅读中寻找答案。

3. 水上浮萍，不到位

高质量的"问"，应当是开山的斧子、深耕的犁杖。学生质疑水平的不同，正反映了教师教学能力的高下。如果学生的问题仅仅停留在"这个词语我不懂""这个句子我不明白"上，我们教师就该好好反省自己了。对字词、句进行解释的疏通性问题，不应该成为课堂质疑环节的重点。研究性、鉴赏性、评价性的问题，才应该成为质疑、探索的方向。

还说《瀑布》。有些学生质疑："白银是什么东西？""我没见过珍珠，珍珠是什么？"这些问题，作为四年级学生，应该事先查字典或者用其他办法解决，教师不该为它们消耗太多的课堂教学时间。学生真正应该思考的是这样一些问题：为什么远望，仿佛千丈青山衬着一道"白银"？这里作者怎么不形容是"珍珠"，而在近瞧时形容"站在瀑布脚下仰望，好伟大呀，一座珍珠的屏"呢？

要理解这些句子，教师就应引领学生反复朗读深入体会：远望瀑布，灰白颜色，而且色泽发乌，不透亮，就像白银一样，一种朦胧的美。当在跟前，瀑布一颗颗水滴迸溅下来，在阳光的照射下晶莹剔透，五光十色，像一座珍珠的屏，美丽极了！这样，质疑才能达到目的，而不是仅仅停留在课堂上学生理解的时候说的"白银比白色好听"的层次上。

4. 千篇一律，不可取

在实践中，有的老师设置质疑环节的最终结果是教学失败。回顾过去，我也出现过类似问题。比如，学生质疑，我就跟着跑，放弃了主导作用：教材被肢解，成了支离破碎的问题课，以至于"整体感受""圆融之美"成为遥远的童话。

《瀑布》，这么短小优美的一首诗，学生却提出那么多、那么碎的问题让老师一一解答。我想，这绝对不是叶先生希望看到的。质疑太多，诗的神韵就"散"了。应当让学生在声情并茂的朗读中反复感受瀑布和作品的整体美，对个别的词语理解也不必"较真儿"。

无论如何，对于语文教学而言，深而真的"感"永远比细而碎的"懂"更重要。

（三）学生学习问题诊断

由于学生在学习方式、知识基础、学习动机等方面存在着差异，在实施统一的教学之后，某些学生在学习上出现问题是难免的。学校教学工作的任务不能只给学生一个分数评判就告终结，为了促进每一名学生的发展，须针对学生学习问题的性质与特点，深入地分析病因和病理，有的放矢地提出干预措施和补救办法。这是教学工作面向全体学生的重要举措。我们从大量学生学习问题的调研中发现，学生的学习问题主要表现在三个方面：学科学习困难、学习行为障碍、学习环境干扰。

1. 学科学习困难

什么是学习困难？美国的特殊教育家柯克认为，学习困难学生是指那些在理解和使用口头语言与书面语言方面有一种或几种基于心理过程障碍的儿童。这种障碍可以表现为听、说、阅读、思维、书写、拼写和数学计算等方面的不完善，但不包括视听和运动缺陷、智力落后和能力障碍，也不包括在经济、文化等环境方面处境不良的学生。从这一定义中不难发现，智力落后、生理缺陷这样一些因素是被排除在外的。那么，学习困难诊断的内容主要应当指向什么呢？

皮连生教授提出了一个学习公式，从内部的、直接的因素方面揭示了导致学习困难的原因。皮连生教授指出，影响学生学习成绩的主要因素有三个：智商水平、知识基础、动机水平。根据学习困难的定义，可将智商水平排除在导致学生成绩不良的因素之外。于是，导致学生学习困难的原因就剩下知识基础和动机水平这两个内在的直接因素。

（1）知识基础。这里的"知识"是广义的知识，包括陈述性知识，如事实、现象概念、原理等"是什么""为什么"的知识；也包括程序性知识，如智慧技能、动作技能和认知策略等"怎么做""用什么方法"的知识。

（2）动机水平。包括内在需求、外在诱因以及自我调节等动机模式中三个相互作用的变量。

2. 学习行为障碍

学习行为障碍可以从狭义和广义两个方面理解。狭义的学习行为障碍主要是指学生在后天学习过程中形成的妨碍其正常完成学习任务的一切不适应行为，广义的学习行为障碍应该还包括妨碍学生潜力得到更充分开发的一切不适应行为。

学习行为障碍是大、中、小学学生在其完成学业任务的学习活动过程中形成的，妨碍其能力正常发挥或更充分发挥的心理现象，其中大多数表现为潜意识行为。

中小学生的学习行为障碍通常表现在以下方面：

认知障碍。主要表现为在后天学习中产生的认识活动（感知、记忆、思维等）的缺陷和错误的观念。

情绪障碍。如厌学、考试焦虑、过激反应等。

习惯障碍。主要是意志薄弱，难以支配行动的各种表现。

3. 学习环境干扰

学生总是在一定环境中成长的。社会文化环境、家庭生活环境以及支持学习的各种基本条件，都会在一定程度上影响学生的学习，造成学生社会适应不良，甚至成为产生学习问题的直接原因，所以，学生学习问题的诊断应当包括学习环境诊断。

三、 教学诊断的方式

教学诊断的方式主要指以什么途径和形式来组织教学诊断。尽管教学诊断的具体样式很多，但大体可归结为三种基本的方式。

（一）自我诊断

自我诊断是教师或教师群体以自己的教学活动为思考对象，对自己的教学行为、决策及所产生的结果进行审视、分析，找出自身教学中的问题，确定其原因并初步设想出解决办法的过程。这是一种通过反思而发现病症、试图对症下药的批判性思考，是一种自主性思维活动。它对于提高教师的自我觉察水平，增强主体能动性，学会反思性教学，发展教学认知能力和教学监控能力，具有极为重要的意义。从教学诊断的全部活动来看，自我诊断是各种诊断方式的基础，无论什么诊断方式都要转化为自我认同才能产生效用。

1. 自我诊断的特点

• 自我诊断是一种自主性行为

自我诊断的诊断者和诊断对象都是自己，因此需要在诊断中发挥积极能动性，真正地投入寻找自己教学中的问题、挖掘问题背后的原因、对问题解决进行创造性探究等活动。

• 自我诊断是一种"异位思考"

自我诊断需要立足于自我之外，批判性地考察自己的行动及情境，诊断者要善于"悬置"固有的观念，走出教学中的"舒适地带"，把自己置于学生和其他同事的位置来认识自身的问题和结果。

• 自我诊断是一种"寻求参照"的过程

任何人的自我诊断都不应当是自我封闭的，它实际上是按照一定标准对照自己的教学工作，在这一过程中，诊断者会更深地理解标准、"内化"标准。同时，自我诊断是一个社会比较的过程，诊断者要寻找"参照者"，以自己心目中的"重要他人"为参照，找出自己的不足并探究其原因。

• 自我诊断是一种超越自我的努力

自我诊断常常产生于对自身教学工作的不满意，诊断者力求打破平庸与自足的状态，在否定中创新，在怀疑中突破，在化解矛盾中走向更高的层次。

• 自我诊断是一种对自身潜能的开发

自我诊断是一个深入认识自己的过程，在经历一个找出"病状"、追索

"病因"和析解"病理"的渐进过程以后，诊断者会找出合乎常理而又个性化的"答案"，对教学会有更多的理性思考和创造性的解释，其内在活力和创新精神会被激发出来。

2. 自我诊断的步骤

• 直面自己教学中的问题

从日常工作中的不满意、不正常现象入手，通过与教学的标准比较、与他人比较、自己的成败经验比较，找到诊断的切入口。

• 设计一个诊断的方案并着手实施

方案包括诊断的主题、目的、主要内容、操作过程、时间安排等。

• 持续地进行自我反思

针对找出的问题或困难，在反思中梳理和廓清问题。反思可运用"意象重现""过程回溯""教训总结""问题罗列""意见征询"等方式。反思的操作可运用"六步法"①：

第一步：我是怎样……

第二步：我为什么会这样……

第三步：这样……我感觉……

第四步：我还可以怎样……

第五步：我的……可以从什么地方改

第六步：变革……需要给予什么支持

• 不断整理和分析资料

对搜集的各种作业、试卷、作品、观察记录、访谈纪要等都要归类排序或用表格记录，进行定量或定性分析。

• 形成自我诊断的小结

这是针对确定的主题，由现象描述走向原因分析和病理探究的书面总结，文字不在多，而在于找准症结，找出防治的可行办法。

3. 自我诊断的方法

在自我诊断的不同阶段可以采用不同的方法。

---

① 季苹. 学校文化自我诊断［M］. 北京：教育科学出版社，2004：45－53.

搜集资料、发现问题的阶段，一般采用观察、作品采集、调查、座谈、访谈、调查表、问卷、测验等方法。

分析问题、自我反思的阶段，可采用文献分析、问题归因自省、逻辑推演、归纳综合等方法。

验证问题、追索病理阶段，可结合采用自然实验、行动研究、理论概括等方法。

总之，自我诊断的方法要因人而异，多法并用，优势互补。至于一些诊断的技术，那要根据不同对象和问题的特定性质而选用。

（二）互动式诊断

互动是一种人际相互作用。互动式诊断是把诊断放到一个人际交往的环境中，通过意见交换、思想沟通甚至观念碰撞而认识问题、理清病症、找出病因和寻求建设性办法的形式。学校中经常进行的教师之间、师生之间的正式与非正式的工作讨论、课堂教学评议、考试后的问题分析等，都是一种互动式诊断。

1. 互动式诊断的特点

• 互动式诊断是一种个体之间的相互作用

互动式诊断不止一个人参与，因此形成一种人际交往的形式。有交往就有心理上和行为上的相互作用。

• 互动式诊断强调主客位文化的沟通

在互动式诊断中，诊断者与被诊断者都有各自的价值追求、教学理念和行为方式，形成主位和客位的"文化"。

在诊断过程中，要让诊断对象与诊断者都有充分陈述意见的机会，以便相互理解，保证诊断结论的真实性和可靠性。

• 互动式诊断是一种"视界融合"

在互动式诊断中，每个人都会从不同角度提出自己的看法，这有利于从不同角度认识问题，有利于集思广益，增强诊断的开放性。

• 互动式诊断着眼于建构

互动式诊断是在一种"社会协商"中，通过各种经验的融会与改组，各种意见的交流或交锋，促进参与诊断的人在认知上实现重构。

2. 互动式诊断的实施

• 互动式诊断要有一定的准备

在互动式诊断开展以前要让每位参与诊断的人都明白主题和内容，获得必要的资料信息，最好能有机会参与现场情境。

• 互动式诊断要有明确的目的

有目的的诊断能使议题集中，分析和研究有深度，避免泛泛而谈、言不及义。

• 互动式诊断要采用"对话"的方式

按照雅斯贝尔斯的说法，"对话是真理的敞亮和思想本身的实现"，是一种"在价值相等、意义平等的意识之间相互作用的特殊形式"。"对话"强调的是诊断者与被诊断者相互"敞开"与"接纳"，让所有人广开言路，充分发表意见，在相互倾听、共享或争议中创造意义。

• 互动式诊断必须是建设性的

互动式诊断的目的不是评价优劣、臧否人物，而是在相互学习与分析中找到病症的根源以利于防治，因此，它始终着眼于怎么深入地剖析问题，找到治病的办法。

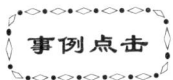

事例点击

理念在"争议"中提升①

有幸参加一次县级的教研活动，这次听了几节语文课，印象最深的就是互动评课，人们对新课程理念的关键词进行了激烈的争论，各人阐述自己的思想，表达自己对课的看法，我们在争论中提升了理念。下面就一些课的评课争论和同人们交流。

---

① 薛法根. 推敲新课程课堂：语文卷［M］. 南宁：广西教育出版社，2006：73－75.

学生的主体性和有效教学

（案例描述）

师：小稻秧病倒了，杂草们得意忘形。在这万分危急的时刻，谁来了？

生：辛勤的农民伯伯……（生未说完，师示意生停下来）

师：谁读出来了？

生：喷雾器大夫赶来了。

师：很好，你的发现真及时，这下小稻秧有救了。

…………

曾扬明（讨论主持人）：我们常说的要以学生为主体，从上面的课例来看，老师以学生为主体，充分尊重学生的发言，而恰好学生按照自己对文本的阅读提出自己的个性化理解，个别学生就谈得漫无边际。这里就有人提出这位老师虽注重学生个体性的发展，但忘了课堂教学的有效性。下面请老师们就这两点提出自己的看法。

李泽华（教坛新秀）：主持人所提出的问题确实值得我们思考。"主体"是对现在已十分流行的"教育要以学生发展为本"的提法之进一步聚焦，课程标准也指出我们的课堂教学要以学生为主体，尊重学生的个人体验。我们不能凭一节课上学生发言的时间不够，就认为这是失败的课。

黄明珠（骨干教师）：我对李老师的提法基本赞同，但有一点看法我要提出：我们在以学生为主体的情况下，是否要考虑学生的发展？如果学生的提问和回答"节外生枝"，远离文本的主题，没有意义，能不能促进学生的发展？我们是否有必要尊重学生"风马牛不相及"的答案？

张琳（骨干教师）：黄老师说得很好，我认为这就是我们课堂的有效教学。所谓有效教学，实际是指教师经过一段时间教学后学生所获得的进步、发展。学生学得怎么样，学生学到了什么，他们有没有进步或发展，这是教学效益的唯一目标。从这个意义上讲，教师打断学生的发言，进而组织新的引导，得出正确的答案，既节省了课内有限的时间，又为顺利完成下面的教学任务奠定了基础。

黄咏梅（骨干教师）：对！我记得特级教师于永正老师教的《程门立雪》

这节课。他在让学生给"杨"字组词时，一名学生站起来说："这是'扬州'的'扬'。"于老师肯定地说："他说得很好。"在全班同学惊讶的同时，于老师微笑着说："他的话还没说完呢。"这名学生在于老师热情的点化下，大声说道："'扬州'的'扬'，把'扌'换成'木'，便是'杨树'的'杨'。"假如这位教师也能和于老师一样，尊重学生（主体），用自己的教学智慧燃起学生发现新问题的欲望，积极引导他们去探索新的知识，何乐而不为？

曾扬明：看来老师们对新课程理念的认识还是比较深的，这个讨论也有一定的价值。从老师们说的几点来看，我还是认可苏教版教材主编张庆老师说的一句话：语文课要上得扎实，真实，朴实。"实"字要落实到课堂上去。如果这位老师在注重课堂效益情况下尊重学生的体验，以学生为主体，那就是一个很好的课堂。我们只有在每一节课上，抓住课堂的有限时间，让学生尽快得到书本上的知识，牢牢掌握住一些基本的知识、常识，学生才能学好语文这一门课程。当然，这并不是说不需要关注主体，而是要在确保课堂效益的前提下，去关注学生这一主体，如果仅仅关注主体而不注重课堂效益，这样只会滋生学生"信口开河"的不良习惯，而"提高课堂效益"也只能成为一句口号，如此学生素质的全面发展必然滞后。

文本价值和人文关怀

（课堂回放）

师：学完了课文，大家说说：谁最让我们敬佩？

（生小组内讨论，交流。）

生：我最敬佩喷雾器大夫，他挽救了小稻秧的生命。

生：我最敬佩杂草……

（这名学生未说完，其他学生开始小声议论。）

生：杂草是坏东西。

生：他也是有生命的。

生：杂草会破坏庄稼。

生：他只不过生长的位置选错了。

（师示意其他学生静下来，继续听这名学生说。）

生："一拥而上""拼命"，这些是说他们有团队精神。

师：很好，你是从另外一个角度思考这个问题的。

生：我最敬佩化学除草剂，因为他才是除去杂草的功臣。没有它，再多的喷雾器也没用。

师：（点头）还有要说的吗？

生：我最敬佩小稻秧，他能给人们带来丰收，带来欢乐。

（师微笑着点了点头。）

…………

曾扬明：课堂中出现了以上现象，学生在老师充分的尊重下，把自己的体验不假思索地说出来。有人说这是学生的个性体验，我们不能扼杀，但有人反对这种做法，认为没有文本的价值。下面请老师们谈谈看法。

张琳：课程标准指出，语文课程丰富的人文内涵对学生精神领域的影响是深广的，而学生对语文材料的反应又往往是多元的。因此，应重视语文的熏陶感染作用，注意教学内容的价值取向。价值取向是什么？我想应该归根于文本所要表达的情感。《小稻秧遇险记》是要赞颂杂草的团队精神吗？是要赞颂小稻秧为人民带来丰收、快乐吗？显然这些都不是文本要表达或应被挖掘的情感。因此，这样的课堂教学是不可取的。

黄咏梅：我们是应当注意教学内容的价值取向，但同时应该尊重学生在学习过程中的独特体验。学生是课堂的主体、主人，如果忽视了主人的地位，忽略了主人在学习过程中的一切感受，那么，无论是多么热闹的课堂，也是失败的。我们应该将尊重学生的独特体验，将其体验放在第一位，毕竟"仁者见仁，智者见智"。

黄明珠：是的，文本只不过是学生依附的语言材料。现在我们在同一课程标准下，使用很多教材，如人教版、苏教版、沪教版等，是不是说不同地方的学生都要从不同的语言材料中获得很多不同的情感体验，让这些语言材料困住我们思维活跃的学生呢？显然是否定的。同样，我们在学习了《小稻秧遇险记》后，也不能仅仅将学生的情感思维圈定于敬佩喷雾器大夫上。如此，语文学科的人文性何以张扬？

李泽华：文本总会表达一定的情感。教师如何引导学生理解、领会，这将影响到学生在阅读实践中汲取到什么样的"精神食粮"。尊重学生的情感体验并没有错，但最终还须将学生多元的情感纳入正统，使他们领悟到文本要表达的情感。

夏盛油：新课程突出人文情怀，主张以人为本。在课堂教学中怎么凸现以人为本的理念？有人打了这样一个比方，我觉得很贴切："课堂是知识的河，是生命的河，是承载课堂文化的主体，是儿童个性张扬的蓝天。"我们只有为儿童的个性张扬提供更为广阔的空间，营造更为和谐的氛围，才能更好地培养学生良好的人文素养，使他们拥有开放的视野、睿智的心灵、创新的灵魂。而这一教学过程，正诠释了在民主、灵活、自由的氛围中尊重学生主体的教学理念，这样的课堂才是我们教育的本义。

曾扬明：感谢各位老师对我们今天的课进行有针对的研讨。我认为，在追求高质量的课堂效益的前提下，要突出课堂的主体性，注重学生的发展性；在尊重文本价值的情况下，要张扬学生的人文情怀。这应成为语文课堂教学永恒不变的主题。

（三）教学会诊

教学会诊是一种集体诊断的模式。参与者的人数不限，以能充分陈述每个人的意见为原则，一般采用小型会议的形式集中议事，在对议题经过认真研究分析以后，会形成一些共识，作为解决问题的指导性意见。教学会诊大都较为慎重，较为"正规"，有一定权威性，其在学校建设中的作用一直受到重视。苏联教育家巴班斯基和苏霍姆林斯基等都十分看重教学会诊。

1. 教学会诊的特点

教学会诊是针对特定问题的。就像医疗上的会诊一样，教学会诊总是针对特定的重要问题和疑难问题，因此其主旨鲜明，难点突出，需要较为深入的专业分析。

教学会诊的题材往往带有案例性。案例的特点在于它比较具体并且镶嵌于情境中，这就需要就"事"论"事"，从复杂的联系和多种条件的背景中寻找最本质的事理，所以案例分析可以给人以很深的启发和联想，在会诊中可以"由例及类"，但案例的特定性使它不能推论到全体。

教学会诊的参与者要求有一定的专业修养。为了使教学会诊富有成效，教学会诊要邀请有经验的教师或在某方面有专门研究的人员参加，并且尽可能为他们的专业分析提供机会和条件。教学会诊既要注意尊重各方面的意见，发扬民主，鼓励争鸣，也要求同存异，实事求是。

教学会诊也可以选择灵活的形式。除了介入现场，会诊也可以通过书面的、网络的形式进行。

2. 教学会诊的实施

教学会诊要选择典型的、关键性的议题。会诊的题目应是教学中相对重要的并且较为复杂的；题目的界定应当清晰，尽量避免大而不当或空泛浮浅。

教学会诊要摆出足够的、真实的事例和材料。作为会诊所凭借的事实信息，可以是原始的"第一手材料"，也可以是经过梳理的"选择性材料"，但一定要原汁原味，并且事先送给参与诊断的人员研究。

教学会诊最好能在"现场"进行。但现场也不应矫饰和刻意安排，还须注意"霍桑效应"的影响。

教学会诊也要坚持"对话"的精神。在会诊中应鼓励不同意见，畅所欲言，鼓励摆事实讲道理，鼓励经验共享和相互取长补短，鼓励从不同角度深入。

教学会诊是以"问题"为中心分析研究，在会诊中牵扯到什么人并不深入分析，而主要分析问题。重要的是问题本身，所以要把重心放在对问题的表现、问题的实质、问题的根源的探求上。

教学会诊的落脚点是对棘手问题提出解决的思路。会诊应当在慎重分析的基础上，运用专家的智慧对疑难问题的解决理出思路，尽可能设想可行的、周全的方案。

3. 教学会诊的方法

教学会诊可以运用三角分析法。三角分析是从不同的角度，让不同的人去分析评价同一现象、问题或方案，然后将从不同角度收集的证据进行相互比较和对照，以检验其一致性。这种方法最初用于测量学和军事学，即要测定某一个点的位置和距离，不能只从一个点去观测，而至少从两个点去观测才能够确定。20 世纪 70 年代以后，这种方法被引入行动研究。卡尔·罗杰斯在 1963 年提出的认识人的行为的三种方法也类似于三角分析法。他认为成熟的行为科学认可三种了解方式的结合：主观了解、客观了解和人际了解。"主观了解"是指研究者自己对行为的了解；"客观了解"是指那些被认为有资格的人对行为的了解；"人际了解"是根据其他观察人员的结论来验证自己的假设。

例如，对课堂行为的一致性分析可以这样展开：研究者通过直接观察和询问得到对课堂行为的了解；教师、学生、教研员等被认为有资格的人对课堂行为进行分析；其他观察者对课堂行为做出分析；将三方面的观点进行对照和比较[①]。

---

① 季苹. 学校文化自我诊断 [M]. 北京：教育科学出版社，2004：40.

第二章

教育诊断怎样满足时代要求

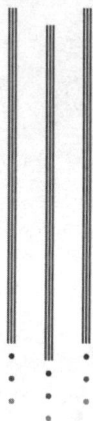

教育诊断要满足教育的根本性要求，就必须以新时代提出的"培养什么样的人""怎样办教育"等根本性问题为指向，始终将其作为教育诊断的指导思想和价值准绳，并内化在实践活动中。

　　教育是一种社会性实践活动，合目的性和合规律性是它的根本性要求。教育诊断要满足这些根本性要求，就必须以新时代提出的"培养什么样的人""怎样办教育"等根本性问题为指向，始终把它作为教育诊断的指导思想和价值准绳并内化在实践活动中。

　　教育诊断是以"价值判断"为基础的，根据什么标准和理由去诊断，以及正确的做法是怎样的，诊断者必须做到心中有数、胸有成竹。这就是本章的旨意。

一、　培养担当民族复兴大任的时代新人

　　教育诊断最不能回避的是对"培养什么样的人"的追问，这对于教育者和受教育者，都是应当首先明确的。尽管这是一个相对宏观的问题，但这是教育诊断的根本遵循和最高诉求。

　　习近平总书记指出，要坚持立德树人、以文化人，建设社会主义精神文明，培育和践行社会主义核心价值观，提高人民思想觉悟、道德水准、文明素养，培养能够担当民族复兴大任的时代新人。我们要站在实现中华民族伟大复兴的战略高度，深刻领会培养时代新人的重大意义和主要内涵，为实现中华民族伟大复兴提供动力之源。它体现在以下方面：培养造就新时代中国特色社会主义思想的信仰者、贯彻者、捍卫者。培养造就社会主义核心价值观的崇尚者、践行者、传播者。培养造就中华民族优秀传统文化的坚守者、传承者、弘扬者。培养造就全面建成小康社会、全面建设社会主义现代化强国的追求者、奋斗者、贡献者。培养造就构建人类命运共同体的倡导者、参与者、推动者。

　　党的十九大报告明确提出，要以培养担当民族复兴大任的时代新人为着眼点，强化教育引导、实践养成、制度保障，发挥社会主义核心价值观对国民教育、精神文明创建、精神文化产品创作生产传播的引领作用，把社会主义核心价值观融入社会发展各方面，转化为人们的情感认同和行为习惯。培

养担当中华民族伟大复兴为己任的时代新人是我们深刻认识新时代教育目的的根本出发点，我们就是要在中华民族伟大复兴的视野中着力打开、积极提升今日中国教育的内在格局。从培育担当中华民族伟大复兴为己任的时代新人出发，新时代我国教育目的的基本精神主要体现在以下几方面。[①]

（一）"五育"并举，培养社会主义建设者和接班人

2018 年 5 月 2 日，习近平在北京大学师生座谈会上谈到我们的学校应该培养什么样的人这一问题时，明确提出，我们的教育要培养德、智、体、美全面发展的社会主义建设者和接班人。这是对我国各级各类学校教育目的的基本规定。这包含着两层基本含义：一是德、智、体、美全面发展，这是对教育要培养什么样的人的基本素质规定；二是社会主义建设者和接班人，这是对教育要培养什么样的人的基本方向规定。

习近平在 2018 年 9 月 10 日全国教育大会上的讲话中谈到，要努力构建德、智、体、美、劳全面培养的教育体系，形成更高水平的人才培养体系。这里明确提出德、智、体、美、劳，这是对人的全面发展教育基本要素的进一步补充。教育的根本着眼点是人，人的自由全面发展是人类共同的理想。新时代我国教育目的需要继续强调德、智、体、美、劳全面发展，把马克思提出的人的全面发展理念融入其中，体现人类追求人的自由全面发展的生命理想与价值追求。习近平同时指出我们今天青少年素质发展的具体目标，引领广大青少年在新时代"爱国""励志""求真""力行"，达成自我素质的全面发展。

"培养社会主义建设者和接班人，是我们党的教育方针，是我国各级各类学校的共同使命。"培养社会主义建设者和接班人，这是我国学校教育的根本方向，是我国各级各类学校办学的灵魂所在。人是社会中的人，人的发展不能脱离社会，教育理所当然地要培养能积极融入社会发展的人。培养社会发展所需要的人，具体来说，就是培养社会发展知识积累、文化传承、国家存

---

① 刘铁芳. 培养担当民族复兴大任的时代新人：论新时代我国教育目的的蕴含 [J]. 教育学报，2018（5）.

续、制度运行所要求的人。

我们的教育必须始终坚持社会主义，不动摇地坚持教育办学方向。我国的教育必须坚持为社会主义现代化建设服务、为人民服务，就是要培养与生产劳动相结合的社会主义建设者和接班人。

（二）立德树人，培养具有中国价值、中国情怀的中国人

2012年，党的十八大报告中首次提出"立德树人"的教育主题。《中华人民共和国教育法》中同样提到了这一核心主题："教育应当坚持立德树人，对受教育者加强社会主义核心价值观教育，增强受教育者的社会责任感、创新精神和实践能力"。"立德树人"的中心问题乃是价值问题，"立德树人"的提出意味着我们社会对教育究竟培养什么样的人有了深度的自觉。关键在于，我们究竟要"立"什么"德"，"树"什么"人"。我们要"立"的"德"乃是贯通古今、融汇中西，彰显时代新使命的"大德"；要"树"的"人"乃是置身于中华文明历史发展脉络与人类文明发展整体格局之中、承前启后、继往开来的中国人。"我们生而为中国人，最根本的是我们有中国人的独特精神世界，有百姓日用而不觉的价值观。我们提倡的社会主义核心价值观，就充分体现了对中华优秀传统文化的传承和升华。"我们的"立德树人"，所要"树"的人就是能充分体现社会主义核心价值观的人，而非一般意义上的"立德树人"，也非一般意义上强调教育要回到人或回到人的价值观养成。

历史走到今天，当我们致力于中华民族伟大复兴这一光荣的历史使命之时，中国教育需要一种整体性的、深度的精神自觉，这种自觉的根本就是我们究竟要培养什么样的人的自觉。中国教育就是要培养堂堂正正的中国人，或者说中国教育就是要理直气壮地以培养中国人作为根本目的，以自信开放的中国精神、中国价值、中国力量来整合个体发展诸种素养与当今各种学校教育改革实践。由此，当代教育直接置于中华文明之历史脉络中，置于中华民族伟大复兴的历史使命之中，承续中华悠远教育文化脉络，同时能以开阔的视野吸纳今日世界优秀教育文化精髓，以扩展文化视野，提升精神境界，凝聚国民人心，提振民族精神，切实彰显中国价值、中国精神与中国力量，

致力于中华民族的长远发展。

（三）守护初心，培养创造并享受文明幸福的中国人

党的十九大报告提出，中国共产党人的初心和使命，就是为中国人民谋幸福，为中华民族谋复兴。今日中国教育需要着眼于中国共产党人的初心，也即"为人民谋幸福，为民族谋复兴"。这一初心跟 1934 年毛泽东同志所提出的"使广大中国民众都成为享受文明幸福的人"一脉相承。与此同时，我们今天所要培养的人，不仅仅是文明幸福的享受者，同时需要面向时代要求，面向现代化、面向世界、面向未来，面向新时代中国特色社会主义的伟大实践，努力成为文明与幸福的积极创造者。正因为如此，新时代我国教育的目的蕴含着两个基本层面：一是要培养享受文明幸福的中国人，二是要培养能创造文明幸福的中国人。两者结合，体现了对当年毛泽东同志提出的"成为享受文明幸福的人"的教育初心之继承，同时加上"创造"二字，着力凸显人民的主动精神、创造力量与吸纳人类一切优秀文明成果的包容与学习姿态，体现了新时代的超越性。特别值得一提的是，习近平总书记在 2018 年 9 月 10 日全国教育大会上的讲话中明确提出劳动教育，提出要在学生中弘扬劳动精神，教育引导学生崇尚劳动、尊重劳动，懂得劳动最光荣、劳动最崇高、劳动最伟大、劳动最美丽的道理，长大后能够辛勤劳动、诚实劳动、创造性劳动。这无疑是激励年轻学生扎根中国大地，努力成为热爱劳动、主动创造属于每个中国人自己的文明幸福的一代新人。

新时代我国教育所要培养的人不仅能"创造文明幸福"，同时能"享受文明幸福"，这体现了中国一如既往的积极进取、日新其德、与时俱进的民族精神，也体现了我们把社会发展的重心落实在人民的幸福上，也即切实地回应"人民对美好生活的向往"。这一方面体现了教育的相对独立性与其对经济、政治的影响与促进作用，同时切实地回到了近年来不断深化的人本理念，回到社会发展的根本目标即人民的幸福这一根本性主题。我们提出创造并享受文明幸福的人，把文明和幸福联结在一起，一方面体现人民对幸福生活的创造与享受；另一方面上升到创造文明、享受文明的高度，以凸显民族复兴的

主题。不仅如此，培养创造和享受文明幸福的中国人，这里的"文明幸福"既指立足于个人生活的文明与幸福，也指着眼于民族国家的文明与幸福，同时可以指向人类的文明与福祉，正因为如此，培养创造和享受文明幸福的中国人，体现了人民美好生活向往、中华民族伟大复兴和人类命运共同体的建构的统一。

综合起来，培养担当民族复兴大任的时代新人，是把握新时代我国教育目的的基本出发点；培养德、智、体、美、劳全面发展的社会主义建设者和接班人，是我国教育目的的灵魂；培养创造和享受文明幸福的中国人，是新时代我国教育目的对教育所要培养的人的基本规定性与具体内涵；新时代中国教育的根本指向乃是立德树人，让每个人都能成为具有中国精神、中国价值、中国力量、文明开放、自信豪迈的中国人，这是新时代教育目的的最终指向。中国贡献于世界的不仅仅是器物与技术的发达，而是实实在在的中国精神、中国价值、中国力量，而这种中国精神、中国价值、中国力量都需要落实在鲜活的中国人身上。"青年兴则国家兴，青年强则国家强。青年一代有理想、有本领、有担当，国家就有前途，民族就有希望。"培养创造和享受文明幸福的中国人，让每个中国人都能做自信豪迈的中国人，就是要让每个中国人在创造和享受文明幸福的过程中，自信豪迈地担当我们自身的历史使命；自信豪迈地弘扬我们自身的文化传统，同时向着人类一切优秀文明开放；自信豪迈地走中国道路，传递中国价值，弘扬中国精神，展现中国智慧，彰显中国力量；自信豪迈地贡献于今日世界，贡献于人类。

二、　推行公平而有质量的教育

党的十九大报告提出，建设教育强国是中华民族伟大复兴的基础工程，必须把教育事业放在优先位置，深化教育改革，加快教育现代化，办好人民满意的教育。要努力让每个孩子都能享有公平而有质量的教育。"公平而有质量的教育"是解决人民群众日益增长的美好生活需要和不平衡、不充分的发展之间的矛盾的重要举措，也是教育以人为本的诉求。

"公平而有质量"必然是教育诊断秉持的价值标准。

（一）教育质量与教育公平的意义

先说回归人性是教育质量的本义①。

"质量"概念来源于工业界，对产品优劣的界定是其原初的意义。根据《辞海》所举的定义，"质量"是"工作或产品的优劣程度"。可见，"质量"概念从其诞生之初，就一直带有浓厚的物化色彩。当把它从工业领域引进教育领域时，教育研究者和实践者总是自觉或不自觉地把质量与物化思维联系起来，认为对工作或产品的质量所形成的认识，同样适用于教育质量。

事实上，教育质量与工业质量之间差异明显，前者的对象是人，后者的对象是物，用对待物的方式来对待人，必然会造成人性的扭曲和学生身心受损。要扭转这种教育质量观上的偏差，教育研究者与实践者需要转变以往过于注重结果质量，尤其是易于量化与表现的结果质量的取向，应把目光投放在过程质量上。像师生之间是否有良性互动、教师的教育教学方法是否得当、学生的学习压力与负担、学生的学习时长等指标，在受重视程度上应拥有与学业成绩同等的地位。

中小学教育质量也反映中小学教育对学生形成终身学习和自我提升的关键能力所做的贡献。终身学习和自我提升的关键能力是一个统称，它在不同的学科或领域又有不同的表述，因而又称为学科（领域）核心素养，像语言素养、数学素养、信息技术素养。实际上，此类素养分散在不同学科领域，单一的中小学教育质量架构无法涵盖其整体。更可行的做法是将其融入各学科领域的课程与教学质量架构进行细化，通过见微知著的方式展现中小学教育对学生素养形成所起的作用。

有必要指出中小学教育质量的"基础性"特征在不同情境下存在差异。这种差异主要是由中小学教育目的的差异导致的。就我国而言，中华优秀传

---

① 苏启敏. 中小学教育质量观：误区、反思与重构 [J]. 中国教育学刊，2017 (1).

统文化和社会主义核心价值观是社会与国家的价值取向所在，学生核心素养同样以这些价值取向为中心进行构建。以此为前提，中小学教育质量观的重构，需要在吸收国外经验的同时，着力突出自身在"基础性"特征上的本土化。

再说公平是以人为本的诉求。

"人人生而平等"是一种人性的表达。公平对社会而言，是一种社会正义；公平对个体而言，是一种权利享有。包括教育在内的公平正义，一直是人类的向往和追求。

1. 学校教育公平的指向与表现

公平正义是中国特色社会主义发展的目标与方向。习近平总书记在党的十九大报告中指出，伴随着中国特色社会主义进入新时代，人民不仅对物质文化生活提出了更高要求，而且在民主和法治、公平和正义、安全和环境等方面的要求也在增长。罗尔斯在他的《正义论》中提出，公平是人类社会追求的重要目标，正义是社会制度的首要价值。[1]公平和正义既有区别又有联系。公平的英文为 fairness，强调衡量标准的"同一个尺度"，用于防止社会对待中的双重（或多重）标准问题；正义的英文为 justice，虽然也包含公平之意，但带有更多的"价值取向"，侧重社会的基本价值是否正当。[2]

2. 过程质量与结果质量回归人性

中小学教育质量架构还应想方设法使中小学教育的过程质量与结果质量双双回归到"人性"培育的轨道上。[3] 一方面，要充分考虑教育的过程质量是否能更体现"人性"的精神，而不再仅仅作为呈现"物性"的结果质量的附庸。譬如，教师在教的过程中是否能以人为本，而非一味地追求成绩而罔顾学生身心健康。另一方面，要考虑教育的结果质量是否能从"物性"的泥沼中挣脱出来，以"人性"培育为己任。例如，结果是否能反映学生核心素养的发展状况，而不再沦为纯粹以成绩筛选和选拔学生的依据。换言之，中小

① 约翰·罗尔斯.正义论 [M].北京：中国社会科学出版社，1988.
② 吴忠民.社会公正论 [M].济南：山东人民出版社，2004：102-103.
③ 李路路，唐丽娜，秦广强."患不均，更患不公"：转型期的"公平感"与"冲突感"[J].中国人民大学学报，2012 (4).

学教育质量是一个以体现"人性"的过程质量与结果质量为旨归的概念。

表1　中小学教育质量的理论架构

中小学教育质量	过程质量	教师"教"的过程质量 学习"学"的过程质量	
	结果质量	学生学习成就	共同核心素养 学科核心素养

3. 教育质量以"基础性"为根本特征

从教育目的来看，基础教育旨在帮助学生成"人"，而非成"家"。成"人"就是使学生在接受教育后具备社会期望每个个体拥有的基本素养。这与专注于培养领袖、专家、学者的精英教育截然不同，基础教育是一种不折不扣的普通教育。与之相适应，中小学教育质量也自然围绕"基础性"而非"学术性"特征进行顶层设计。

中小学教育质量反映的是中小学教育在多高程度上为学生达成个人幸福生活和参与社会公共事务提供了帮助。这种帮助主要体现在每位学生是否形成实现上述两方面目标所不可或缺的素养上。中小学教育质量一方面在指标构建过程中应充分吸收对我国有价值的共同核心素养，如沟通交流能力、团队合作、自主发展、问题解决与实践探索能力、社会参与和贡献；另一方面，应通过指标具体化以反映学生的共同核心素养在这些指标上的发展广度和深度。虽然公平和正义侧重点有所不同，但二者均有公正、正当、平等之意，社会公平是指社会的各种利益在全体社会成员之间合理而公正地分配，既有资源与生活机会均等和平均分配的指向，也有分配机会和规则公正、合理的含义。

公平的教育可分为以下三项：

一是"平等性教育"。其规则是机会平等、过程平等和结果平等。在教育实践上集中于"关怀每个学生"，使所有学生都学有所成，每个学生都可以得到最为充分的发展。关怀是一种情感表达，是人类的一种基本情感。关怀是教师的一种品质。苏霍姆林斯基说过："教育者最可贵的品质之一就是人性，就是对孩子们的深沉的爱，父母的亲昵、温存同睿智的严厉和严格要求相结合的那种爱。"他还说："为了关怀儿童，不仅要理解他们的精神世界，还要学会用他们的思想和感情来生活，把他们的忧伤、焦虑和为之激动的事情统统装在自己的心里。"① 爱可以使自己了解一个人，更能够发现所爱的人身上尚未发挥的潜力，并且凭借爱的力量，能够使所爱的人的潜力得到发挥。

关怀也是满足学生获得承认与认可的需要。承认有三种形式，即情感承认、权利承认、社会赞许。这三种形式构成了受教育者的积极自我观念的条件，也就是说，三种承认形式为个人提供了自信、自尊和自重的三种自我关系。这三种形式发展出情感性的共通感、普遍规范的相互性的义务感以及参与社会合作的意愿，发展出重要的、积极的道德情感和能力品质结构，使得个人成为共同体和社会中存在的独立个体，所以，获得承认对于受教育者的精神健全发展是极其关键的，承认的满足具有重要的教育意义。②

二是"补偿性教育"。就是对各种原因导致学业不良或缺陷的学生进行一些"追加"的教育与特殊的辅导，这种教育是针对反映在学生个体身上的不足而进行的。

三是"救助性教育"。主要是针对学生的社会或家庭处境恶劣，不能支持学生正常持续学习等情况而进行的帮扶，通常称作"照顾政策"。

（二）公平与质量的辩证统一

从我国的研究看，人们对教育公平与质量关系的认识从最初的相互对立和矛盾，逐渐走向兼顾，进而融合。二者的关系呈现以下层次：谈论教育公平时不再单独谈论公平问题，更多是指有质量的公平，更多追求办学质量、学业成绩、师资和办学条件，缩小地区、学校和群体之间的差距、过程以及结果的公平；开始避免绝对的公平而追求有差异的公平，既重视对弱势群体的补偿和倾斜，也不忽略对精英教育、优质教育和尖端人才的投入，并关注弱势群体补偿的效果；在研究教育质量和制定相关政策时，关注质量中的公平问题。

---

① 苏霍姆林斯基. 育人三部曲 [M]. 毕淑芝，等译. 北京：人民教育出版社，1998：3.
② 金生鈜. 承认的形式以及教育意义 [J]. 教育研究，2007（9）.

1. 以"公平对待"为质量奠定基础

随着基础教育改革的深入，人们对教育公平的关注重心已从以资源配置为标志的"起点公平"转向以平等对待为特征的"过程公平"。从"人际对待"角度分析，学校内部公平最典型地表现为教师如何对待儿童。[①]

实现或者趋近"对待性公平"，要求教师充当一个帮助不利境遇学生突围的角色，尽可能地在教育教学中消除经济和社会等方面的外部障碍，使每个人的天赋得到充分发展，尽量降低历史和社会因素对学生发展造成的不利影响。教师作为教育过程中的行动者，可以通过理解自身所处的结构化情境和文化经历来理解自身；同时在每日的例行化行动中，可以通过"实践意识"进行"反思性观照"。只有教师意识到自身具有对待性公平的责任，并能在实践中践行这样的意识，才能促成公平的教育。

教师的工作在很大程度上受到学校、社会甚至社会文化的影响。教师通过变换教学组织形式、构建教育过程以及日常教学动态组成学校的"微观政治环境"。教师能否在教育过程中认同自己具有促进社会公正的责任，认同自我的社会角色是改善这种微观政治环境的关键因素，对实现教育过程中的对待性公平至关重要。在教育过程中，基于"历史性"和"补充性"的考虑，以"同而不同"的方式对待受教育者和教育问题，并能营造公平公正的教育空间，教师是其中的关键所在。学生在教育过程中不仅习得知识和文化，发展情感和社会性，更多的是培养自身作为社会公民的公正感与责任心。如果教师仅仅将所有的学生公平地对待，缺乏对于不利境遇学生的关照，甚至认为可以因为"顾全大局"而"放任"每个学生去竞争教育资源和教育机会，那么学生会很难在教育过程中体会到社会责任感。即使在教育过程中会有一部分境遇不利的学生依靠自己的努力和天资克服外在历史和社会障碍，扭转自己的不利地位，他们也很难将自身的成功归结为公正教育的结果，反而有可能在需要责任担当时成为"精致的利己主义者"。这样的教育在改变少数人个体命运的同时并没有承担起促进社会公正的应有之责。[②] 大量的实践表明，教师的热切期待、人文关怀、耐心引导和包容悦纳，对弱势的学生会产生明

---

① 杨小微，李兴良. 关注学校内部公平的指数研究 [J]. 教育科学研究，2016 (11).
② 石艳，崔宁."新教育公平"观与教师教育转型 [J]. 湖南师范大学教育科学学报，2018 (5).

显的激发效应，促进其学习质量的提升。

2. 以"优质教育"为公平充实内涵

我们追求教育公平绝不是"普遍平庸"的公平，而应是一种"优质公平"，而且与效率相关。有研究者提出，合理有效、现实可行的教育公平应该是教育平等和教育效率持续相互促进的教育质量结构的教育公平。应该是既为才智出众者服务，也为才智平庸者服务，使他们获得基本平等教育基础上的有差别发展。使才智出众者接受更高质量的教育，以期更好发展，为社会做出更大贡献；使才智一般者也能接受良好教育，也有基本发展，能自食其力。应该是既遵循互利原则，根据受教育者发展潜能和将来可能为国家社会和个人带来的预期收益，对不同的人实施不同的教育，又能遵循仁爱原则，对由于经济困难而不能上学的人给予应有的经济资助和对受到教育也未必能给国家、社会和他人带来相应利益的、身心有缺陷的人给予特殊的教育帮助的教育公平；应该是全体国民德、智、体等素质的全面发展在基本平等水平且不断提高基础上的有差异的共同发展，是每个人接受基本教育的基本平等与不同兴趣类型和能力水平的人接受不同层面教育的差异平等相结合的教育公平；应该是与时代相适应的普及教育、大众化教育和英才教育结合，富强国家与惠及民生相得益彰的人民满意的教育公平；同样应该是基本平等和公平与差异平等和公平相互促进，在保证基本平等和公平的前提下，通过差异平等不断提高教育质量，提高教育基本平等水平，逐渐形成高度平等与高度效率相互促进的高度教育公平。

就当前而言，降低功利化追求，抑制应试教育是提高教育质量的根本方式：明确学习方向，增强学习兴趣、动力和创造性，形成追求卓越、超越和永恒的理想目标；变革教育质量观，从提高教育内容质量、过程质量、方式质量及其管理质量做起，实现平等和效率相促进的教育公平目标，普遍提高民族素质；变革教育评价和选拔任用人才制度，使社会价值追求与教育价值追求相互促进。[①]

① 郝文武. 提高教育质量的永恒追求与时代特征［J］. 陕西师范大学学报（哲学社会科学版），2015（2）.

3. 以"学习机会"为学生提供保障

我国有研究者提出[①]，当下应该致力于解决公平的落实，即应更关注微观公平。微观公平是教育公平发展的一个阶段，它是使教育公平从形式走向实质的阶段。教育微观公平就是从"面上"公平到"点上"公平或"精准公平"[②]。这种精准公平，是以学生为本体、为了学生的公平，即从具体的教育实践过程落实公平的理念和追求，使我们的教育能够最大限度地实现：尊重基于个体差异的教育选择权，给予每个学生充分发展的机会，让每个学生都获得适合的幸福生活。[③] 教育者、教育对象、教育内容、教育方法等都是教育微观公平的要素。基于学校教育过程的微观公平等对待原则、差异教育原则和以补偿对待弱势的原则，特别要处理好教育公平与教育质量之间的关系。

从学校的实践看，这种微观公平其实是给学生的"学习机会"提供的一种学校制度上的保障。"学习机会"这个概念最早由瑞典教育学家胡森提出，但并没有一个严格的定义，研究框架也比较广泛。从它的缘起和发展可以看出，学习机会是学校提供给学生的能够增益其学业的条件，是学生在学校能够正常学习的保障。基于这样的目的，学习机会涉及学校教学课程、教学环境、师资力量、学校管理等多方面的条件需求，旨在确保学生能够在进行标准化测试前已经学习了相关知识。

学习机会这一概念内涵真实地反映了教育过程的本质——教育给学生提供的资源和机会，学生获得知识能力是以教育提供了足够的学习机会为前提的。教育公平并不是让所有学生达到相同的学业能力水平，而是要确保每个学生有机会学习到相关内容。有研究指出[④]，从学习机会着手实现微观公平的策略主要在于：建设能够激励教师和学生的学校管理制度；构建完整的课程体系并采取多样态的教学方式；创设基于核心素养的科学评价手段；营造平等和谐的班级氛围。

---

① 郭少熔. 论学校教育的微观公平 [J]. 中国教育学刊，2018 (10).
② 陈栋. 底线与上限：论教育公平的立场、内涵和限度：兼论新教育公平的实践路径 [J]. 教育发展研究，2017 (2)：32—41.
③ 章露红. 二十年来我国教育公平研究的学术进展：基于 1994—2014 年间的文献分析 [J]. 复旦教育论坛，2015 (4).
④ 郭少熔. 论学校教育的微观公平 [J]. 中国教育学刊，2018 (10).

（三）公平而有质量的教育须因材施教

"因材施教"是宋人对孔子教学方法的概括。程颐说："孔子教人，各因其材。"朱熹写道："圣贤施教，各因其材。小以小成，大以大成，无弃人也。"因材施教的意思是按照学生不同的个人条件进行教育。国外的优秀教育家也有类似的观点。这种做法在世界各国已经实行了千百年。

时代在前进，在当代教育实践中推行因材施教，必然遇到一系列的新矛盾、新问题。有研究者指出，当代因材施教的发展呈现出具有科学化、人性化、系统化和复杂化特征的多元取向态势，而每一种取向背后都隐藏着典型的思维方式，存在着自身独特的理论逻辑。从生成论教学哲学的立场考察分属于不同思维范式的"因材施教"，其既有着不同的价值意蕴，又有着现实的内在关联。因而，亟须在教学生成和人的文化生成的意义上，通过辩证批判和整体观照，展开认识与实践的现实整合。①

1. 集体授课的调整

我国当前的教学基本组织形式是班级授课制，即我们所说的"课堂教学"。所谓"教学组织形式"，是指教师和学生按照一定的制度和程序而实现的协调教学活动的结构形式。通俗地说，就是用什么形式或较为稳定的关系将学生组织起来进行教与学。"教学组织形式"的含义涉及三个方面：一是一定的师生互动形式，二是特殊的时间安排，三是教学因素的某种组合。只要有教学就必然存在教学的组织形式，它是同社会需要、培养目标、教学任务、教学内容、教学程序与方法紧密联系在一起的。科学而合理地确定教学的组织形式，有助于提高教学的质量，有助于促进学生个性的充分、自由和全面的发展。

教学组织形式的发展大体经历了从个别教学到集体教学，再到个别与集体相结合的综合化、多样化形式。

教学的组织形式在超越了古代学校的个别教学和班组教学以后，从17世

---

① 张广君，张琼. 当代"因材施教"：生成论教学哲学的审视 [J]. 课程·教材·教法，2015 (4).

纪上半叶夸美纽斯在理论上确立班级授课制后，到 19 世纪后半叶班级授课制在实践中确立起来，其间经历了 200 多年。此后，人们对教学组织形式的改革与探索一直没有停止。在班级授课制普遍流行的同时，人们注意到了班级授课制的缺陷，并尝试用种种更能适应学生个体差异、尊重学生个性的教学组织形式来弥补，甚至取而代之。这样，一系列具有重大影响的组织形式也就应运而生了。

首先是班级授课的变革。

以班级授课为特征的教学组织形式，以其高效率和能发挥教师的主导作用、学生集体的影响作用的优势而经久不衰，至今仍是各国学校教学的基本组织形式。尽管如此，但它也一直在变革，那就是集体教学同分组学习、个体学习相互融合。

全班上课。这是现代学校中最典型、使用最为普遍的课堂教学组织形式，是在教师的直接指导下班级全员一起进行学习的形式。在全班上课时，学生始终在教师的指导下，有步骤地向着目标有效地进行学习，便捷地掌握知识与技能。从时间和教师付出的精力上看，全班上课可以说是最经济的一种教学组织形式。但全班上课难以适应学生在学习速度、学习方式和个性等方面的个体差异。

班内分组学习。它是把全班学生细分成若干个小组，教师根据各小组的共同特点，分别与各小组接触，进行教学或布置他们共同完成某项学习任务。适合采用班内小组教学的情况多种多样：有时是教学方式的变化，如主题讨论、开展小范围合作等；有时是特定教学任务和内容的需要。

班内个别教学。这是在课堂情境中进行的符合学生个性差异的教学。它主要是由学生个人同适合个别学习的教学材料发生接触，并辅以教师和学生之间的直接互动。

其次是活动教学的推进。

随着新课程结构的确立，在我国基础教育的课程结构体系中，不仅有了作为独立课程形态的"综合实践活动"，而且有各学科的"综合性学习""实践与综合应用"等学习领域，因此出现了课堂教学同实践活动、综合学习相互匹配、相辅相成的新亮点，活动教学成为一种颇具活力的组织形式。活动教学并不一定在教室里或班级中进行，其教材与"课表"也并不那么固定，更不是采用教师讲授为主的方式。

活动教学的本质与特征在于：活动教学是坚持"以活动促发展"为基本指导思想的教学；活动教学是倡导以主动学习为基本习得方式的教学；活动教学是以问题性、策略性、情感性、技能性等程序性知识为基本学习内容的教学；活动教学是强调以能力培养为核心、以素质整体发展为取向的教学。[①]

活动教学以自主的实践操作为中心，其步骤一般是：建立学习目标，激起学习需要——参与实践活动，进行实际操作——交流活动经验，提炼学习所得——反思活动过程，促进迁移应用。

最后是个性教学的出新。

"办好每一所学校，教好每一个学生"成为我国教育改革与发展的新追求，成为实施素质教育的重点。"个别化"教学也应运而生。

我国学者曾把"个别化"教学分为三种类型，即调适型（通过教学或补充教学使学生适应学习任务）、发展型（开发学生的优势智能，加速学生的发展与赶超）、综合型（前两种办法兼而有之）。就我国教学改革而言，许多实践探索已经取得一定突破，如"自学辅导""个别化教学""灵活课程""掌握学习""分层递进教学策略"等等，都积累了许多可贵的成果。

分析研究我国课堂教学中的教学组织形式变革，有两个趋势引人注目。一是同步教学同分层递进、分类指导相兼顾，即把集体的"同步教学"与分层递进、分类指导的"异步教学"统一起来，以便能够兼顾各个层次的学生。二是常规教学同个性化学习、开放性学习相统筹。由于学生的知识基础、资质禀赋、学习习惯、认知风格都不完全一样，常规的教学组织形式所追求的统一性很难满足同一课堂中学生的各种需求，最理想的办法是创造一种更加开放、更加自由的教学组织形式，让学生自主地进行个性化的学习。

2．差异教学的践行

因材施教是一种差异教学。首先承认和尊重学生个体之间存在的差异，认识到差异是绝对的，而一致性是相对的。承认和尊重学生的差异，能够唤

[①]　裴娣娜. 现代教学论：第三卷 [M]. 北京：人民教育出版社，2005：288－299.

醒学生自我存在的意识，让每个学生看到自己的闪光点，意识到自身的价值，进而激发其潜能。学生的个体差异不仅表现在他们的经验和理解能力方面，还具体体现在学习方式和学习策略的应用方面。要将学生的个体差异视为宝贵的课堂资源，利用差异丰富课堂，运用差异展开对话，精心呵护来自不同背景、不同个性、不同层次的学生，没有阶层、民族、宗教和性别歧视，每个人都是平等的课堂参与者。①

差异教学有以下一些主要观点和主张：在班集体教学中，不仅要关注学生的共性，而且要关注学生的个性差异，并且在教学中将共性和个性辩证地统一起来。不仅要关注学生个体间的差异，还要关注学生个体内的差异，从而促进学生优势潜能的开发。差异教学强调满足不同学生的学习需要，但不是消极适应，而是从个体的情况出发，引导学生学会学习，从而促进他们的发展。

差异教学强调，学生的差异是多方面的，且是动态发展的，从教学的角度要更加关注学生智能的差异，学习动机与兴趣的差异，学习风格、方式的差异以及认知准备的差异等。教学目标既要照顾差异，又要对每个学生都有挑战性；课程多样且可选择，利用选修课程、模块课程、课程资源中心等形态满足学生不同的需要；学生可以有自己的学习方式，教师要适应学生的不同需要，但要促进学生的学习方式向优势方向优化；教学中既根据学生的差异设计一些动态的分层分类的学习活动，又要组织好合作学习，将"动态分层"和"互补合作"相结合；倡导以小班为基础，大班、小班、小组、个别教学有机结合的教学形式；要关注情感、态度、价值观的差异及学习过程、方法的差异，激发学生积极的学习情感，提高学生的学习能力，促进学生的全面发展。差异教学倡导多元评价，在考虑到一些共同的基本标准的同时，应针对学生差异有些弹性；学生表达成果方式可以多样化，鼓励学生标新立异；在使用标准常模参照评价的同时，要重视自我参照评价等。②

教师不仅可以通过设计开放的可选择的学习内容、多样化的学习活动、学生的合作帮助等策略来满足学生的不同需要，还可以依靠自身的魅力以及

① 纪德奎. 课堂优质化：内涵诠释与特征分析 [J]. 全球教育展望. 2009 (7).
② 华国栋. 差异教学策略 [M]. 北京：北京师范大学出版社，2009：3.

与学生的多种交流手段来照顾不同学生的需要，例如，支持与赞许、关注与肯定、接纳与暗示，以及用眼神与仪态、言语与动作、接近与触摸等来满足学生需要，传达一定的信息，鼓舞学生投入集体学习活动。特别要注意在课堂教学设计与实施中，采用"低起点、缓坡度、多活动、快反馈"以及"小步子、小转变、小梯度"等策略。

推进优质的差异教学，可以参照下表。

下表列举了其中一些优质教学原则及在差异教学上的推论。①

表 2

优质教学的特征	在差异教学上的推论
1. 学习内容对个体具有意义。	1. 学生来自不同背景，拥有不同兴趣，不能保证同一个内容符合所有人的需要。
2. 学习内容处于学生的最近发展区并且学生愿意迎接来自学习的挑战。	2. 学生的学习速度有快有慢，适合某些学生的教学可能对其他学生过难或过易。
3. 学习内容与学生的发展水平相适应。	3. 学生的学习水平存在抽象与具体之分，学习方式有独立学习与合作学习之分。
4. 学生按照自己的学习风格学习，有自由选择的机会，体验自主感。	4. 学生不可能以相同的方式来学习，不可能做同样的选择或拥有完全一致的学习特点。
5. 新知识的构建在已学知识的基础之上。	5. 学生对同一知识的掌握程度不一，所以学生的知识结构会有所区别。
6. 提供社会交往的机会。	6. 学生会选择不同类型的合作伙伴和合作方式。
7. 获得有效反馈。	7. 反馈的方式因学生而异。
8. 学习和运用策略。	8. 每名学生必须学会新策略并以不同的方式运用策略。
9. 营造积极的情感氛围。	9. 学生喜欢的课堂环境会有差别。
10. 课堂环境有助于实现学习目标。	10. 学生需要不同的帮助来达到集体和个人的目标。

① 参考美国 Garol Ann Tomlinson 的《多元能力课堂中的差异教学》。

从表中不难看出，实施差异教学才能真正体现优质有效的教学，才能真正使有差异的学生也有平等的发展机会，也才能真正促进每个人的最大限度的发展。

3. 个别辅导的强化

对一些学业落后或处境不利的学生实施补偿，本来就是教育公平的一项要求。在统一的课堂教学的背景下，教师对学习上有困难的学生进行辅导，是一种责任行为，重要的是教师与学生应建立一种关怀和信任的关系。"这种关系对教育具有无可估量的、怎么强调也不过分的意义。教育者控制儿童发展方向也取决于教育者如何看待儿童，如果他把儿童看作诚实的、可靠的、助人为乐的……那么儿童的这些品质就会得到激发和增强。教育者的信赖可增强他所假定的儿童具有的那种出色能力。反之也完全一样：如果教育者把儿童视为好说谎的、懒惰的、阴险的……儿童就不会抵制这些行为，他们就会说谎、偷懒、耍诡计，正如教育者所猜疑的那样。"[1]

对学生的补偿性教学，主要通过学习辅导来进行。[2]

一是课前铺垫辅导。

按照"掌握学习"的理论，只要为学生提供必要的认知前提行为、积极的情感前提特性，并使之接受高质量的教学，那么学生学习成绩之间的差距就将缩小到 10%。传统教学产生的学习差距，往往是因为学生在学习新知识前就不在同一起跑线上。

学习困难的学生由于前面的知识技能掌握得不好，或因新课中知识点多、难度大，接受有困难，所以需要教师在课前给予辅导。教师往往习惯于课上用 3—5 分钟时间复习旧知，以旧引新，这种做法对学习程度较好的学生的确能起到辅助作用。但这几分钟的复习，对学习困难生是不够的，课前还应给予指导帮助。

为了摸清学生学习新课有哪些困难，教师可在学习新单元前进行与新课内容有关的原有知识技能测验，并针对测验结果采取各种补救措施。此外，

---

[1]　O. F. 博尔诺夫. 教育人类学 [M]. 李其龙，等译. 上海：华东师范大学出版社，1999：47.

[2]　华国栋. 差异教学策略 [M]. 北京：北京师范大学出版社，2009：252—253.

还可通过练习、问答、直接询问学生等形式，了解学生对原有知识技能掌握的情况。

二是课中及时辅导。

有些学生由于感知方面的障碍，在课中往往对其他同学能掌握的内容感到困难，影响了后续学习。因此，教师要考虑到他们的特殊需要，课中及时帮他们扫清"拦路虎"。教师可以为他们提供一些辅助性的提纲或问题，为他们提供一些学具、辅助材料，并利用课上的间隙时间、其他学生练习的时间帮助他们。如有的教师在教"角"这个概念时，因学习困难学生没有感性认识，教师除请其他同学用准确的语言对角进行描述外，还提供角的实物或模型，让学生实际摸一摸，从而感知角。

对于那些学有余力、在课上"吃不饱"的学生，教师可以为他们提供一些适合他们自学的、比教材更深的辅助材料，在课间适当给予指导，鼓励他们独立地、创造性地学习。课堂作业中可以为他们增加一些思考性强的题，调动他们学习的积极性。

三是课后强化辅导。

在课后，有的学生由于对课上教学的内容掌握得不那么清晰，做作业速度慢，所以教师还要对他们进行辅导。教师要对当天的教学内容及时辅导帮助，进行练习巩固。辅导时不要面面俱到，应围绕教学重点方面和基本要求反复强化。辅导了当天的教学内容后，对个别有特殊需要的学生还要按照个别教学计划中的要求，对他们进行辅导和训练。

课外辅导要充分发挥助学伙伴和家长的作用，教师要和他们一起制订辅导的计划，落实辅导的时间，指导他们辅导的方法，并及时了解他们辅导的进度和效果，提高辅导的质量。

对有特长的学生，课外辅导要因势利导，教师可以为他们开设小型课程，或成立兴趣小组，指导他们自学有关知识，发展其特长。

四是小单元针对辅导。

一些学习有困难的学生易于遗忘所学知识，所以教师要帮助他们将每个小单元知识理成体系，促进知识正迁移。同时，要进行小单元检测，根据检测情况找出知识技能的缺陷，以便有针对性地辅导。

三、 办好适合学生的学校

为了每个学生的发展是学校教育的奋斗目标。有分析指出，当前学校教育亟须转型：由扩张型向内涵型转变，由生存型向发展型转变，由粗放型向特色型转变。[①] 学校应"为每个学生提供适合的教育"。

（一）办学理念确立育人为本

"适合的教育"是以人民为中心的发展理念和"办好人民满意的教育"对学校的要求。"适合的教育"，首先需要说明的是适合"谁"的教育，站在社会立场上，是适合社会；站在国家立场上，是适合国家；站在区域立场上，是适合本地区；站在学校立场上，是适合学校。对教育来说，这些适合固然是必要的，但最根本的则是适合学生。只有适合学生，才能彰显教育的本真；只有适合学生，才能培养国家、社会需要的人才，成为人民满意的教育。因此，"适合的教育"应该以学生为原点，所有的适合汇聚于学生。

关键是如何理解"适合的教育"中的学生。已有的文献强调适合"每一个学生"，这里的"每一个"，不是普及教育中面向所有的学生，而是面向个体的"每一个"，强调个体的独特性。正因为强调个体的独特性，为"每一个学生"提供"适合的教育"，在班级授课的集体教育中，缺少可行性。这不是"适合的教育"理念有问题，而是对"每一个学生"的理解过于狭窄。

学生作为个体，固然是独特的，但独特性背后有共同性。共同性包括两个方面：一是作为人的共同性，二是作为学生的共同性。因此完整地理解"学生"，应该包括三方面：第一是学生作为人，第二是学生作为儿童和学生，第三是学生作为独特的生命体。适合学生的教育，首先要适合人性，其次要

[①] 高岩，龙宝新. 21世纪以来农民工子女教育研究的现状与进路分析 [J]. 教育理论与实践，2018（13）.

适合儿童和学生的发展，最后要适合生命的独特性。这自然引出三个命题：一是"适合的教育"是合乎人性的教育；二是"适合的教育"是符合学生群体特征的教育；三是"适合的教育"是适合个体独特性的教育。这是一种立足教育本身的分析①。就学校来说，教育作为促进人发展的活动，其重要价值就是对人进行价值引领，以使人能够超越自身发展的局限，更好、更快地发展，追求自身成为真正的、纯粹的人的存在，完成生而为人的"无限完善的使命"。教育"自一诞生就被赋予了传承知识、承载价值、引领生活、追求理想的神圣使命。它要引导学生求真、寻善、向美，以促进生命不断成长、不断超越现实和生成新的自我"②。这也就是育人为本的本来意义。

适合学生的教育，从学校整体角度来说，必须突出三点：

1. 靠近学生的"最近发展区"

适合学生并不是消极地适应学生的现有状态和现有水平，教育是"面向未来"的事业，学生是成长中的人，因此，"适合"应当是一种积极的、动态的适应。"最近发展区"就是最接近于学生发展水平的一个可到达的区间。

苏联学者维果茨基主张实施"走在发展前面的教学"。他在分析学生课堂情境中的差异时提出，人类认知过程在个体和群体两种水平上可能表现出不同功能。进一步，维果茨基认为，至少应确定儿童的两种发展水平：第一种水平是儿童现有心理机能的发展水平（儿童实际的发展水平）；第二种水平是在成人的指导和帮助下所达到的解决问题的水平（儿童潜在的发展水平），也就是通过教学所获得的潜力。

为了促进学生认知特别是思维的发展，教学应当紧靠学生的"最近发展区"，通过"挑战性的任务"、必要的提问建议和指导、合作中的交流与互动等举措，让学生通过"跳一跳摘下桃子"的思维紧张和意志努力，发挥出自己的潜能，实现从"现有发展区"向"最近发展区"的跨越。

2. 激发学生的"自我内趋力"

针对某些学生内趋力弱化的现实状态，要特别注重激发他们的内在需求。

---

① 冯建军，刘霞."适合的教育"：内涵、困境与路径选择 [J]．南京社会科学，2017 (11)．

② 张传燧，赵荷花．教育到底应如何面对生活 [J]．教育研究，2007 (8)．

人的绝大部分动机都是需要的具体表现，或者说是需要的动态表现。需要可以表现为兴趣、意向、意图、信念等形式。

心理学的研究表明，由学生内在需求所决定的认识兴趣对学生学习的推动力是持久而强烈的。因此，唤起学生的好奇心和求知欲，引发学生的惊奇感和认知冲突，就能激起学生的学习积极性。苏联教育家巴班斯基在谈到诱发那些学业不良学生的好奇心和求知欲，使他们对学习有兴趣和要求时，建议教师采用能激发学生认识兴趣的心理效应方法，如内容、形式和方法的新颖效应，不同看法的冲突效应，出乎意料的惊奇效应等。巴班斯基的意见可以为我们打开一个思路。

要发挥目标的作用。学习目标是学生对学习结果的预期，具有很强的引导、召唤和激励作用。运用目标调动学生的学习积极性，就是要使学生明确学习的目的，即认识学习的个人意义和社会意义，并且设计出一步步逼近目标的合理而又可行的目标序列，让学生在一个个小的成功的鼓舞下，在学习结果的"诱惑"下，始终保持适当的学习预期和激情。

凯勒的动机设计模式中有"突出针对性"要素，即要注意解决学习内容的实际意义问题，这对我们运用目标的激励效应是颇富启发意义的。

要利用成功的推力。苏联教育家苏霍姆林斯基把给予"学习者取得成功的欢乐"看成"教育工作的头一条金科玉律"。心理学的大量实验证明，在学校情境中，学生的学习积极性同他们的成就动机以及与此相联系的抱负（志向）水平密切相关。因此，在教学实践中尽力去诱发学生的成就动机，提高抱负（志向）水平，使他们产生自我效能感，就成为一种很重要的激励策略。

许多学校就是从这个方面来激发学生内在动力的。

3. 搭建学生上升的"脚手架"

按照维果茨基的理论，儿童从现有水平走向最近发展区，是在与文化环境的互动中，在成人帮助和同伴合作下实现的。在课堂教学的条件下，教师讲授可以利用教学支架（也称教学脚手架）来促进儿童的认知发展。

教学支架就是在儿童试图解决超过他们当前知识水平的问题时，教师所给予的支持和指导。给予教学支架的目的就是使学生最终能够独立完成任务，顺利通过最近发展区。在操作上，教学支架应该考虑学生的需要：当学生需要更多的帮助时，教师就进一步提供支架；当学生需要较少的帮助时，教师就撤销支架，以便学生能独自完成任务。从功能发挥角度来说，教学支架扩展了学习范围，使学习者能完成一些在其他条件下不可能完成的任务。所以，这种支架式教学是一种教学模式，它要求为学生提供一定的帮助，使他们能够完成不能独立完成的任务。

提供认知线索是一种重要支架。学生对教材的理解是一种"认知加工"的心路历程，这一心理活动的历程包括感知、记忆、想象、思维等系列活动。施良方教授指出，"学生在教学中的认知加工，是由学生认知加工系统与课程和教学的相互作用而组成的"。如果只提供课程信息而不给任何教学线索，学生无疑也能学到一些信息，但是，如果在传递课程信息时辅以教学线索，就可以提高学生认知加工的质量。教师对教材的认知加工，可采用利用教材的"预热效应"，鼓励学生搜集相关信息，引导学生尝试探索等方式进行。

运用好"组织者"也可发挥支架的作用。先行组织者简称"组织者"，是奥苏贝尔于20世纪60年代初提出的一个概念。根据奥苏贝尔的解释，组织者是先于学习材料之前呈现的一个引导性材料。它在概括和包容的水平上高于要学习的新材料，但它以学习者易懂的通俗语言呈现。它是新知识与旧知识联系的桥梁。也就是说，先行组织者是一些陈述，这些陈述是在学习材料本身之前介绍的，其设计旨在帮助学习者学习新材料。它为学生提供一个概念的构架，并把这节课的内容、观点、概念和事实，以一种有组织的方式放进构架中。

按照奥苏贝尔的提高教材可懂度的策略和技术，在教学过程中，可以设计三种组织者：陈述性组织者、比较性组织者、形象性组织者。

（二）课程实施采用调适取向

课程，广义而言是学生在学校中所获得的全部经验的总和。而课程实施则是将采用的课程计划和方案付诸学校教育实践的过程，即国家规定的课程也好，地方编制的课程也好，从某种意义上说，都要变成学校的课程。那么，这一转化的过程，学校怎样去运作呢？无非选择、重构、加工、充实、补充、开发等，这些具体事项总得有一些总的设想和指向，课程理论把它称为"课程取向"。

课程专家富兰、庞弗雷特和伍思伍德等人根据北美课程改革的实际情况，概括了三种课程实施的取向：①得过且过取向；②改编或适应取向；③忠实或精确取向。我国的课程研究者张华曾把课程实施的取向概括为忠实取向、相互适应取向、课程创生取向，并认为它们构成一个连续体，各有其存在价值和合理性，也各有其局限性[1]。

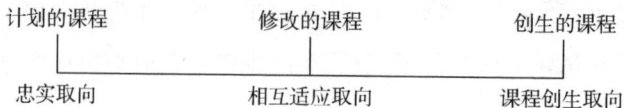

```
计划的课程            修改的课程            创生的课程
 |————————————————————|————————————————————|
忠实取向            相互适应取向            课程创生取向
```

就某些课程的学习来说，课程的重构、加工、充实是立足点，是基本的举措，也是"不得不为"之事，这样施行也会水到渠成，进一步创生某些课程。

课程的调适，着力点在哪里呢？研究者认为，重点是课程内容。因为课程内容是实现目标最重要的资源、载体和中介。从一定意义上说，全部课程问题都可以归结为内容问题——课程设计是关于内容的安排，课程目标是选择和决定内容的依据，课程实施是内容的逐步实现，课程评价是判断内容产生的结果。课程实践的一切问题都是围绕课程内容的安排及其结果展开的[2]。也就是说，对课程的调适，要抓住内容的加工、改组、增补，使它适合学生，当然也要"垫高"学生的基础使之与课程内容"适配"。

从国内实践看，已经有非常丰富的成果积累，其基本的做法有：①选取本土知识。本土知识是指"由本土人民在自己长期的生活和发展过程中所自主生产、享用和传递的知识体系，与本土人民的生存和发展环境（既包括自然环境，也包括社会和人文环境）及其历史密不可分，是本土人民的共同财富"[3]。②发掘文化精华。如跟"乡愁"有关的人和事，中华文化的特有表现形式，书法、国画、诗词，文化景观，民间文化形式，故事传说，风俗，节

---

①　张华. 课程与教学论 [M]. 上海：上海教育出版社，2000. 334—345.

②　丛立新. 课程论问题 [M]. 北京：教育科学出版社，2000：284.

③　石中英. 知识转型与教育改革 [M]. 北京：教育科学出版社，2001：65，327.

庆与礼仪、节庆文化，诚信、勤俭、孝道等。

在课程的具体实施中，我们主要从以下三个方面促进学生真正理解和掌握课程的内容。

1. 联系学生经验和现实生活

教好知识（包括陈述性知识、程序性知识）的关键，是将凝聚在课程内容里的人类社会历史实践中总结概括出来的知识精品转化为学生个体的精神财富，即个人头脑中的经验系统（个人化的知识），这就需要联系现实生活中学生自身的经验和体验。

我国著名教育家陶行知先生曾用"接知如接枝"来比喻经验在知识学习中的作用。他是这样区分"真知识"和"人为知识"的：思想与行动结合而产生的是真知识。真知识的根是安放在经验里的，从经验里发芽、抽条、开花、结果的是真知灼见，不是从经验里生发出来的知识就是伪知识。陶先生指出，掌握真知识的基础是我们要用自己的经验做根，以这经验所生发的知识做枝，然后别人的知识方才可以接得上去，别人的知识方能成为我们知识的一个有机部分。① 可以说，教好知识的奥秘就在于以现实生活中的事例及现象、学生的经验与体验为"土壤"，在教师的耕耘下，在其中扎根、抽枝并结出知识之果来。

我们知道，杜威曾经提出"教育即生活"的命题，教学也是离不开生活的，所有教学从本质上看都是生活事件，教学活动是一个在生活中准备生活的活动，教学只有一个主题，那就是五彩缤纷的生活。② 生活是具体可感的，生活的本质就是"人与人的际遇"，"在际遇中生活被揭示、被体验"。教学回归生活就是指按照生活事件的样态来组织教学，"基于生活的完整性"来理解人的经验和事件。③

2. 运用充足事例与多种方式

组合在课程里的知识，特别是关于概念和原理的知识，通常都是经过抽象概括的、带有一定规律性的知识，在这种知识由感性形态上升为理性形态

---

① 中央教育科学研究所. 陶行知教育文选 [M]. 北京：教育科学出版社，1981：61—65，79.

② 怀特海. 教育的目的 [M]. 北京：生活·读书·新知三联书店，2002：12.

③ 派纳. 理解课程 [M]. 张华，等译. 北京：教育科学出版社，2003.

的过程中，知识原型所具有的生动性、丰富性和具体性往往被撤除掉了。要让生活阅历不够和思维水平不高的中小学生理解并掌握规律性的知识，教师需要提供一些具有代表性和典型性的事例去支持他们进行解释、概括和比较。这些事例不仅要有"正例"，而且要有"反例"；不仅要有"常式"，还要有"变式"。这样，才能使他们既认清"要义"和"本质"，又区分出"真假"和"异同"。

教好知识不但要使"理"与"事"相互匹配，而且要注重以多种方式来促进学生对知识的掌握。我们知道，提出"多元智力理论"的美国心理学家加德纳认为：人有七种智力，即言语智力、逻辑数理智力、音乐智力、空间智力、身体动作智力、人际智力和自省智力。在此基础上，还有自然智力、精神智力和存在智力。根据加德纳的观点，每个人都或多或少地拥有上述这些智力；不同的人在有些智力上表现出高水平，而在有些智力上表现出低水平，这些智力相互独立，能够用来解释不同个体的能力差异。加德纳等研究者认为，社会和学校教育仅重视言语智力和数理智力，而对其他类型的智力关注较少，如要全方位发展学生的各种智力，学校应从其他类型的智力角度来激励学生并为学生提供更多获取成功的额外机会。

多元智力理论要求学科教学采用多种方式进行，在学生学习某个主题时提供不同的切入点。教师解释或教授某个主题的方式越多，学生的理解也就越深刻。例如，加德纳（1991）在《未经教育的头脑》一书中曾指出，对任何内容至少可用以下五种方式来教授：叙述、逻辑分析、动手经验、艺术探索和哲学考量。他后来还增加了参与合作的经验或人际经验的方式。

3. 注重巩固练习和实际应用

知识并不是一进入学生头脑就永远原封不动的。"遗忘"和"变形"是学生在存贮信息时必然要遇到的问题，解决这一问题的基本方法就是"复习"、"练习"和"应用"。从达成"知识教学"的目标来说，应当实现从基础知识的掌握（听懂、学会的境界）这一最初目标到知识的迁移与创新（会学、活用的境界）这一最高目标的转变，而此种转变离不开"练"与"用"。

要提高"练"的质量，必须坚持"求实""求精"的原则。一要提高针对性，即按照不同学生的水平和特点，设计和采用不同内容和形式的练习，根据不同教材的难易和要求，做好数量和顺序的把握；二是要讲究科学性，加强练习的指导，明确练习的目标，注重练习的分布与重复，及时反馈和校正等等。

在课堂教学中，读书是学习，运用也是学习，而且是更重要的学习。知识的积累是为了运用，运用知识也是为了让积累起来的知识变得更稳固、更丰满、更灵动。苏联教育家苏霍姆林斯基讲过："学生到学校里来，不仅是为了取得一副知识的行囊，更主要的是为了变得更聪明。"而"所谓发展智力，就是使知识处于运动之中，处于运用之中"。因此，在课堂教学中重视并激励学生对所学知识价值的开掘，创设一定的情境让学生运用知识解决问题，这是培养学生创新精神、实践能力和创造个性所必需的。

（三）教学活动突出以学定教

学生在学校中的学习，是教师与学生交往互动中学生自主建构意义的过程，同时是通过师与生、生与生的对话、协商、合作的社会建构的过程。无论什么意义上的教学，实质上都是学生为主体的学习。这一点，对于学习困难学生尤其重要，这意味着他们将从被动的接受学习者，转化为积极参与者和能动的意义生产者，这将把许多态度上的消积倾向化为积极的动能。

1. 为学而教的服务意识

相对学习而言，教学并非人生的必需元素，因为无论有无教学活动的伴行，学习始终在人的一切生活时段与空间中发生着，学习与生活交互生成是人性塑造的原动力。"有教之学"与"无教之学"之间存在的只是效率的差异。学习是人一生的主题与事业，教学只是人生中的一段序曲或插图。

教学，是一门地地道道的助学艺术、促学技艺，其天职是：加速学习活动的进程，提升学习的效能，增进学习的深度，优化学习的品质。只有在学习发生的地方才需要教学，教学存在的目的是引发学习、解放学习、维护学习、增强学习。"学"是"教"永恒的服务对象，一切教学的概念、原理、现象皆根源于学习，都无法与"学"割裂开来。

"为学而教"是教学的铁定内涵。教学只是学生学习过程中的一个附加。

教学的一切价值与意义都体现在它对学生学习活动的积极改变所做出的努力和贡献中。学习活动的多面性、多层性决定了教学活动的价值指标体系。学习是过程与结果的统一，是目标与行动的复合，是动力与智力的交汇。[①] 我们必须认识到，学习乃教学的原发性动力。课堂教学缺少了学生的学习，就像是丢失了灵魂的躯壳，会成为一种徒具形式的走秀，那种无活力、无动因的课堂教学，极有可能成为恩格斯所说的"智慧的屠宰场"。

我们必须要找到教学的原发性动力。我国学者郭思乐教授认为，教学要形成良好的动力体系，必须最充分地依托和发挥人的生命力量，必须找到和拥有教学的原动力，促使原动力更有效地发挥作用。教学的原动力是儿童的学习天性，是儿童的学。这是因为学是先发的、本原的、自然的，是教育本体的因素，更是最活跃的、多变的目标性因素，是教的目的和归依；而发自外部的教，是后来的、可改变的，是居于助动力地位的。因此，今天解决基础教育问题的关键，是通过把主要依靠教转变为主要依靠学。他提出：①学先于教。学是推动教育教学活动的原动力。②学决定教。学是教育的真正主导力量。③学成就教。学是教育教学的工作本质和核心。④学大于教。学是创造教育教学业绩的根本动力。[②]

最终，教是为了达到不需要教。我国著名教育家叶圣陶有一句名言：教为了达到不需要教。他说："凡为教者必期于达到不需教。教师所务唯在启发导引，使学生逐步增益其知能，展卷而自能通解，执笔而自能合度。"[③] "我想，教任何课，最终目的都在于达到不需要教。"[④] "以其欲达到不需要教，故随时宜注意减轻学生之依赖性，而多讲则与此相违也。"[⑤] 叶先生的意思非常明确，"不需要教"是因为学生有了自主学习和学以致用的本领，"展卷而自能通解，执笔而自能合度"。这显然是教导我们走"能力为重"的路子。我们都知道，能力总是在活动中表现出来并通过活动不断增强和发展的。学生的自主学习和自我发展的能力，只能在学习活动中"自奋其力"，"增益其知

①　龙宝新. 为学习而教 [J]. 教育科学论坛，2012（3）.
②　郭思乐. 学校教学的动力分析 [J]. 课程·教材·教法，2008（1）.
③　叶圣陶. 叶圣陶语文教育论集：下册 [M]. 北京：教育科学出版社，1980：741.
④　叶圣陶. 叶圣陶教育名篇 [M]. 北京：教育科学出版社，2009：125.
⑤　叶圣陶. 叶圣陶语文教育论集：下册 [M]. 北京：教育科学出版社，1980：720.

能", 切不可用 "多讲" 去养成 "学生之依赖性"。"教" 正是由 "学" 去达到 "不需要教" 的, 这是教的真谛, 也是教的目的。

2. 先学后教的行动框架

"先学后教" 是一个颇具中国特色的教学方法, 一般是指教学顺序的调整, 即先让学生学, 而后由教师有针对地教。在这种看似很简单的顺序变动里, 蕴含着极为深刻的学理。我国学者余文森认为, "先学后教" 认定教学首先是学生的事, 要赋予学习者学习的权利和责任, 让学习者成为学习活动的真正主体和主人, 转变那种外在性、被动性、依赖性的学习状态, 把学习变成人的主体性、能动性、独立性不断生成、张扬、发展、提升的过程。这是学习观的根本变革。[①]

一要依循认知规律。学生的学习是一个认识客观世界的过程, 认识客观世界总是有一定规律的。只有遵循这些规律, 学习才能事半功倍, 高效轻负。考察先学后教的理论基础可以从多维度着手。首先, 从哲学层面来看, "先学后教" 中的 "先学" 是引导学生先去实践, 从而形成初步认识;"后教" 则让学生在已有实践与认识的基础上, 进一步提升实践的广度和加深认识的深度, 这种 "实践—认识—再实践—再认识" 是符合认识论基本规律的。其次, 从心理学角度来看, "先学" 彰显了学习主体的角色, 尊重学生个体心理的差异性与独特性, 充分释放了学生的学习潜能, 这些显然都是人本主义心理学积极倡导的。最后, 从教育教学理论来看, "先学后教" 则内蕴着 "主体性教学""分层教学""差异教学""因材施教""教是为了不教" 等思想理念。[②]

二要激活学生潜能。我国学者郭思乐在论及 "生本" 教育时, 这样来表达他对开发学习潜能的看法: 人类发展为万物之灵的事实累积, 必然铭刻进人的基因, 使人有成长机制, 喜爱学习, 善于学习, 积极向上。也就是说, 人符合自然之道的关键, 是学习天性被刻进基因, 人的教育问题解决的症结就在人自己身上。让人自己去提升自己, 就是教本身的含义。[③] 我国许多推行

---

① 余文森. 先学后教, 少教多学: 建构中国自己的教育学 [J]. 2009 (3).

② 屠锦红、李如密."先学后教" 教学模式: 学理分析、价值透视及实践反思 [J]. 课程·教材·教法, 2013 (3).

③ 郭思乐. 向大自然寻找力量的 "天纵之教": 论生本教育的本质 [J]. 人民教育, 2010 (12).

"先学后教"的学校，都以相信学生、解放学生的巨大热忱去激发起学生的潜能。在洋思中学，教育者都"洋溢着一种教育的博爱精神、对学生的赏识与信任精神，这就是'爱满天下'①'让每一个孩子都抬起头来走路'的精神"。② 杜郎口中学提出，要"相信学生、发动学生、利用学生、发展学生"，教师对学生普遍表现出这样的态度：平等、尊重、信任、激励，给予大胆表现的自由和舞台。事实上，"先学后教"的背后，都有一种对学生潜能的确信，当这种信念成为教育者的期望、关切和要求时，学生就会焕发出学习的激情、动机和自觉的行为，成为一种"正能量"。

三要发展学习能力。学生没有经历自主的学习活动，就不可能发展起学习的能力。"先学后教"的要义是"先学"，让学生"动"起来，自己去接触、感悟、思考，发现问题，进行初步的分析和研究，并尝试去解决问题，这样做十分有利于锻炼学生的自主学习能力；而"后教"，既有学生之间的意见交换和思维碰撞，又有教师的启发诱导和必要点拨，学生始终在一种兴奋的状态下思索、求解和探究，这对学生开阔视野、比较异同、分析综合，无疑具有激发作用、助推作用和磨砺作用。学生的定向思维和发散思维、创新意识和独立思考能力都会在完成学习任务的一步一步践行中发展起来。

3. 学导结合的方式组合

我们知道，"育人为本"强调要"以学生为主体、教师为主导"。这反映了对"教学"本质的理解，即教学就是指教的人指导学的人进行学习的活动。教学是教师"教"和学生"学"的相结合或相统一的活动。具体地说，就是教师指导学生进行学习的活动。在这个活动中，学生掌握一定的知识和技能，同时身心获得一定的发展，形成一定的思想品德。教学（教）就是教师引起、维持与促进学生学习的所有行为。③

---

① 杨启亮. 以自主学习为根本的教学改革：评洋思初级中学"先学后教 当堂训练"的课堂教学模式 [J]. 江苏教育，2001 (Z1).

② 周德藩. 一个朴素的教育奇迹 [M]. 南京：南京大学出版社，2003.

③ 施良方，崔允漷. 教学理论：课堂教学的原理、策略与研究 [M]. 上海：华东师范大学出版1999：14.

那么，"导学"的旨趣何在呢？

首先是教师立足于导。从教学活动的实际情况看，教师在课堂教学中的行为，本质上是一种指导学生学习的行为。"指导"，既强调教师在教学中的主导作用，又反对教师无视学生主体性的强制与灌注。这正如杜威所说："指导是一个比较中性的词，表明把被指导的人的主动趋势引导到某一连续的道路，而不是无目的地分散注意力。指导表达一种基本的功能，这一功能的一个极端变为一个方向性的帮助，另一个极端表现为调节和支配。"[1]

教师立足于"导"，就是要放弃那种强制灌输和急功近利的做法，而在"诱导""引导""辅导"上下功夫。"诱导"即诱发学生的内在需求，增强学生学习积极性，采用提示学习的社会意义和个人意义、创设激发动机的情境、唤起学生自我意识等方式进行。"引导"指在教师的指引下，诉诸学生自己的实践，使学生高效、便捷地掌握知识，体验过程和领会方法。"辅导"则着眼于针对学生学习中出现的矛盾和问题，有的放矢地给予调适、扶助和补救。总之，教师既要"重导"，又要"善导"。

其次是学生致力于学。学校的根本任务是"育人"，离开作为学习主体和自我发展主体的学生，"育人"不过是一种空谈。所以，有学者指出，学校教育为了要发挥其功能的最大值，其任何行为均应是推动、保护、激发学生的学，最大限度地形成和依靠学生的学。在这种以学生为本的课程实施中，采用"无为即为"的方法，即先做后学、先学后教、少教多学、以学定教，进而不教而学。[2]

那么，有效的课堂教学在"主要依靠学"的实践中，学生应致力于哪些方面呢？主要是"想学""会学""能学"。"想学"就是要有学习的欲求和意愿，并将这种内在的意向聚焦在特定的目标上，通过意志努力以获得预期的结果。"会学"就是在掌握特定学习内容的同时，习得解决问题的思路、策略和方法，并使学习产生广泛的迁移效应。"能学"则是充分开发出自身的潜能，让学习的结果、学习的过程、学习的策略都内化为能力，积淀为自身的

---

① 杜威. 民主主义与教育 [M]. 王承绪，译. 北京：人民教育出版社，2001：30.

② 郭思乐. 从主要依靠教到主要依靠学：基础教育的根本改革 [J]. 教育研究，2007 (12).

精神财富。

最后是导学水乳交融。教师的"教"和学生的"学"本来就是教学的"一体两面"，它们之间既相互依存，又相互渗透，还可以相互转化，其关系特性表现为：教对于学具有先导性，学对于教具有支持性；教与学既互为条件，又相互约束。

第三章 教学诊断如何施行

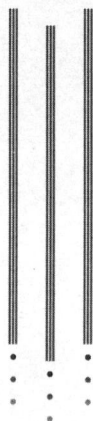

教学诊断是学校教学活动的一个组成部分，只要教学工作还在进行，只要教学工作还需改进和提高，就必定要发现问题，揭示矛盾，纠正弊病，保证教学不断地趋向目标，健康运行。

教学诊断是学校教学活动的一个组成部分，只要教学工作还在进行，只要教学工作还需改进和提高，就必定要发现问题，揭示矛盾，纠正弊病，保证教学不断地趋向目标，健康运行。其实，教学诊断在学校教学中是日日都在践行着的，不过并不那么"正规"和"意识化"而已。为了使教学诊断更加自觉，诊断的质量不断提高，就必须了解教学诊断的一些操作程序和规范。由于诊断的内容和对象不同，教学诊断的施行会有很大差异，这里只是提出一个框架，具体操作留到后两部分讨论。

一、 明确教学诊断标准

任何诊断都需要一个比照的标准，就像医生要用"健康"的标准和"正常指标"来诊断疾病一样，教学诊断也要首先有一个标准。但是"我们不得不承认，要给'健康'的教学予以界定，同对教学疾病进行分类一样困难。我们认为，完全健康的教学系统是不存在的，历史上尚未构建出一种在各方面都健康的教学形式来作为我们的参照标准。完全健康的教学只是一个假设的范畴，是根据一定的理论与社会需求推导出来的，只存在于规范理论的框架中"[1]。

下面，我们就大致勾画一下这种标准的方方面面。

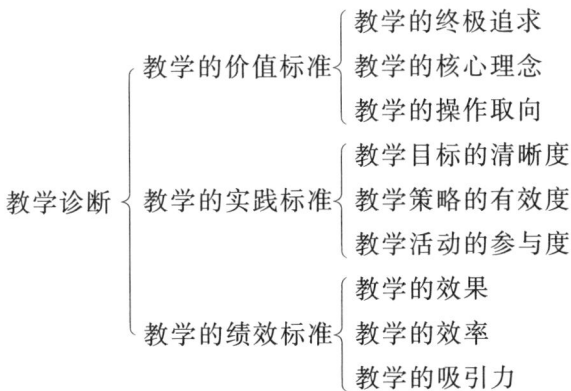

		教学的终极追求
	教学的价值标准	教学的核心理念
		教学的操作取向
		教学目标的清晰度
教学诊断	教学的实践标准	教学策略的有效度
		教学活动的参与度
		教学的效果
	教学的绩效标准	教学的效率
		教学的吸引力

---

① 裴娣娜. 现代教学论：第二卷 [M]. 北京：人民教育出版社，2005：334.

（一）教学的价值标准

从一般意义上讲，"价值"是事物满足主体需要的属性。教学内容是按一定的价值标准对人类文化提取和组合的，这使得课程内容富含种种"价值意义"；教学的目标是价值标准的具体化，教学理念反映教学主体的价值认识和指导思想，教学运作负载着教学主体的认知与行为取向。从教学实践的角度讲，教学的价值标准可以从以下三个方面去诊断。

1. 教学的终极追求

这主要是指对教学的根本意义的认识，即对教学的基本"功能"的看法。比如说，教学的根本价值是知识和技能的获得，还是促进每一名学生的全面发展和终身发展？

当前教学的终极追求，可以一言以蔽之：以学生发展为本。

$$
\text{"学生发展"的含义是}\begin{cases}\text{全体学生的发展}\\\text{全面和谐的发展}\\\text{终身持续的发展}\\\text{个性特长的发展}\\\text{活泼主动的发展}\end{cases}
$$

$$
\text{"学生为本"的含义是}^{①}\begin{cases}\text{价值观：一切为了学生}\\\text{伦理观：高度尊重学生}\\\text{行为观：全面依靠学生}\end{cases}
$$

2. 教学的核心理念

教学理念是富有理性色彩的教学观念，是教学主体价值追求在认识层面的表现形式，是从事教学活动的指导思想。这正如有研究者指出的："教师的教育观念在界定任务和选择认识工具去解释、计划、决策任务中起到了指导作用，因此，教育观念在教师界定行为、组织知识和信息过程中扮演着关键

---

① 郭思乐. 教育走向生本 [M]. 北京：人民教育出版社，2001.

性的角色。教育观念对教师的觉知有重要的影响，教师的观念强烈地影响着他们的教学行为。""教师的教育观念首先要影响其教育态度、教育方式与教育策略，并进而影响其教育行为，最终转化为对学生发展的影响。"

在新课程实施中，许多教学理念已经在教学诊断中被广泛采用，如教学要促进学生全面持续发展，教学要确立学生的主体地位，教学过程是师生交往互动、共同发展的过程，教学要重视教会学生学会，教学要面向全体，因材施教，等等。在学科教学中，教学的核心理念都明确地写进课程标准，使得它具体而可行。

3. 教学的操作取向

这是教学的价值观和教学理念在教学活动层面的具体化表现，在教学诊断时主要是界定教育操作选择的基本方向和路径。

在新课程的实施中，教学的操作取向已经有了新的变化，如：

发挥教学对课程建设的能动作用——变"教课本"为"用课本教"。这就要求教师在教学上要改变课程实施取向，从忠实取向走向调适取向和创生取向，要拓宽课程内容领域，注重课程资源开发。

建立交往互动、共同发展的师生关系——变"传话"为"对话"。这就要求教师要成为"平等中的首席"，要"蹲下身子与学生对话"，要处理好教师的主导作用和学生主体作用的关系，要积极引导学生转变学习方式。

加强实践经验与书本知识的联系——从"书中学"到"做中学"。这就要求教师把读书学习同社会实践结合起来，重视师生的经验共享与活动参与，展现知识的形成与发展过程。

注重学生素质的深层建构——变"教书"为"铸魂"。这就要求教师化知识为智慧，变行为为素养，积文化为品格。

构建充满生命活力的课堂运行体系——变"教案剧"为"教育诗"。在实践上要求教师充分注重学生的主体性，既要重视"预设"，又要鼓励"生成"，把精心设计教学与灵活进行运作结合起来。

事例点击

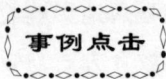

教学的"价值"问题值得关注

一、语文教学能容许这样的价值引导吗？[①]

一位教师在教学《孙悟空三打白骨精》一课，研究白骨精具有哪些品质。

生1：诡计多端。

生2：不择手段。

生3：白骨精为了吃唐僧肉，一计不成又生一计，她想尽办法想吃唐僧肉，可见她有一种不达目的不罢休的精神。

生4：对，坚持到底就是胜利。

师：你们都有自己独到的想法，这很好。

一位教师在教学《邱少云》一课时对学生的观点这样点评：

生：人的生命是何等宝贵，邱少云在完全可以保住生命的情况下，却活活被烧死，死得可惜，死得不值，我觉得他这是犯傻。

师：你真了不起，有自己的理解和感受！

这两位教师的反应让我吃惊。教师的赞赏就等于肯定了学生的看法：坏人丧尽天良、恶事做尽是美德，邱少云为取得胜利而牺牲是犯傻的表现。这是怎样的价值观？这样的学生长大后会怎样呢？给学生以自主的空间，让他们的情感思维张扬，并不意味着放任自流；尊重学生的独特体验也并不意味着教师地位的丧失！否则，只能说是对学生的"伪尊重"，是极不负责任的做法。

二、数学教学的追求[②]

• 小镜头

一次公开课上，我讲银行存款的利率和利税的百分数应用题。离下课还

---

① 薛法根. 推敲新课堂：语文卷［M］. 南宁：广西教育出版社，2006：53.

② 徐斌. 推敲新课堂：数学卷［M］. 南宁：广西教育出版社，2006：8.

有十分钟时，同学们讨论的问题如下："如果你有一万元，你存一年可以得到多少利息？应纳多少税？实际得到了多少利息？用这些钱你想做什么？"同学们讨论之后，前三个小组回答得近乎完美，我正在暗自庆幸，因为这节课只差一个练习就可以顺利结束了。就在这时，第四组的回答给我泼了一盆冷水："我们组准备用这笔钱到饭店大吃一顿，然后用剩下的钱雇同学替我们组值日。"对于回答问题的同学思想上的问题，我要不要请同学们讨论？如果不讨论将失去对学生进行思想教育的最好时机；如果讨论，我的教学计划……转瞬间，我选择了后者。这堂课的结果是教学任务没有完成。

• 深思考

尽管课后评课时老师们都给了我很高的评价，但我总认为这是他们对我的鼓励，因为我毕竟没有完成教学任务。这节课究竟算不算好课？这个问题一直困惑着我。一次，我认识了一位特级教师。我向她提出了这个困扰我很长时间的问题："是教育学生重要，还是完成教学任务重要？"这位老师的一席话，使我真正找到了证明那是一节好课的理由："我们是在育人，而不是简单地教书。"

（二）教学的实践标准

教学实践标准是价值标准在教学活动中的具体厘定。它不是审视"操作取向"，而是对教学活动本身的要素进行衡量，用以找出教学实践中的具体问题。

1. 教学目标的清晰度

目标是一种预期的结果。在课程实施与教学活动中，课程与教学目标有助于指导教师进行教学测量与评价，以及选择和运用教学策略，提示学生学习方法。它对具体的教学活动具有指导、操作、调控与测度的作用。

《基础教育课程改革纲要（试行）》指出：改变课程过于注重知识传授的倾向，鼓励学生形成积极主动的学习态度，使学生获得基础知识与基本技能的过程同时成为学会学习和形成正确价值观的过程。根据这一目标，国家课程标准确立了知识与技能、过程与方法、情感态度与价值观三维课程目标，并且在不同学科的内容标准部分，用尽可能清晰的行为动词，从知识与技能、过程与方法、情感态度与价值观三方面对学生的学习结果进行描述。

在教学诊断中看教学目标的落实，主要从以下几方面着眼：

•整体性——知识与技能、过程与方法、情感态度与价值观要在整体的教学活动中有机结合，相互渗透，统一实现。

•累积性——不同的目标需要不同的时间历程，必须注重统筹计划，循序渐进，有效积累。

•双部性——外部作用和内部效应兼顾。

•灵活性——根据不同教学内容的特点，提出有所选择、有所侧重的要求。

•共振性——多种教学要素都为实现教学目标服务。

•开放性——预定目标与生成的个性化目标相互兼容。

2．教学策略的有效度

顾明远在《教学大辞典》中对教学策略的定义是：教师在教学过程中为达到某一特定目标而采用的相对系统的行为，包括事先有意识地确定的一些教学方法。张大均在《教学心理学》一书中提出，教学策略是教学设计的有机组成部分，是在特定教学情境中为完成教学目标和适应学生认知需要而制订的教学程序计划和采取的教学实施措施。

在教学诊断中，对教学策略的诊断主要包括以下方面：

教学程序的安排。教学应当是有序地进行的，包括教学的启动、导入、展开、调整、结束，都要有目的、有计划，合理、合度。教学程序既要注意遵循教学内容（即知识）结构的"逻辑顺序"，又要合乎科学性认识活动和心理动力运行的顺序。

教学方法的采用。主要考察互动方式的多边性、作用机制的双部性、选择使用的互补性、达成目标的实效性、适应学情的针对性。

教学媒体的选择。教学媒体的选择和运用一定要注意必要、适用、可行，遵循目标控制的原则、内容适合的原则和对象适应的原则。

练习作业的编制、指导和批改。对练习作业编制的诊断，主要是考察其目的性、针对性、系统性、层次性、全体性与适度性。

教学评价的开展。主要诊断教学中评价所体现的功能与作用，评价与教学过程的结合，评价的类型、形式与方法。

3. 教学活动的参与度

这主要是诊断教学活动的组织，可以从三个方面来定出标准。

• 教学的组织形式

教学的组织形式是教师和学生按照一定的制度和程序而实现的协调教学活动的结构形式。通俗地说，就是用什么形式或较为稳定的关系将学生组织起来进行教与学。"教学组织形式"的含义涉及三个方面：一是一定的师生互动形式，二是特殊的时间安排，三是教学因素的某种组合。

确定教学组织形式的诊断标准要明确以下三点：要以课堂教学为教学的基本组织形式，有效地用好课堂教学时间；合理地组织好课内的集体教学、分组教学和个别教学；注重多种教学组织形式（实践教学、活动教学、现场教学、个别化学习）的相互配合和补充。

• 学生的参与水平

教学中学生的参与包括：参与人数、参与的范围（认知参与、情感参与、行为参与）、参与的质量（主要是程度与效果）。

• 教师的行为方式

在组织教学活动中的教师行为可从两个维度诊断：教师调控教学活动的行为（包括激励、展开、变化、调节、管理等）和教师指导学生学习的行为（讲授、提问、演示、板书、学法指导等）。

事例点击

情境呈现[①]

案例：圆锥的体积的计算和应用

这是一节新授课，教师设计的教学活动如下：

1. 复习旧知识

（1）提问：圆锥的体积怎样计算？（板书公式）为什么圆锥体积 $V=$

---

① 彭钢，蔡守龙. 小学数学课堂诊断［M］. 北京：教育科学出版社，2006：131—134.

$\dfrac{1}{3}Sh$?

（2）口算下列各圆锥的体积。

①底面积 3 平方分米，高 2 分米。②底面积 4 平方厘米，高 4.5 厘米。

小结：应用圆锥体积的计算公式求圆锥体积时，不能忘记乘以 $\dfrac{1}{3}$ 或除以 3。

引入新课：今天这节课，我们练习圆锥体积的计算，通过练习，还要能应用圆锥体积计算的方法解决一些简单的实际问题。

2．教学新课

（1）教学示例

出示例题：在建筑工地上，有一个近似于圆锥形的沙堆，测得底面直径是 6 米，高是 1.8 米。每立方米沙约重 1.7 吨。这堆沙约重多少吨？（得数保留整吨数）

提问：你们认为这道题应先求什么？再求什么？

尝试解答，指名板演，反馈交流，修改订正。

小结：先求沙堆的底面积，再求沙堆的体积，最后求沙的重量。注意求圆锥体积时，一定要乘以 $\dfrac{1}{3}$ 或除以 3。

（2）组织练习。

①做"练一练"第 1 题。

求下面各圆锥的体积：

底面半径是 2 厘米，高是 6 厘米；

底面直径是 3 分米，高是 3 分米

底面周长是 25.12 米，高是 6 米。

②做"练一练"第 2 题。

在打谷场上，有一个近似于圆锥的小麦堆，测得底面直径是 4 米，高是 1.2 米。每立方米小麦约重 735 千克，这堆小麦大约有多少千克？（得数保留整千克数）

③做练习三第 9 题

一个圆锥形的小麦堆，底面周长是 12.56 米，高是 0.6 米。如果每立方

米小麦重 745 千克，这堆小麦大约有多少千克？（得数保留整千克数）

3. 课堂总结

突出强调：计算圆锥体积需要知道底面积和高。如果不知道底面积，要先求半径算出底面积，再计算体积。求体积时要特别牢记乘以 $\frac{1}{3}$ 或除以 3。

4. 课堂作业

练习三第 4、5、7、8 题。（题型与上面的例题和练习题相同）

诊断与探讨

案例中这样的教学设计在随堂听课（特别是听"推门课"）时是很常见的，应用的教学方式是接受学习，课堂教学主要呈现以下几个特点：首先是由旧经验引导新学习；其次是目标定向，边讲边问，由教师系统传授教材内容；再次是多练习，大容量，快节奏，勤反馈；最后是教师主导，注重基础知识训练。

这样教学的优势是：①在大班授课时，便于明确目标，统一进度与步调，完成教学的基本要求；②可以顺利扫除教学障碍，按时完成教学计划；③可以有效突出重点，解决难点，把握关键；④利于集中学生注意，使大部分学生在大部分时间都处于有效学习的状态；⑤利于学困生跟上教学进度，保证大面积提高教学质量。总之，在讲清例题的基础上，通过大量的模仿练习，能使学生熟练掌握和应用所学知识解决问题，使学生熟能生巧。

这样教学的弊端是：①未能激发学生深层学习的动机和兴趣，缺乏对创造性、批判性气质学生的关注；②由于知识内容层层分解、环环紧扣，练习单一，因此无法给学生留有足够的时间、空间独立思考，无法联系现实的应用；③缺乏合作交流，学生未能通过亲身的体验或探究去学习；④未注意学生的个别差异，按统一步调进行，不利于发展个性。

数学课程标准在总体目标中明确提出，通过义务教育阶段的数学学习，学生能够获得适应未来社会生活和进一步发展所必需的重要数学知识（包括数学事实、数学活动经验）以及基本的数学思想方法和必要的数学技能，初步学会运用数学的思维方式去观察、分析现实社会，去解决日常生活中和其他学科学习中的问题，增强应用数学的意识等等。

上面的教学活动，看上去学生似乎在大量模仿练习中已经熟练掌握圆锥体积计算公式，实则真正令人担心的是：少了变式训练的题目，少了发展思维的题目，少了解决现实问题的题目，学生在一味的机械训练中究竟学到了什么？是数学思维还是应用意识？熟也有可能会生笨啊！

（三）教学的绩效标准

教学的绩效向来是诊断教学好坏最重要的依据。但单纯依靠成绩结果就做出判断并不都是很科学的。第一，学生总是有差异的，各个学校和班级的生源与教学条件并不在一条起跑线上；第二，只看结果不问过程对于教学这种复杂的精神劳动并不合适，因为有些结果不是短时间在表面上看得出来的；第三，绩效是一个比结果涵蕴更广的概念。教学的绩效标准应包含三个方面。

1. 教学的效果

是指教学的作用发挥得如何，它可以由学习具体目标的达成来表征，即学生究竟学会了些什么。这通常是教师最关心的学习成绩测验所诊断出的结果。

2. 教学的效率

是指教学的效果与教学的时间及费用之比，即用了多少时间才达到预期结果，是否"划算"。

3. 教学的吸引力

是学习者喜欢教学的程度，教学是否产生学生可持续发展的效应。

很显然，教学如果能够更富有成效（效果好、效率高），更有吸引力（学生学习意愿强、毅力大、兴趣浓、求知欲旺盛等），减负增效就落到了实处。

（四）绩效在育人上的体现

教学是学校育人的一种实践形式，它必须满足社会与个体发展的需要，教学的这种社会功能决定了它具有一定的"效益"。"效益"这个词虽然是从经济学中借用的，但它的基本含义包含了"价值"的指向性。当然，就育人这种特殊活动来说，效益更突出的要求应反映在更深的层次上，即人的发展潜能被开发出来了。

十分明显，"教学取得了预期的效益"是从教师工作的角度提出的要求，其基本含意是"达成了预期的教学目标"，具体表现在以下三个方面。

1. 学习行为的积极变化

课堂教学的"效"，首先反映在其"效果"上，其实也就是教学目标的达成度。因为老师制订的教学目标，是他对教学结果的预期。按照美国学者克拉克的说法，教学目标是"目前达不到的事物，是努力争取的、向之前进的、将要产生的事物"。实际上，教学目标是人们对教学活动结果一种主观的愿望，是对完成教学活动后学习者应达到的行为状态的详细具体的描述。它是通过教学活动来落实课程标准所提出的要求，从而在学生身上引起的素质和行为的变化。教学目标对教学活动具有导向、指引、调控与测量等功能。可以说，教学目标既是教学的出发点，也是归宿，它作为教学的灵魂，支配着教学全过程并规定教与学的方向。

我们知道，新课程提出了知识与技能、过程与方法、态度情感与价值观的三维目标。把握三维目标必须注意它的层次性、方向性和关联性。因为，"教育目的—培养目标—课程总体目标—学科课程目标—教学目标"，是教育者关于人的素质发展不断具体化的理解过程。确定课程改革的"三维目标"，就是要我们在制订具体的学科课程目标、教学目标时，保持方向上的合理性。

所谓"三维"是指总体目标的三个向度。把总体目标的三个向度直接拿来作为教学目标，课堂教学目标就无法得到具体的表达。三维目标的实质就是要求我们把学生当作完整的人来对待，只有在人的个性的完整性层面，才能准确把握三维目标的统一性、内在一致性和关联性。[1]

从课堂教学的实际来看，"教学效果"可以从三个方面加以认定。

• 促进学业进步

一般而论，学生的学业状况可以通过学业成绩测验来证明，即用考试成绩来量度，也就是说，有效教学不能不参照学业成绩。但是，单是用考查的

---

① 杨九俊. 新课程三维目标：理解与落实 [J]. 教育研究，2008（9）.

分数来说明教师工作的成效并不合适。因为教师工作的对象是发展中的人，再好的测量也难以反映人的素质的方方面面及其潜在的发展可能性，况且学生原有学习水平和智能特征存在各种差异，也使得通过统一的、时间跨度小的几次测验，难以断定教师教学的成效，所以，最好以学生在原有基础上的进步作为衡量标尺，把他们在原有水平上的提高，视为一种教与学的"成就"。

对教师来说，关注学生的学业进步，是他们遵循学习规律和学生特点，促进学生持续发展的重要方面，看待自身的工作成效和学生的学习与发展不能用"短视"眼光去求"速成"的结果。看重学生的学业成绩是很自然的，但对成绩的认定不仅要同"客观标准"比，同时要同"原有水平"比，既看"差距"，又看"发展"。在学业评价上，要把"绝对性评价"与"相对性评价"，"终极性评价"与"形成性评价"，特别是"个体的差异评价"，有机地结合起来，更加重视评价的"促进"作用。

• 唤起进取心态

学生是一个个充满内在丰富性的活生生的生命，他们的成长与发展，依靠他们的主体能动性。如果说，教师教学工作的效果可以以学习成绩这种"外在表现"来作为参照的话，我们还必须同时重视态度变化这种"内在因素"，这是影响成长中的人的机制。因为以分数为标识的"成绩"是一把"双刃的剑"，它既可以产生胜任力、成就感之类的鼓舞力量，也可能带来无力感和自我挫败感等消极情绪。

从人的发展这一更深层次上讲，教师教学的效果应体现在唤起学生学习的热情、信心和积极的态度上。当然，这既取决于教师对学生的良好期待与适当激励，也依靠教师对学生的正确分析与合理归因，还有赖于教师运用正确评定手段与反馈调节方式。教师应当坚持的一点是对学生的学习成效，要十分看重影响其持续发展的内在因子。

• 激发努力行为

教师良好的教学效果（包括学业的进步和进取的心态）必然与学生努力的行为相联系，这是教师最易于觉察到并可以促使其发生的一种"效果"，它同学业成就构成互为因果、相互强化的关系；它同进取心态也形成互为表里、相互支撑的关系。因此，教师的工作成效常常需要从激发努力行为入手——包括诱导他们认真预习、专心上课、认真完成作业、拓展智能等，这样才能够促使学生真正有所收益，有所发展。

学生的努力行为虽然是在课堂学习活动中表现出来的，但并不意味着它只存在于"现象"的层面。因为努力行为既包含着全身心的参与行为，如认知的投入、情感的投入和行动的投入等等，又包括克服困难的意志行为，即跨越障碍、战胜自己和坚持到底等等，还包括自觉进行的反思行为，即自我省察、自主控制、即时调节等等。

总之，看待"教学效果"，不仅要着眼最终产生的"结果"或"成绩"，还要认真研究教学活动过程的表现。

事例点击

怎样看待"教学成效"

期末考试成绩公布了，初一（二）班的数学成绩排在年级第一名，学校决定给予重奖，但老师们对此事议论纷纷。学校决定听听大家的意见。

吴老师谈了她的看法：这个班的学生成绩在录取时分数就高出其他班级一大截，是学校内定的"试验班"，考试成绩好一些是顺理成章的事，当然我们也注意到赵老师做出了一定的努力。但我觉得也应当对初一（四）班的宋老师进行奖励，这个班学生的入学分数最低却提高最快。宋老师紧紧抓住课堂 45 分钟，讲得精、练得实，学生个个都觉得自己有进步、有奔头……

金老师讲：我们都听过初一（四）班的课，宋老师精心备课、认真上课，学生与教师融为一体，学生精神振奋，个个表现出跃跃欲试的样子，我们听课的老师都十分激动哩！

陈老师补充说：初一（四）班好多学生都制订了自己的学习计划，他们都在一步步地努力往前赶。

老师们七嘴八舌地议论起来："要横比，也要竖比。""看现在的状况，也看起初的条件。""既要重视结果，也要看师生的精力投入。""要注意把精力放在改进课堂教学上，脚踏实地地一步一个脚印地逼近目标。"

听了大家的意见，学校决定"多用几把尺子"评量教学成效，不单纯以分数论英雄。

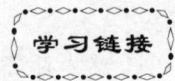

某市建设"高效课堂"的五项要求①

一是在教师讲授上"限制"。控制教师讲授时间，一般情况下要求教师讲授时间不得超过 15 分钟，讲就要精讲，做到"三讲""三不讲"。"三讲"是指讲重点、难点，讲易错、易混、易漏点，讲规律和方法；"三不讲"是指学生已经会了的不讲，学生自己能学会的不讲，老师讲了学生也不懂的不讲。

二是在学生学上"放开"。在教学"真问题"的引领下，学生进行自主学习、主动学习、探究学习。包括学生的学习方式要放开、学生的思维要放开、学生的交流要放开、学生的学习结果要放开。

三是在互动上"多维"。要做到"多维互动"，包括教师与学生、学生与学生、学生与教学中介（教材内容）的互动。

四是在讲练上"结合"。做到"练习—检测—反馈—矫正"连环跟进。

五是教学模式要"有效"。不管何种教学模式，都要看学生是否经历了认真的思维过程，是否在掌握知识的同时，学会使用恰当的学习方法，形成积极的情感、态度、价值观。

根据这五条标准，各学科又分别制订出比较全面的评价细则。

2. 学会效率管理

保证一定的活动效率实际上是从"投入—产出"的角度上分析教学的效率，它考虑的是取得一定结果的时间耗费与精力付出，即单位时间内的成效。从教师工作的角度说，教学的时间总是有限的，怎么充分利用有限的时间，最大限度地促进学生的学习与发展，自然面临着一定的压力。这实际上是我们常说的如何"减负增效"的问题，或者"教学最优化"的问题。当然，我们所应当持有的效率观，始终是以"学生发展为本"的，而不是一味追求一

---

① 王玉兵. 山东高密：行动研究改变低效课堂 [N]. 中国教育报，2008-1-11.

时的"快速"。

我们必须改变过去那种陈旧的效率观。陈旧的效率观主要如下：

从短效的角度看，课堂完全被教师控制，学习活动成为预设完美、环环相扣、高密度快节奏的"牵引"。课堂生活失去了师生的多维交往，有的仅仅是以教师为主导的操练，"自主探究""交往碰撞"被视为耗时之举，本应属于课堂主体的意义建构，成了机械识记、生吞活剥，学生毫无自主活动权利和空间可言。实质上这是一种纯粹的低效。

从长效的角度讲，则是学生问题意识的泯灭，思维与动手能力的弱化，问题解决能力的沦丧，学习策略与学习习惯的缺失，课堂生活远离了生命的鲜活，嗅不到生活的味道。于是，课堂成了"炼狱"，学生成了机器，学习成了负担。实质上这种"长效"是一种可怕的负效。[1]

• 合理利用时间

用于学习的时间是影响学习成效的一个重要变量。美国学者克里默斯曾提出两个决定有效教学的建构性因素：实际的学习时间和教学的质量。他认为，学习时间的实际投入与浪费是判定教学有效与无效的重要因素。我们常讲的"向45分钟要质量"，其实就是要求教师合理地利用时间，把"钢"用到"刀刃上"，不能用烦冗的讲授和无谓的活动去占用宝贵的黄金时间。有效教学的焦点是规定的时间、规定的内容对学生发展所起的作用。[2]

在课堂教学中，教师要重视自我监控，避免话语的种种失控：情绪激动时口若悬河，滔滔不绝；讲解重点难点时，旁征博引，喧宾夺主；重点讲完，闲言碎语，填塞时间；讲得顺利，自鸣得意，节外生枝等。为了克服上述失控现象，教师一定要精心备课，注意教学节奏，并注意几种话不说，即哗众取宠的热门话不说，显示自己的"贴己话"不说，似是而非的糊涂话不说，可有可无的额外话不说，反反复复的"车轱辘"话不说，有伤大雅的污言秽语不说。

---

① 彭慧. 课堂教学应树立新的教学观 [N]. 中国教育报，2008-6-27.
② 成尚荣. 以价值关怀贯穿有效教学全过程 [N]. 中国教育报，2008-10-17.

同时，要注意减少过多的"形式化"活动，做好时段目标、时间分配、时序衔接的预案。总之，教师要从学生全面发展的高度去看待"时效"。

• 控制精力耗费

与时间利用相联系的是师生的精力耗费的问题。课堂教学如果使得师生都筋疲力尽，生理上的超支和心理上的倦怠必然造成教学的效能低下和发展迟滞。应当看到，教师与学生的生理、心理能量都不可能超越一定的限制，高度复杂的教学活动，需要师生集中精力于特定的任务。

苏联教育家巴班斯基认为，教学过程最优化就是"在规定时间内（尽可能在较少的时间内）以较少的精力达到当时条件下尽可能最大的效果"。

教师对精力耗费的控制与教师的效益意识相关，同教师对课堂教学目标的明晰度更有直接联系。对于一堂课来说，应当重点做什么和怎么去做，只有用目标的筛子去剔除烦冗与芜杂才能实现"精要"，才能保证学生的精力饱满、精神健康。

• 力避游离主题

好的课堂教学在内容上一定会有一个"主题"，在过程上也有一根相应的"主线"，这样，课堂教学才不至于零零碎碎、枝枝蔓蔓，不会陷入喧宾夺主的境地。课程作为人才培养的"施工蓝图"，每一个学科都有自身的规定领域和主攻方向，课堂教学如果游离了学科课程的目标和特定时段的主题，必然会造成"荒了自己的地，肥了别人的田"，并不利于"形成育人合力，发挥整体效应"。

课堂教学中主题涣散和焦点模糊的情况是多种多样的，有时是目的任务不明确，教学失去了"准星"；有时是内容理解有偏差，教学离开了"重点"；有时是策略措施太繁乱，教学操作上乱了"方寸"。但不论现象是出自何种缘由，其后果是降低了教学的效率。就教师的课堂教学工作而言，叶澜教授讲过，一堂好课应当"真实、扎实、丰实、平实"。我们一定不能去追求虚假的繁荣和表面的热闹。

事例点击

情境为何而设

《分数的初步认识》一课，当学生初步认识 1/2 后，教师创设了这样的问题情境："在我们身边有 1/2 吗？请同学们在教室里找一找。"学生立即积极地在教室里找了起来。汇报时，学生们发言非常踊跃，回答也不错，只是有些大同小异。这时教师又问："有没有同学找到和刚才不同的 1/2 呢？"马上又有一位同学抢着回答："教室里的电视机从中间平均分成两半，每份就是它的 1/2。"教师为了体现尊重学生，期待"多样"，不敢对这个荒诞又不切合实际的说法进行及时的引导和纠正，而是肯定了他的说法。紧接着又出现了好几个类似的说法：把一个人从头到脚平均劈成两半或从腰截成两半，把教室里的柱子平均切成两半……此类说法越来越多，因为学生们对这样的例子乐此不疲。至此，教室里的桌子、椅子、黑板、讲台……所有事物"无一幸免"。

以上情境中，形式化的演绎使问题情境没了"问题"，课堂在学生们不伦不类的汇报中失去了它所应有的东西。

其实，情境联系生活不是一种时髦，它的首要功能是必须抽象或提取出问题并为教学服务。如果只是为了联系生活而牵强附会的话，必然导致创设的情境背离了问题属性，这样问题情境就成为课堂教学中的一种"累赘"了。

这样的课堂教学"有效"吗

研究课教的课文是李白的一首诗——《送汪伦》。

这堂课在"朋友啊朋友"的歌声中拉开了序幕。紧接着教师介绍了李白的身世和游历生活，引出了"出门靠朋友"的话题，开始分析"什么是真正的友谊"，在教室的屏幕上不断出现有关"友情"的语录让学生阅读，紧接着又是诗中人物和情景的模拟表演……在热热闹闹中，一堂课时间过去了一大半。教师一看时间，不得不加快速度"讲"课文，滔滔不绝地把各种资源倾注给学生。"任务"完成了，这节课在《友谊地久天长》的歌曲声中结束了。

课后的"研究"围绕着以下的要点展开：

• 宝贵的课堂教学时间应花在哪些事项上？

• 教师为上好这堂课花了不少精力，但这样的耗费，结果是事半功倍，还是事倍功半？这种花费是否用错了地方？

• 快速的直接灌注是不是就是真正完成了教学"任务"？学生由此而获得了怎样的"发展"？

• 我们需要一个虚假繁荣、表面生动的课堂，还是一个真实、平实、扎实、丰实的课堂？

3. 获得持续发展

成长中的学生要在课堂中度过他们生命中的"黄金时段"，教学工作将影响学生终身持续发展。许多优秀教师都非常深切地理解这一点，他们提出的"教学生几年，关照他们几十年""为学生的四十岁、五十岁而教"，其着眼点正是课堂教学的生命成长性和教学影响的深远性。所以，有效的课堂教学应当提出产生积极的后续效应的要求，"育人"这一任务本身其实就带有这样的意蕴，问题在于这样的后续效应是积极还是消极的。

我们常讲"为学生的终身发展奠基"，这需要点点滴滴、一丝不苟地去辛勤浇注，课堂教学正是为学生一生的持续发展积蓄能量和做好准备。从智力方面说，牢固的基础知识和基本技能，良好的智慧品质和个性特征，丰富的策略储备和学习方式等都会在学生以后的发展中发挥作用。但就课堂教学而言，还有一些非智力因素，常常是比较稳定地产出"后续效应"的深层因素。

• 展现教学魅力

课堂教学的魅力是对学生掌握知识和投入活动的巨大吸引力，有效的课堂教学常常通过教学内容与学生经验储备的有机关联，通过富有情趣和广泛参与的活动过程，使学生的课堂生活生气勃勃，学生在整个学习活动中充满兴致和热情，常常是浮想联翩、创意迭出。

课堂教学的魅力所带来的后续效应主要表现在三个方面：

一是提高唤醒水平。加拿大心理学家戴斯曾提出一个 PASS 的智力模型，他认为智力有三个认知功能系统，即注意—唤醒系统、同时—继时编码加工系统、计划—调节系统。充满魅力的课堂，对于敲开认知的"门户"（注意），激起智慧的波澜（唤醒），发展学生的智力，无疑具有积极的作用。

二是习得反应倾向。学生在长期的课堂生活中，会根据其课堂的经历是

"生动活泼"的还是"枯燥乏味"的而逐步形成一种习惯化和自动化的"反应倾向"，而这种反应倾向会较长时间影响他们的学习。

三是减轻心理负荷。过重的学习负担中很大一部分是心理负担，包括紧张、应激、焦虑这三种心理损害。魅力课堂使学生用不着过多地自我强制和消磨心力，他们学得轻松愉悦，保证了心理健康。

• 培养认识兴趣

学生对客观世界和智力活动的兴趣，通称认识兴趣或智力兴趣，这是一种对学习带有明显情感色彩的喜好。对一个人的终身学习来说，培养和发展这种认识兴趣，具有极为重要的意义。苏联著名教育家苏霍姆林斯基曾提出，"知识是照亮道路的光源，要培养学生智力的兴趣和需要"。他特别指出，"人们的劳动越简单，就越需要浓厚的智力兴趣"，"如果认为只有那些有希望升入高等学校的人才需要深刻而牢固的知识，而其余的学生学得肤浅一些没有什么关系，那将是一个极大的误解"。他还强调，"精神的空虚是教育的大敌"。认识兴趣正是追求精神丰富、价值崇高的不竭动力。

就课堂教学而言，认识兴趣是推动学生自主学习的最直接、最活跃的因素。无论是课堂教学内容所揭示的关于客观世界的宏图美景与奇思妙想，还是教学活动所推进的智慧探险与主动实践，或者学生在学习过程所获得的超越困境与功败垂成的体验，都会使学生逐步形成智力兴趣并终身受益。

• 开发创造潜能

从小开发青少年儿童的创造力是世界各国教育改革的重要追求。我国实施素质教育的重点，就是要培养学生的创新精神与实践能力。课堂教学在培养学生独立思考、自主意识和实践探索能力方面承担着极为重要的责任。

优质课堂教学展现的魅力，是开发创造潜能的触发剂。我们知道，创造力是认知、人格、社会、动机等要素的整合体，培养和开发学生的创造潜能，需要创造型的教师作为人格化的榜样，提高教学艺术水平，把教学安排得生动活泼、有声有色、妙趣横生，不断赋予教材以新意和活力，并努力创设与维护一个易于表现创造力的师生关系、同伴关系和班级风尚。特别是在新课程的实施中，开放性的教学模式，赋予空间上的灵活性、学生对活动的选择性、学习资源的丰富性、课程内容的综合性、个人和小组学习等，都有助于促进批判性的探究、好奇心、冒险精神和自我指导学习。同时，有效教学创造的和谐、民主的精神氛围，必然给学生带来一种"心理自由""心理安全感"，这也有利于学生创新意识的萌发和创造行为的生成。

事例点击

跟踪调查以后的深思

东风学校决定对教过的学生进入高一级学校的学习情况做一次调查分析。调查除了填写调查表和问卷以外，还进行了深度访谈。一些访谈的录音和笔记令陈校长陷入了沉思。

"你们送来的学生，有的不用'重锤'就不好好地自觉地学。""我最头疼的是有些学生在课堂上漫不经心的样子，好像对什么都无所谓，对什么都不感兴趣。"

"希望更加注意培养学生好的行为习惯，那是管用终身的呀！"

有的受访者甚至说：我们不想要"被榨干了油"的学习者。

…………

看了这些记录，陈校长在他的博客上写道："我们今天上一堂课，要想到学生还将上千百堂课；我们教学生一年两年，应当让他们受益三十年、五十年。一个教师给学生'打底色''奠基础'的工作，是从每天、每节课做起的。"

二、 展开教学诊断作业

明确诊断标准是施行教学诊断的第一步，会使诊断主体头脑中有一个基本的尺度，一个区分"健康"与"病患"的大致轮廓。但明确诊断标准只能是诊断主体的一种认识上的准备，没有这种观念上的准备，就无从张开收集各种资料信息的"网"，也无从对各种现象进行梳理、鉴别和分析研究。但所有诊断标准都只是一种"参照"，因为教与学的活动相当复杂，"健康"与

"病态"的界限及其所依从的条件千变万化，这就需要我们在展开诊断操作时更加谨慎和认真。

（一）厘定诊断的目的

由于教学这一领域包含了教与学的共同活动，每一种活动又涉及相当多的方面，因此教学诊断必须首先有一个"目标靶"，以便于在展开诊断作业时能针对主要矛盾和问题，定向地获取资料，正确做出判断。

1. 诊断的范围

诊断的"问题"应当有一个范围的划界，如：是指向教师教学上的问题，还是学生学习上的困难分析？教师教的问题出在哪个环节上，是备课、上课、评价或者其他方面？就上课而言，问题出在课堂的互动上，还是出在教师素养上？……诊断的问题必须在一般情况分析的基础上有一个较为清楚的范围，而且要确定与这一范围有密切联系的相关领域。当然，所诊断的问题是会随着诊断过程的展开越来越清晰的，但如果一开始没有一个"解决什么问题"的意识，没有一个大致的问题边界，诊断就无法有效地展开。

在确定诊断所要解决的问题以后，还要初步分析这一问题的核心和关键，使整个问题的诊断有一个"聚焦点"，这是一个抓住主要矛盾、认清问题实质的过程。

2. 诊断的对象

诊断的范围和要解决的主要问题初步确定之后，紧接着是选定诊断对象，即诊断涉及的具体的人和具体的事。

诊断的人与事最好具有代表性和典型性。如果是针对某个人的个别诊断，这个人的条件和表现最好和"一般情况"较为一致，其问题的实质有普遍意义。如果是针对学校整体状况或某个群体的诊断，就要确定选取样本的大小和抽样的方法。

在选定诊断的具体对象以后，还要进一步限定诊断重点，即放在对象哪方面的事件上，这样操作起来才能线索清楚，注意力集中，切中肯綮。

3．诊断的设想

诊断应当有一个基本的方案。如果是范围较大的、较为正规的诊断活动，要制订一个计划；如果是教研组或教师日常进行的教学诊断，也要提出设想或预期。

诊断的设想应当包含以下方面的内容：

诊断的目的——想弄清的问题以及问题的实质。这需要从工作中的困难、矛盾、失误或困扰中去寻绎。

诊断的安排——诊断在什么时间、从哪些方面、按什么顺序进行。

诊断的方法——怎样获得充分的信息资料，用什么方式或途径对问题进行分析与判断等等。注意把通过反思的自我诊断和通过咨询的互动与会诊结合起来。

诊断的总结——在分析综合和抽象概括的基础上得出结论。

（二）组织诊断的活动

教学诊断的展开需要选择一定组织形式。在对诊断的范围和对象确定之后，以怎样的活动为载体去一步步地实现预期的目的，这是诊断作业的中心问题。

1．以自我诊断为基础

我国有的学者把诊断的形式分为"自我诊断"和"咨询诊断"。自我诊断的主体与对象是同一的，它是诊断主体对自身教学的行为、决策和结果的一种"异位"的、批判性的思考、分析和判断。咨询诊断则是在他人参与的情况下针对教学中的问题做出分析研究和鉴别评判的"意见交换"活动。

• 自我诊断是教学诊断的基础

从教学诊断产生效应的机制上看，任何诊断活动如果没有"自我"的投入或没有触动"自我"，没有"自我"主动的建构，即使提出很贴切、很正确的意见，也很难内化为被诊断者完全认同并乐意接受的"营养"。教学诊断往往是一个针对"毛病"而展开的活动，虽然这种活动强调"对事不对人"，但与"事"相关的"人"难以无动于衷，他们的自我防卫机制可能被激活。因此，教学诊断最好以自我诊断为先导、为基础。

从教学诊断活动推进的角度看，如果当事人不能"挖掘"出自己潜在的行为依据和对教学事件的真实理解，教学诊断要进行"三角互证"或"主客位文化交流"也就成了一句空话，教学诊断的"病症""病因""病理"分析当然也就难以深入。

从教学诊断促进教师发展的作用看，自我诊断要诉诸教师的反思，这对于他们保持专业自觉和专业敏感、深化对教学实践的认识、提高元认知水平和教学监控能力都有极大的好处。

• 自我诊断的方法

无论是教师个人的自我诊断，还是群体性的自我诊断，在方法上都依循着反思—自陈—重构的路径施行。

一是反思。反思的要义是"反过来对自身的教学活动进行批判性思考"，这样的思考首先要有超越自我的追求和对工作精益求精的责任感，要有"问题意识"和直面问题的勇气，然后才能有效采用合适的方法。

教师个体的自我反思可采用的方法如下：

——用"经历回顾"和"意象重视"的方法寻找"遗憾"与"不满意"之处；

——梳理成败得失的经验与教训，推究其原因；

——同心目中"优秀教师的教学"或"好课"进行比较，找差距；

——以学生、同行或相关人员的反应为"镜子"对照自己；

——把教学的"预期"与实际的"结果"进行比对，看哪些方面"事与愿违"；

——在读书学习中联系实践操作做出理论分析；

——为自己列出一个"问题单"，通过自我诘问，在理性思维引导下追索问题答案。

教师群体的自我反思可采用的方法如下：

——在相互观摩中触动集体的思考；

——通过信息交流使大家一起分享某些新经验与新思想；

——教学沙龙是一种自由、开放和发散的形式，在有主题或无主题的漫话中诱发每个人对自己"默会知识"的发掘；

——主题对话与网上言说；

——集体叙事，在每个人谈论自身经历的"教学事件"时，唤起每个人的追忆、联想与自我叩问。

二是自陈。无论是个人的还是集体的反思，都要经过自我陈述使它明晰化和显性化。在自我诊断中强调自陈，还因为有意识的自我陈述可以梳理思路、聚集问题，使潜在的认识显现出来，便于我们深入内隐的东西，为我们探寻"病因"提供可贵的资料，如诊断学生的学习问题就常常要他们"出声思考"。在教师的自我诊断中，无论是教学笔记、课后反思札记、说课草稿，还是书信、日记、随想、一般总结，都可以视为"自陈"的资料，都比仅仅"想"要进一步。

三是重构。重构是在反思与自陈基础上的主动建构。这里所谓的"建构"，是来自建筑行业的一个类比。建筑行业中的"建构"实际上就是把事先造好的材料，诸如钢筋、水泥之类的，通过合成建造出一个新的结构性产品，如楼房、桥梁之类。教师在自我诊断中经过对原有的行为、决策和理念的批判性思考与清理，重新认识和改造了原有的经验，这就是一种建构。一般来说，自我的重构常常要伴随着尝试验证、行动探索和亲历体验才能逐步完成。

• 自我诊断的步骤

自我诊断的进行有相当大的灵活动性，而且会因人而异。这里介绍季苹对学校文化自我诊断所提出的"六步法"，以供参考①。

第一步：我们是怎样……的？

我们是怎样备课的？

我们是怎样上课的？

我们是怎样学习的？

我们是怎样交往的？

我们是怎样管理班级的？

……

---

① 季苹. 学校文化自我诊断［M］. 北京：教育科学出版社，2004：46－53.

"我们"这里主要是指教师，用"我们"来指称是为了突出教师的主体地位，但这并不意味着只是教师自己在描述，必须同时请学生等不同的人描述。校长在自我诊断中也必须有自己的观察和描述，即运用三角分析法确定描述的一致性和行为的一致性。这一步的描述可通过观察、访谈、日志等形式来完成。

第二步：我们为什么会这样……？

我们为什么会这样备课？

我们为什么会这样上课？

我们为什么会这样学习？

我们为什么会这样交往？

我们为什么会这样管理班级？

……

分析我们的教学行为只是分析了一种"行为表现"或"结果"，但人的行为既可能受到内隐规矩的影响，也可能受到内隐概念的制约。对行为的分析就应当分析到内隐规矩或内隐概念这个层次。

所谓"内隐规矩"就是人主导的或者说在强势的做事方式的左右中无意识形成的一种行为方式（包括行为规定性和相应的行为程序），它对人们的生活和工作起着重要的规定作用。分析内隐规矩，就是要具体描述清楚行为的内隐规矩的脉络，即它的内容以及特征。

所谓"内隐概念"是人们做事方式中体现的对于某个问题的价值判断，或者行事时所秉持的思想观念。一名教师在做出某种行为选择时，也许他公开讲出的是一种外显的概念或理念，实际支配其行为的却是内隐概念。

第二步就是要深入内隐规矩或内隐概念，对行为做出深层次的解释。

第三步：这样……，我们感觉……

这样备课，我们感觉……

这样上课，我们感觉……

这样学习，我们感觉……

这样交往，我们感觉……

这样管理班级，我们感觉……

……

这一步的目的主要是唤醒感受，即从意识阈下走向意识阈上，并在唤醒感受中唤醒主体，唤醒主体对目的的反思，唤醒主体对自身价值判断的反思，唤醒主体的渴望和追求。

第四步：我们还可以怎样……？

我们还可以怎样备课？

我们还可以怎样上课？

我们还可以怎样学习？

我们还可以怎样交往？

我们还可以怎样管理班级？

……

如果说前三步主要是诊断的话，从这一步开始则主要进入了改造。在前三步中，我们已经发现和认识了组织中的人们的内隐规矩和内隐概念以及相应的组织制度的主要特征、优势或问题。在这个基础上，就可以进入组织改造了。

第四步主要是拓宽视野，学习和改变内隐规矩和内隐概念。学习的方式很多，可以是文本的阅读，可以是直接的考察，也可以是深入的交流。需要着重注意以下几个方面：第一，学习一定要让人充分感受外界的变化，要有"落差"感；第二，由于我们要变革的是组织，因而学习更应该是组织的学习，即学校安排集体的文本学习或考察或讨论；第三，根据文化的象征性学习一定要聚集，要抓住某个关键性的、有影响力的问题，尤其是那些有象征意义的现象和问题展开学习。

第五步：我们的……可以从什么地方开始改？

我们的备课可以从什么地方开始改？

我们的上课可以从什么地方开始改？

我们的学习可以从什么地方开始改？

我们的交往可以从什么地方开始改？

我们的班级管理可以从什么地方开始改？

……

这一步主要着眼于行动，即行为的改变。

在行为的改变中要注意的是：第一，要从大处着眼，从小处着手；第二，行为的改变不是个人的事情，而是大家共同的事情；第三，行为的改变是一个不断探索、不断持续的过程。

第六步：变革……，我们需要组织给予什么支持？

变革备课，我们需要组织给予什么支持？

变革上课，我们需要组织给予什么支持？

变革学习，我们需要组织给予什么支持？

变革交往，我们需要组织给予什么支持？

变革班级管理，我们需要组织给予什么支持？

……

这一步是自下而上地推动整个组织文化的改变。

2. 用互动式诊断做支撑

自我诊断是教学诊断的基本方式，在实践中它是大量存在并经常进行的，但自我诊断并不是封闭的，它应当用互动式诊断做支撑，以使诊断更客观、更真实、更有效，毕竟对事物的认识还是"旁观者清"，在人际互动中可以通过"社会协商"而促进自我的建构。所以，在教学诊断中，意见沟通、思想交流、问题讨论、认识碰撞都是必不可少的。我们强调自我诊断为基础，因为由他人介入的诊断最终还是要变为自我诊断才能起作用。那么，互动式诊断要注意什么呢？

• 根植于学校文化

教学诊断是学校文化改造和建设的一项具体工作。教学诊断特别是互动式诊断是把学校建设成学习型组织的实践活动，只有学校建立了持续的学习、反思、研究和交流的机制，互动式诊断才能持久、经常、有效地进行。因此，要把互动式诊断作为一种组织文化建设来对待，使之深深地根植于学校文化。

所谓文化，是指人类的生活方式。我国学者季苹指出，"文化"有两种理解：一种是把文化看成人类物质财富和精神财富的总和，另一种把文化的核心或者狭义文化视为人的价值判断与追求。她还把文化比作生命之树，学校中具体的物质、行为、制度、精神的状态是生命之树的叶子，学校中大多数人对待物质、行为、制度、精神的态度和方式是生命之树的主干，学校所在地区的本土文化以及行政文化是生命之树的土壤[①]。

互动式教学诊断应当根植于什么样的学校文化呢？我国教育专家马云鹏在谈到课程改革与学校重建时提出，新一轮基础教育课程改革蕴含着全新的学校文化要素，即学习、开放、交往、研究[②]。美国学者亨德森等人认为，革新的（生态的）学校文化的核心是一组共享的价值和信仰，它应该体现如下的概念：①开放、多向、诚信的沟通形式；②互助合作的社群观；③持续对话与深思熟虑；④根据计划与实际积极地探讨和解决问题；⑤个人与团体的反思与行动。显然，互动式教学诊断正是这样的学校文化精神的体现。

• 依靠实践共同体

教师总是在一定的社会场景中从事教育实践，如参与学校、教研组、年级组的活动。学校中有许多一起从事教学工作的实践共同体。"一个实践共同体包括了一系列个体共享的、相互明确的实践和信念以及对长时间追求共同利益的理解"，"它意味着对一个活动系统的参与"[③]。教师的教学活动同实践共同体的文化价值观念和操作规则有着千丝万缕的联系，教师在实践共同体中习得的是一种"潜在课程"，它是历史的、隐蔽的，又是开放的和生成的。

教学的互动式诊断只有放到专业性的实践共同体中，才能找到共同的话题，才能充分地相互理解和体验，才有利于集思广益，才能从不同的角度来分析问题和提出切合实际的改进建议；同时，依靠实践共同体可以使教学诊断揭示出教学文化中深层次的"潜规则"和"潜概念"，使"病因"和"病理"的分析触到"病根"。

• 融入工作各个环节

互动式教学诊断的展开需要一个平台、一些抓手，因此，它必须融入教师教学工作的各个环节。例如：

在集体备课中进行教学决策和教学设计的诊断。

---

① 季苹."学校文化"的反思与再建 [J]. 人民教育，2004 (2).

② 马云鹏，马延伟. 课程改革与学校文化重建：一所学校的个案研究 [J]. 教育研究，2004 (3).

③ J. 莱夫，E. 温格. 情景学习：合法的边缘性参与 [M]. 王文静，译. 上海：华东师范大学出版社，2004.

　　在教研组或备课组这样的实践共同体中，围绕一定的教学内容展开交流互动和商议研讨，既可以促进自我诊断、触发联想，又可以共享经验、相互借鉴。备课是教师工作的重要环节，在备课时教师要进行一系列的决策和设计，首先判断自己的教学行为所引起的学生的反应是否符合期望，如果符合，就继续维持自己的行为；如果不满意，就要采取一定的预防和矫正措施等。这一决策过程放在工作集体中相互评论比照，有利于教师吸取不同的看法和经验来丰富自己，做出更全面的判断；同时促使教师在进行决策比较的基础上，按照自己所教班级的学情，设计出符合自己班级特点的教学计划。

　　在教研活动中进行教学经验与文化价值的诊断。

　　学校的教研活动是在一个工作集体，也即实践共同体中进行的。按照莱夫、温格等人类学家对"实践共同体"的界定，实践共同体有共同的历史文化遗产，包括共同的目标、协商的意义和实践，是相互依存的系统，能产生新成员替换老成员的"再生产循环"[①]。像教研组织这类实践共同体内，必然有所有成员认同的、不成文的价值追求、操作规范、行为或处理教学问题的传统策略和方法，这是一种潜在的"学习课程"。莱夫和温格认为其是"日常实践中学习资源的一个领域"[②]。以听课为主要形式的相互观摩，以经验交流为主要形式的相互切磋，以主题研讨为主要形式的相互启发，都可以使教师把相互诊断与自我诊断和谐地结合起来。

　　在阶段总结中进行实践效果与教学过程的诊断。

　　学校工作常常要进行阶段的（如期中、期末、学年等）总结，这些总结都要求教师提供口头的或书面的总结报告。其实这是给教师创造了一个回顾和反思自己的实践效果，在工作集体中进行社会比较和相互启发帮助的机会。教师要认真地追忆实践的过程和工作的场景，理出成败得失的表现及相关要素，挖掘经验与问题产生的深层原因，提出改进的设想与计划。

　　在检查评估中进行目标对照和规范落实的诊断。

---

　　① J. 莱夫，E. 温格. 情景学习：合法的边缘性参与 [M]. 王文静，译. 上海：华东师范大学出版社，2004.

　　② J. 莱夫，E. 温格. 情景学习：合法的边缘性参与 [M]. 王文静，译. 上海：华东师范大学出版社，2004.

　　检查评估是学校根据教育目标、用一定的标准对工作所做出的价值判断。它是学校工作必不可少的一环。学校在不同时段以不同方式进行的日常教学检查与各种各样的教学评估，可以促使教师用课程与教学目标来对照自己的工作，找出差距，校正教学运作中产生的偏异。这样做也有利于运用教学规范来衡量教学行为，认识和改正非正常行为。

3. 在教学会诊中整合

　　一般来讲，自我诊断或日常的互动式诊断都应当加以归纳总结或概括提高，教学会诊可以说是一种较好的选择。当然，并不是所有的教学诊断都需要教学会诊；会诊也不一定就非要那么"正规"，但会诊的特有优势确实有利于诊断意见的整合。

　　• 从不同角度做好专业分析

　　教学会诊的重要特点是由具有某方面专业修养的人员，多角度地对"病症"特别是"疑难病症"进行深入分析，这种分析应当是全方位的、高屋建瓴的和鞭辟入里的，所以它更富有专业意味，更能切中要害。这就需要根据诊断议题选择，组织好相关专业人员参与，提供专业性强的翔实资料，营造求实求真的氛围。

　　• 进行有效的咨询

　　教学会诊常以不同形式向专业人员进行咨询。咨询时要对专业人员准确而详细地介绍相关的背景材料，提出较为关键的问题并请求专业人员做出实质性的指点。当一次咨询不足以弄清问题时，可以有计划地分步进行。教学会诊最好采用"介入式"的现场咨询，但不排斥"非介入"的方式，如采用德尔菲咨询法。运用德尔菲咨询法进行专家意见匿名函询，是"将个人的意见经过汇总，传递给参加讨论的所有专家。这个程序要进行两轮或者更多，以便使其能相互交流，并修正以前的意见"。最后，大家尽可能达成比较一致的意见。这种方法避免了遵从地位或年龄相近的人组成的群体的意见，也避免了公开反对权威的困难，排除了组织或者主持人的干扰与影响。

　　• 形成综合的诊断意见

　　教学诊断在充分获取资料信息并经过不同方面的分析研究以后，一般可以形成一个综合性的意见。这种综合性的诊断意见可能只反映大多数人的倾向性，也可能是求同存异的结果。被诊断者要注意吸取不同意见的可取之处，用开放的态度对待诊断意见。在较为正式的教学诊断中，可写出一个诊断报告，其内容主要包括以下方面：

1. 诊断题目，即诊断的主要教学行为现象；

2. 对这种教学行为现象的描述；

3. 对教师、学生、管理者或家长调查、观察、测验的情况；

4. 各种作品和文本资料；

5. 同"标准"或正常的教学行为的对照；

6. 问题的归结；

7. 对教学行为问题做出分析；

8. 改进的思路和建议。

（三）采用多样的方法

教学诊断需要采用多种方法获取诊断对象的相关信息，从现象事实中确定问题的性质，发现其原因，并据此提出防治的策略。这些方法都是教育研究方法在教学诊断中的应用，各种方法都具有独特的优势，它们配合使用可以起到相互补充、相互参照的作用。每种方法在运用于教师教学活动的诊断和学生学习问题的诊断时，又有一些更具体的要求和技术，我们将在后两部分中讨论，这里主要讨论三种基本的方法。

1. 观察法

观察法，是在自然条件下，凭借自己的感觉器官或辅助工具（如科学仪器和信息手段），不加控制条件，但有目的、有计划地对客观对象，包括人和自然现象、社会现象进行直接的、系统的考察、记录，从而获得经验事实的一种科学研究方法。作为科学研究方法，同日常观察相比，观察法更具客观性、可靠性、周密性等。观察法广泛应用于考察教师的教学活动和教学行为、学生的学习状况。

• 观察法的特点

教育诊断中使用观察法，是指诊断者通过感官或借助于一定的科学仪器，在一定时间内有目的、有计划地考察和描述客观对象（如教师、学生的某种心理活动、行为表现等）并收集研究资料的一种方法。观察法具有以下突出特点：

第一，观察是一种有目的、有意识地搜集资料的活动。在观察前，研究者通常要根据研究任务来确定观察对象、观察条件、观察范围和观察方法，以保证观察有目的地进行。

第二，观察是在自然发生的条件下，在对观察对象不加任何干预和控制的状态下进行的，这使得教育科学研究者能够考察被试者在日常现实生活、学习等活动中真实的、典型的和一般的行为表现。

第三，观察的对象是当前正在发生的事实现象，具有直接性。观察者和观察对象共处一个研究体系中，这使得观察者能够直接地、准确地了解观察客体发生、发展的过程，获得真实而详细的资料。

第四，观察是伴随着思维活动，在一定教育科学理论的指导下进行的，其结果的解释也是以有关理论为前提的。观察既是一个感知过程，又是一个思维过程，有关知识经验越丰富，观察到的东西就越多，对事物的认识就越深刻。

第五，观察总是借助于一定的观察工具。观察工具有两类：人的感觉器官（包括眼、耳、鼻、舌等）和科学的观察仪器与装置（如望远镜、显微镜、摄影机、照相机、录音机、探测器、单向玻璃、人造卫星等）。观察仪器实质上是人的感觉器官的放大或延长，随着人们对观察结果精确性、科学性的要求越来越高，科学观察仪器与装置在观察研究中起着越来越重要的作用。

为了提高观察的客观性和可靠性，应用观察法时应注意以下要求：

一要周全。观察要有目的、有计划地进行，有周密的安排并选择适当的方法，以保证获得的信息是全面的、翔实的。

二要系统。观察应有足够的次数和时间，有条件的话，要系统进行跟踪或比较。

三要深入。观察者应有一定的理论准备和方法素养，积极地对观察到的事实进行梳理与分析。

四要自然。观察应在不加干预的自然状态下进行，观察者应不影响观察对象的自然表现，观察者要尽可能去获取直接的第一手材料。

五要限定。观察者应当意识到，企图观察到现象和活动的一切方面是不可能的，因此，要对观察的范围、对象进行必要的限定。

应当看到，观察法作为一种诊断研究方法并非十全十美，它的局限在于：观察的样本较小，难免出现偶然性和片面性；观察在没有控制的自然状态下进行，因此观察具有被动性；观察主要用于资料的收集，但这些资料还需经过研究者的思维加工才能发挥更大的作用；观察的可信性和有用性常随观察者的态度和素养而有所不同。

• 观察法的类型

根据不同的分类标准，教育观察可分成不同类型：按观察对象的全面性可分为一般观察与重点观察；按对观察对象的直接程度可分为直接观察与间接观察；按观察时观察对象的数量或时间可分为抽样观察与跟踪观察；按具体设置或控制情境可分为自然情境观察和实验情境观察；按观察者是否参与被观察者的活动可分为参与性观察和非参与性观察；按观察者的目标与计划的设定可分为有结构的方法与无结构的方法；按观察者对观察结果的处理可分为量化方法与质性方法。

以上类型划分是相对的，相互之间有交叉渗透，诊断作业中可兼用或综合。

下面主要对三种划分类型进行解读。

第一种划分：有结构观察与无结构观察

有结构观察，指有明确目标、具体要求、详尽计划、步骤、方法的观察，取得的结果因其观察的周详精确而便于比较分析，并可与实验法结合使用。

无结构观察，指对观察对象无明确的目的要求，也不确定具体观察方案，不做控制，随时可根据观察者的需要而采用灵活的方式来进行的观察。这种观察可随时发现新问题，随时补充新的探索性研究资料，但一般不够系统完整，因而往往只用于预备性观察研究。

在教学诊断中，无结构的观察是随时可以进行的，教师应当有"处处留心皆学问"的猎取态度，保持对事物和现象的开放性和敏感性，但要进行一种严谨的诊断，则应采取有结构的观察方式。

第二种划分：参与性观察与非参与性观察

参与性观察，指观察者深入被观察者活动，以其中一员的角色参加活动，被观察者集体也对此认同，在此条件下进行的观察，可以获得"局外人"无法获得的观察资料。

非参与性观察，是观察者以纯观察研究者的身份对被观察对象的观察。通常的观察均为非参与性观察。非参与性观察所得观察结果较为客观，较少会有观察者自身的个人色彩，但某些深层的或隐藏性较强的资料，则不易观察得到。

从教学诊断的实际情况看，非参与性观察是大量的、随机的，无疑具有重要价值，但从观察深入和获取资料的全面性的角度说，应当倡导参与性观察。在教学诊断中，教师之间的交流、对话和互动，也可以通过参与性观察实现。如观课前，观课教师参与执教教师的教材研究、教学设计和行为改进，就可以消除那种消极评判、吹毛求疵的弊病，从而取得集体负责、集思广益、共同提高的效果。

第三种划分：定量观察与定性观察

实际上，定量观察与定性观察是对应于结构性观察与非结构观察的。但它们在处理观察到的结果时，又有其特殊之处。

定量观察是按照事先设计的一套明晰而严密的"计量系统"所实施的观察，它也被称为系统化的、结构性的、标准化的观察。定量观察法的长处是能系统地、高效地获得大量真实的、确定的观察资料，容易进行观察记录，而且观察结果便于进行系统的定量处理和对比分析；它的短处是对观察设计人员和观察者的理论和技术要求较高，同时观察过程比较呆板，缺乏灵活性。

定性观察法是研究者在一个真实的情境中对被观察的人或事所做的开放性观察。这种观察事先并不制订系统的观察项目清单，而只是有一个大致的观察主题、观察思路或注意方向；同时，在观察过程中，观察的内容、重点、范围也有可能会随着研究者与现场中人们之间的互动或现场活动的发展而产生变化。相对于其他研究方法（尤其是定量观察法）来说，定性观察法主要有如下特点：一是可以了解更为真实的信息。二是可以获得更完整的资料。

三是可以进行多次观察①。

在教学诊断中，虽然大都采用定性观察的方式，但也不妨设计一些量化观察的工具，便于教师操作，也使大家有一个大体一致的观察标准，这样搜集到的资料也较规范、准确。

• 教育观察法的施行

首先要做好观察的准备。

一是筛选典型的观察对象。观察不可能平均使用心力于大量的人和事件，因此要选定那些有代表性的、能揭示所要观察的特征的对象。比如，我们要研究学生在课堂上的主体性表现，就不能把观察对象确定为全班同学，那样就可能因为数量太多，观察起来会顾此失彼；也不能只观察学优生或中等生，那样又会失去代表性。比较好的方法是从学优生、中等生、学困生中各选择一些代表性的学生进行观察。

二是明确主要的观察范围。主体性的表现范围很大，从时间上需要明确主要观察课上还是课下的主体性表现，从内容上须明确主要观察独立性、主动性和创造性三方面的表现。

三是解释目标有何种表现。比如，我们要观察"主动性"表现，就必须说明这个观察目标的具体表现和含义。不然，每个人都按照自己的理解去观察记录，同样的事实会出现不同的观察结果。

事例点击

学生"主动参与"的解释②

如果我们把"学生的主动参与"列为观察目标，就要明确解释什么表现叫"主动参与"。有人想用"发言的次数"来说明学生的主动参与，恐怕就有问题。因为有的学生虽然发言很少，但是思考一直很积极，一旦发言，质量往往比较高；有的学生虽然发言次数很多，但是不动脑筋，也不听别人发言，感兴趣就发言，发言内容非常肤浅。

---

① 杨小微. 教育研究方法 [M]. 北京：人民教育出版社，2005：107.

② 冉乃彦. 中小学老师如何做研究 [M]. 北京：人民教育出版社，2006：81.

因此，我们可以考虑把"学生的主动参与"解释为：学生在独立自主的心态下，思维积极，积极参加交流。

四是制订观察的方案。即对观察的全过程做一个安排，包括观察的次数、密度、时间，观察的策略，观察的统一标准，观察的提纲，观察的记录表格及条件等。

其次，要认真进行观察作业。

进入观察情境后，应尽量按原定计划进行观察，不宜轻易更换观察的范围和重点，如果有新情况出现，应变的措施也不应离开已确定的目的和任务。观察时应注意以下几点：

一是选择最佳观察位置。一方面要力争有一个最佳的观察视野，另一方面要保证不影响被观察者的常态。

二是善于辨别重要的和无关的因素。根据研究任务，把注意力集中到能获得有价值材料的重要因素上去，不为无关的、次要的因素所纠缠，提高观察效率。

三是善于探究引起各种现象的原因。每一种现象，都要能找到引起现象的原因，使获得的观察材料具有研究价值。

四是善于抓住观察对象的偶然的或特殊的反应。为了全面、正确地了解问题，偶然的或特殊的东西不是无足轻重的，它对于研究问题的动向，更具启示意义。

五是善于与观察对象建立良好的关系。在教育诊断中，观察对象往往是人，因此在观察中陌生感容易改变观察对象的常态，良好的关系有利于保持观察的正常状态。

最后，要做好观察的记录和整理。

观察者可以在现场记录（包括对现场情况描述、简要分析意见、个人感受等），也可以在事后追忆记录，还可以通过录音、录像等手段记录。不论采用什么方式，都要力求做到及时、客观、真实、完整。记录的方法一般有"评等法""记录出现频率法""文字速记法""综合观察记录法"等。用什么方法记录，应根据观察的类型而定。

资料记录后，还应及时对资料进行整理和分析。整理和分析主要包括资料归集分类、资料审核评鉴、资料初步整理和进行描述统计等。

课堂观察研究的操作流程

——以"对话教学有效性"为例

"课堂观察"是教师研究课堂的一种方式方法，它的主要特点是"将所要研究的问题具体化为一个个观察点，将课堂中的连续性事件拆解为一个个时间单元，将课堂中的复杂性情境拆解为一个个空间单元，透过观察点对一个个单元进行定格、扫描，搜集、描述与记录相关的详细信息，再对观察结果进行反思、分析、推论，以此改善教师的教学，促进学生的学习"。这一研究方法近几年越来越被学校和教师重视。现以"对话教学有效性"课堂观察为例来说明其研究的操作流程。

一、选定观察点

课堂是错综复杂且变化多端的，要将课堂里发生的每一个状况都进行细致观察、详尽记录、透辟分析，是不现实的，这就需要观察者有选择地找"点"来观察研究。

那么，如何找"点"观察呢？华东师大崔允漷教授将课堂教学过程拆分为 4 个维度、5 个视角、48 个观察点，如表 1 所示。

我们选定其中一个视角——"对话"，进行课堂观察。在具体操作中，我们还需将其细化为可操作的观察点。如将"对话"这一观察视角细化为"教师提问类型及候答时间""教师提问方式及叫答范围""学生回答类型""教师理答方式"以及"提问内容与学习目标的关系"等观察点。观察者（听课教师）可选取其中一两个"点"进行观察。选择观察点时应注意：（1）这个"点"应该是可观察、可记录、可解释的（如：学生头脑里所想的东西是无法观察的）；（2）这个"点"是观察者本人平时最关注并有过深入思考，或最需要加强的；（3）合乎整个教研组活动的主题，有利于形成教研活动的跟进链条。

表1

维度	视角	观察点举例
学生学习	(1) 准备；(2) 倾听；(3) 互动；(4) 自主；(5) 达成	如"自主"中的："学生可自主支配的时间有多少？有多少人参与？学困生的参与情况？"
教师教学	(1) 环节；(2) 呈示；(3) 对话；(4) 指导；(5) 机智	如"对话"中的："提问的时机、对象、次数和问题的类型、结构、认知难度怎样？"
课程性质	(1) 目标；(2) 内容；(3) 实施；(4) 评价；(5) 机智	如"目标"中的："目标是根据什么（课程标准/学生/教材）预设的？是否适合该班学生？"
课堂文化	(1) 思考；(2) 民主；(3) 创新；(4) 关爱；(5) 特质	如"特质"中的："整堂课设计是否有特色（环节安排/教材处理/导入/教学策略/指导/对话)?"

二、制作观察量表

选定观察点之后，接下来的工作就是制作课堂观察量表。有了观察量表，才能确保课堂观察记录工作顺利完成。课堂观察中，常用的记录方法是定量记录方式和定性记录方式。这两种记录方式在制作量表时都要得到很好的体现。那么如何制作课堂观察量表呢？可分三步走：

1. 分析设计。

首先要对观察对象的要素进行解构、分类，厘清其主要内容和特征，如要观察"对话教学中教师的提问是否真正有效"，其要素就可以有教师所设计的问题指向是否明确、问题难度是否适中、问题的认知层次如何、候答时间是否合理等，从这些方面进行分析，然后根据课堂教学的类型和情境设计观察量表。

2. 试用修正。

观察量表制作出来以后，必须检验其科学性和可行性，因此，通过试用进行修正是十分必要的。这些量表先在小范围内使用，边使用边修改。

3. 正式使用。

即大面积地用来记录、分析、诊断课堂教学行为。

下面的表 2 是我们制作的"教师提问类型和候答时间"观察量表，供大家参考。

表 2　"教师提问类型和候答时间"观察量表

开课时间：＿＿＿＿　节次：＿＿＿＿午第＿＿＿＿节　学校：＿＿＿＿

执教教师：＿＿＿＿　班级：＿＿＿＿＿＿＿＿　课题：＿＿＿＿

观课教师：＿＿＿＿　研究专题：教师课堂提问的技能、水平

序号	问题记录	问题指向		问题难度			候答时间		
		明确	不明确	易	适中	难	立即答	有思考	有讨论
频次									
综合分析									

量表使用说明：

"问题记录"一栏，要求观察者将课堂上教师所提的问题一个不漏地记录下来，然后逐一评判这些问题的指向性是否明确、难易度是否适中、候答时间掌握得如何，根据实际情况在后面的表格中画"√"。"频次"一栏，要求记下次数，算出比率，如教师在课堂中总共提问 20 次，其中有 2 次提问的指向性不明确，其比率就达 10%，然后简要分析这一提问为什么会对学生产生误导。再如这 20 次提问中，有 18 次都是老师一提出问题，学生就马上集体回答出来，只有 2 次是经过短暂思考才回答的，没有一次是需要讨论才能回答的，其比率分别是：90%、10%、0%。这就说明本节课中，教师所设计的问题过于浅易，缺少一定的思维含量。最末一栏是"综合分析"，要求观察者对以上这些栏目所记录下来的内容进行客观分析，从而评判该教师在课堂提问这一环节中有哪些亮点、哪些不足，然后提出相应的改进措施。

三、进入现场做记录

设计好观察量表之后，下一步就是带着量表走进课堂进行现场观察。

　　首先要根据自己的观察重点，选择恰当的观察位置、观察角度，迅速进入观察状态。如，着重观察学生表现的，一般应选择教室里比较靠前或与学生座位比较接近的位置，这样便于观察学生在课堂上的反应；着重观察教师教学机智的，则宜选择教室里靠后的位置。无论选择怎样的观察位置，都不能影响教师的正常教学和学生的有效学习。

　　然后，根据自己设计的方案和量表做有针对性的记录。记录时，要灵活地采用自己最擅长的记录方式，或定量，或定性，要尽可能充分地记下最可靠、最有用的信息。

　　表3是基于座位表的记录方式，记录了课堂上师生"对话"的情况。

表3

	1	2	3	4	5	6	7	8
1		↓	↓	↓	↓	↓↓	↓	
2			↓↓	↓↓		↓		↓
3				↓↓↑↑↓	↓↓↑			
4		↓	↓				↓	
5					↓		↓	
6		↓						

　　表3中向下的箭头表示学生根据老师的提问来陈述，向上的箭头表示学生主动发问。从本表可以看出，开课教师比较注重激发学生的参与热情，学生个别发言有29人次，其中有3次是学生主动提问。不过，提问的面还不太广，基本集中在中间靠前座位上的学生。再与其他老师从不同视角观察到的情况做比对，如，结合"教师所提问题的类型""问题的难易度""问题的认知层次"等，就可对该教师运用"对话"教学手段的情况有比较具体的描述，并能据此提出切合实际的建议。

　　四、进行分析推论

　　掌握了详尽的第一手材料之后，紧接着的工作就是进行梳理、分析和推论。

　　一般而言，对于定量收集的数据，需要计算出频率和百分比，制作成表格或柱形图、曲线图；而对于定性收集的信息则要进行必要的分类合并、梳理，以文字或图表形式呈现。然后，基于这些证据做恰如其分的推论，挖掘出现象背后的原因及意义，从而为教师改进教学提供有价值的建议。

表 4 是对"教师提问方式"的观察、分析和推论。

表 4

教师提问方式	频次	百分比	排序
（1）提问前，先点名	3	8.824%	4
（2）提问后，学生齐答	15	44.118%	1
（3）提问后，叫举手者回答	8	23.529%	2
（4）提问后，叫未举手者答	2	5.882%	5
（5）提问后，改向其他学生	2	5.882%	5
（6）提问后，直接呈现答案	4	11.765%	3

观察后的分析、推论：

1. "提问前，先点名" 3 次，占 8.824%。这种方式用于提醒个别学生集中注意力，不失为一种好方法，但是，本堂课中，教者 3 次运用这种方法，从学生回答情况看，提问的都是较好的学生，这样，就容易造成课堂教学中的"短路"现象，即教师一旦与该学生"接通"，便忽略对其他学生的关注，不利于面向全体。

2. "提问后，学生齐答" 15 次，占 44.118%，说明学生有集体齐答的习惯。课堂上，学生学习热情高涨，乐于参与，气氛活跃，营造了良好的"对话场"。但是，从学生齐答的这 15 个问题的难度来看，其中 13 个问题对学生的认知要求过低。这类问题还是少提问为好，否则会影响课堂教学的效率。

3. "提问后，叫举手者回答" 8 次，占 23.529%。本节课，学生举手发言比较积极，思维活跃；从学生回答问题的质量上看，比较接近"原生态"，可见学生在课堂上踊跃举手不是作秀。我们可以向这类学生了解、剖析思维的过程，力求使以后的提问高度设计恰巧落在学生的"最近发展区"。

4. "提问后，叫未举手者答" 2 次，占 5.882%。本节课中，教师有 2 次故意不让举手的学生回答，而指名让没有举手的学生回答，说明教师有关注课堂上"沉默者"的意识，值得肯定。

5."提问后，改问其他学生"2次，占5.882%。其中有一个问题连续问了4名学生，他们分别从不同角度发表了独特的见解，很好地体现了思维的发散性。遗憾的是由于大部分问题难度不够，一名学生一次性就能准确作答，无法进行这种发散性训练。由此看来，课堂提问中，设计的问题还是有一定难度为好。

6."提问后，直接呈现答案"4次，占11.765%，这种提问实际上算不上提问，只能称之为"假问"。2节课的4次都出现在后半堂课，这是由于教师担心教学内容无法完成，于是拼命"赶时间"，不容学生思考回答，便迫不及待地呈现答案。这样做，对于开启学生思维、有效落实教学任务，价值不大。究其原因，是教师关注预设过多。由此可见，教学设计时要注意尽量减少环节，精选核心问题，给学生留足思考时间，充分开启学生思维。

五、撰写观察报告

课堂观察实践之后，要及时撰写观察报告，做到"活动有痕"。观察报告可以有以下两种形式：

1. 观察案例实录式。

即将课堂观察的全过程详详细细地客观记录下来，为深入研究提供依据。案例内容：（1）活动背景及主题。（2）课前会议。包括：开课老师说课、观察者与开课老师的交流、观察者确定观察点等。（3）课中观察。包括：观察位置的选择以及课堂教学全程实录。（4）课后评议。包括：开课老师反思、观察者所汇报的观察结果（附上原始记录量表）。（5）本次观察形成的结论。

2. 研究报告式。

即围绕一个主题，做连续跟踪观察，然后根据观察到的具体现象做归因分析，提炼规律，提出建议，最后形成研究报告。

[参考资料：陈连友，李哉平. 课堂观察的操作流程 [J]. 教学与管理（中学版），2013 (12).]

2. 调查法

教育调查是调查者通过访谈、问卷、测验、座谈等方式，有目的、有计划、系统地收集有关问题或现状的资料，从而获得教育现象等科学事实，并形成关于教育现象的科学认识的一种研究方法。这种研究方法的独特优势在于不受时间、空间限制，研究是在不干预研究对象的自然状态下进行的，而且研究手段多种多样。但调查法也存在一定的局限：一是它只能揭示事物之间的某种关联（相关关系），而不能可靠地揭示事物之间的因果关系；二是由于调查研究双方的主观偏见可能造成调查结果偏差，不一定真实。因此，运用这种方式时要注意它的适用对象和范围，尽量与其他方法配合使用。

• 调查法的主要类型

按照其收集资料的具体方式和依据的工具的不同，分为访问调查法、调查表法、问卷调查法、观察调查法、测量调查法等。下面对前三种方法进行简单说明。

1. 访问调查法。访问者通过上门访问研究对象或利用电话直接与研究对象交谈，获取所需要的资料。

2. 调查表法。调查者以编制好的表格作为收集资料的工具发给调查对象，让他们依照表上的项目一一填写。

3. 问卷调查法。调查者运用事先设计好的问卷向被调查者书面了解情况或征询意见。

按照调查对象的选择范围可分为普遍调查、抽样调查、个案调查、偶遇调查和专家调查。

1. 普遍调查。对研究对象的全体无一例外地全部进行调查。其优点是调查资料具有全面性和准确性。但是当研究对象数量比较大时，普遍调查的工作量会变得相当大，要耗费大量的人力、物力、财力。

2. 抽样调查。按照随机的原则从研究对象全体中抽取出部分个体作为样本进行调查，以便能够通过样本的情况来推测全体的情况。它既能达到研究的要求，又能节省工作量，因而是一种普遍采用的调查方法。

3. 个案调查。专门对某一对象或某一事件进行调查。由于调查范围只集中于一类对象，所以调查能较为深入，取得比较细致的资料。

4. 偶遇调查。也叫随意调查，与抽样调查一样，只调查全体研究对象中的部分个体。但偶遇调查与抽样调查不同的是，偶遇调查没有经过科学的取样，随机选择调查对象，因而，当以所得到的资料来反映全体的情况时，就很有可能出现较大的误差。其最大优点是省时、省力、省钱。

5. 专家调查。又称德尔斐法，是国外一种比较流行的方法。它也是部分调查，只是其调查对象是与研究课题有关的专家、学者。由于专家在与研究课题有关的领域有较多的研究和思考，因此通过专家调查，收集专家们的意见、态度，可以获得所研究的事物的状况和发展趋势等方面的资料。

• 调查法的施行

调查法尽管有上述各种不同的类别，但不管是何种类，都基本上要遵循以下步骤：

首先，要确定调查项目和调查对象。

确定调查项目就是把调查的目标和内容具体化为可以实施调查活动的具体事件，即调查哪些方面的表现。调查项目要全面、具体、明确，对影响被调查对象某些特征的直接或间接因素，都要考虑到。调查的项目最好能转化为具体的指标。

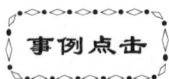

事例点击

一项调查研究所确定的指标

上海市中小学生课业负担问题的调查研究把"学业负担"这一指标界定为："学生课业负担客观上表现为学生的学习任务，以及完成这些任务需要花费的时间与精力；主观上表现为学生在完成学习任务过程中产生的主观体验。"这里，研究者把学业负担分解成了客观上可以观测的三个二级指标：学习任务、学习时间、主观体验。学习任务又具体分解为三个指标：学生拥有的教学参考用书数、学生参加校内外各种课外"学习班"的比例、学生请家庭教师的比例。学习时间包括学生在学校学习时间、在家完成教师与家长布置的功课的时间以及参加各种"学习班"的时间。以这些方面的总时间和国家教委1991年颁布的《学校卫生工作条例》规定的"小学生每天学习时间6小时，中学生每天学习时间7小时"进行比较，来判定学习时间是否合适。学习任务和学习时间都是以客观存在的具体事物作为调查指标。学生在完成学习任务过程中产生的主观体验难以化成客观现象的数量加以考察，所以该指标采用社会测量和主观评价的方法，即由研究者在一些问题中让学生就他们对完成作业、学校学习生活等的主观感受做出等级性评价。

在确定了调查项目以后，就应选取调查的对象，有两件事必须做好：

一是确定调查的总体。总体即调查对象的全体，是由某一共同特性而结合起来的许多个别事物的集合体。这一特性，是研究对象的质的规定。教学诊断时所确定的具有某方面共同特性的总数即总体。

二是抽取一定的调查样本。在确定总体之后就要考虑如何从中抽取一部分个体作为研究的样本。为了使样本的情况能够全面、客观地反映总体的情况，必须遵循一定的技术抽取样本。

抽取样本的方法有随机抽样和非随机抽样。

随机抽样是使总体中每个个体入选机会都相同的方法。随机抽样又可分为：简单随机抽样，如抽签、摸彩、抓阄、随机数目表等；集团抽样；分层抽样，即按照一定的标准把总体分为若干层，使层内群体具有同质性，层次之间差异较大，然后在每个层次中选取一定数量的调查对象；二级抽样，即先随机抽出总体中的某些群体，再在已抽出的群体中随机抽取个体组成样本。

非随机抽样包括立意抽样和方便抽样。

在抽样时还要注意根据调查的目标和总体的大小保持必要的数量。

事例点击

"学业不良少年心理健康状况"的研究对象

本研究的被试为学习不良少年学生，同时匹配非学习不良学生（学业中等以上）为对照组。本研究主要以学生考试各门主课的平均成绩为依据，同时参考有关档案资料及老师的评价，来确定被试的入组。确定学习不良学生具体标准如下：（1）总体智商在 85 分以上；（2）主课平均成绩在全班末位 10% 以内；（3）班主任对其学业状况的综合评价为"学习不良"或"学习困难"；（4）没有明显的躯体疾病或精神疾病。据此，本研究从北京两所普通小学、两所普通中学随机分层取样。小学选五、六年级，共涉及 32 个班级，选取有效被试 272 名（平均年龄 13～15.27 岁），其中学习不良 133 名，非学习不良 139 名。

[资料来源：雷雳. 学习不良少年的心理健康状况 [J]. 心理发展与教育，1997（1）.]

其次，要拟定调查计划和选制调查工具。

1. 在实施调查之前要制订一个具体的工作计划，表明研究的主要内容、调查的方式方法，确定工作的主要程序，做到心中有数。调查计划一般应包括调查课题及研究的意义、调查范围及调查对象、调查的时间及地点、调查的具体方法、调查日程安排。调查的工具有调查表格、观察记录表、问卷、访谈提纲和测验题目等。

2. 进行调查和收集调查资料。调查的实施可以分两步走。首先是进行试探性调查，这种调查不是为了得到关于调查对象的详细资料，而是为了得到一些一般性的了解，从而考察调查项目和调查程序的合宜性，对调查项目和程序做出相应的调整修改。然后再用编制好的调查工具，根据各种调查方法的具体要求开展调查。

调查实施的过程总是伴随着事实与数据的收集。在收集材料时要尽可能保持材料的客观性，注意不把客观"事实"同带有主观色彩的"意见"混在一起；凡多个人员参与、采用访问、座谈等手段收集的材料，要用统一标准或统一表格做记录；要尽可能采用多种途径和方式收集不同角度和侧面的材料。

3. 整理材料并形成结论。材料整理主要经历检查（检查材料的完整性、一致性、可靠性等）、汇总、摘要、分析（即从"定量—统计等计量方法""定性—理论分析"两方面分析）等环节，在此基础上就可以形成结论了。

最后，撰写调查报告。

• 调查的具体形式

教育调查方法有许多具体的操作形式，如问卷、测量、调查表、访谈等。问卷、调查表和访谈是教学诊断中最常用的形式。

问卷调查

所谓问卷，是设计一组与研究目标有关的问题，通过调查对象的回答来收集人们对教育的意见、态度方面的资料。问卷法具有简便易行、省时、省力、调查面广、信息量大、真实性强的特点。特别是无记名问卷，调查者与调查对象不用面对面地谈论有强刺激性的问题，调查对象消除了心理方面的顾虑和障碍，可得到客观真实的材料。问卷调查的质量主要取决于问卷题目的质量，若问卷题目设计不当，则难以收集到有效的信息资料。问卷通常是由问卷说明（引言）、注释和问卷文本组成。其中的问卷文本一般包括指导语、对象的自然状况、问卷题三个方面。

问卷题是问卷的主体，问卷题目设计的科学性、合理性、针对性如何，是调查成败的关键。问卷题设计主要有两种类型：开放式问题和封闭式问题。

开放式问题要求应答者提出自己对某个问题的回答。如：你认为学校当前面临的主要问题是什么？请调查对象自己写出答案来。

封闭式问题则由研究人员提供对该问题的若干种答案，由调查对象在这些答案中进行选择。如：你认为学校人事制度改革有无必要？A. 很有必要；B. 有必要；C. 可有可无；D. 无必要。

封闭式问卷是问卷设计中较多采用的一种形式，它可以提供比较整齐划一的答案，便于运用计算机加工处理信息资料。但其缺点是容易遗漏研究人员事先所划定答案之外的信息。同时，由于事先划出答案，又可能造成"被迫"回答的情形。开放式问题在一定程度上可以克服封闭式问题的缺点，但也因而出现答非所问的情况。同时，由于开放问题答案复杂多样，使答案之间的可比性下降，给资料整理带来相当大的困难。此外，运用开放式问题要求应答者有较高的写作能力和语言表达能力。

调查表

调查表和问卷都是用书面形式收集材料的一种调查技术，二者的区别在于问卷偏重于意见、态度的征询，而调查表则偏重于事实及数字的收集。调查表的一般结构应包括填表说明、表的名称、表身、表尾附注等。

访　谈

访谈是调查人员通过与研究对象或其他有关人员面对面地交谈，直接收集材料的手段。访谈法在调查研究中有不少优点：简便易行；比起问卷、观察等方法来说，由于能根据交谈情况灵活地反馈调节，提出更深刻的问题，所以能获得更多的有用信息。

访谈有正式的，也有非正式的。正式的访谈要征得被调查者同意，严格按照预先拟定好的计划进行。其好处是能直截了当进入主题，在短时间内获得所需要的资料。但这种气氛往往使被调查者存有戒心，谈话留有余地，影响资料的真实性。非正式访谈是调查者通过与被调查者日常的接触，在自然气氛下交谈，它往往通过迂回的方式了解主题，常常能获得意想不到的材料，但花的时间较多。

访谈还可以分为个别访谈和团体访谈。团体访谈实际上是开调查会。它比起个人访谈节省时间，并且有利于众人相互启发，促进问题的深入。但有一些问题在团体方式下，会引起个人自由表达意见的顾忌。

访谈的内容一般有三类：一是了解事实，要求被调查者提供其所知的有关客观事实的材料；二是征询意见，征求被调查者对某些教育现象或问题的看法、意见；三是了解个人各方面的情况，包括家庭、个人经历、爱好、愿望及各种心理品质。

开展访谈时要注意以下几点：

一是选择访谈对象应考虑对方是否拥有研究所需要的有价值的事实材料，以及对方是否愿意提供有关材料。

二是要事先了解被调查者的有关背景情况以及他的性格、爱好，以便为友好深入的交谈打下基础。

三是访问前要对交谈的主题、提问的方式、措辞做各种可能的考虑。最好有一个访谈提纲，包括访谈的目的、步骤、内容要点、具体的时间、人员、访谈对象的安排等。

四是交谈中要自然、轻松，表现出诚恳谦虚、热情有礼的良好状态，以取得对方的好感、信任和合作。

五是交谈中要持有平等、公正、中立的态度，不要对所谈问题妄加评论，防止本身情感性的言论、行动对被调查者的表述起暗示或影响作用。

六是交谈中提的问题要简单明了，要易于回答。要善于了解对方的心理变化，灵活提出问题，引导交谈的深入。要注意避免触及个人的隐私，避免造成被动不快的局面。

七是要严守保密性原则，对于被调查者的顾虑，可通过对交谈内容保密的承诺来消除。

八是要巧妙运用回应技术，如认可、重复、重组、总结、追问、自我暴露等等。

3. 测验法

测验是测量的一种方式。什么是测量呢？测量就是根据一定法则，以测验为工具对研究进行测试，从而获得数量化的结果，并通过进一步分析获得相关结论。所以我们说，测验是测量一个行为样本的一种程序。测验含有四个要素：测验目标、测验题目、施测程序和评分标准。

在教学诊断中，主要是通过测验搜集相关数据，对教师的教学活动和教学行为方式、学生的发展水平和学业状况做出评判，并据以分析其原因，找出适当的对策。由于测验法在测量工具的科学性和有效性以及使用的方便性等方面具有一定优势，因此常在教学诊断中采用。但测验法也有缺点，那就是功能的单一性和实施的误差性，所以需和其他方法配合使用。

• 教育测验的实施

教育测验是教师经常接触到的一种测验样式。一般对学生的学业成绩进行的测试，就属于教学测验。不过，规范的教学测验的实施有以下的程序。

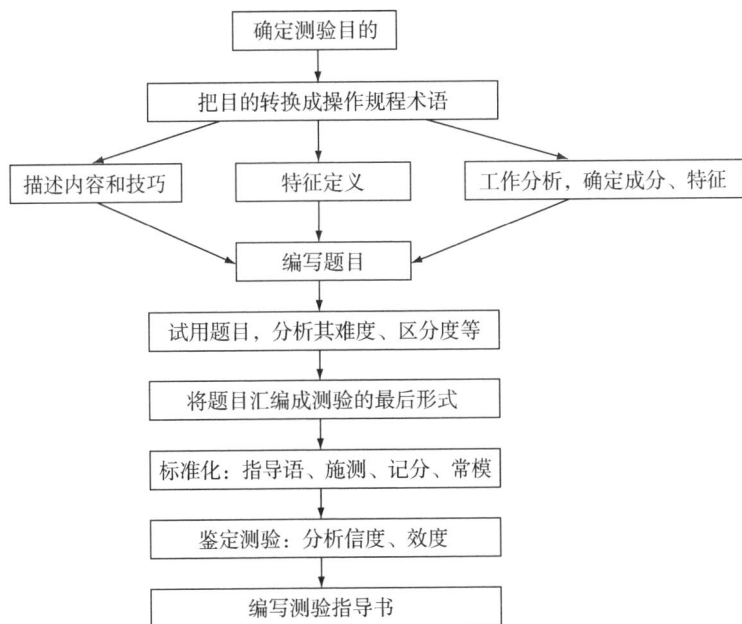

```
确定测验目的
   ↓
把目的转换成操作规程术语
   ↓
描述内容和技巧 ← 特征定义 → 工作分析，确定成分、特征
   ↓
编写题目
   ↓
试用题目，分析其难度、区分度等
   ↓
将题目汇编成测验的最后形式
   ↓
标准化：指导语、施测、记分、常模
   ↓
鉴定测验：分析信度、效度
   ↓
编写测验指导书
```

在教学测验中很重要的一项工作是选择测量工具。所谓测量工具是对被测对象进行测定的器具和手段。用什么工具对被测者实施测量，需要根据测

量的目的以及可能的条件认真进行选择。在教学诊断中常用的测量工具有各种标准化的量表、教师自己编制的各类测试题、问卷、数量化的观察记录等。教学诊断时测量工具的获得主要靠研究人员自编测试题和选择适合需要的量表。下面重点谈自编测验题。

自编测验题可按以下步骤进行：确定测验的目的类型；制订测验大纲，包括测验目的、对象、要求、试卷结构、测验时间、项目、得分比例、题量答案要求等；编制双向细目表；编制测试题；组织试测及修改试题。

自编测验题要符合以下要求：

第一，要明确测验的目的及特殊用途。

任何测验都是针对一定目的和用途编制的，不同目的和用途的测验，其内容范围、难度、题量等要求也不同，如选拔性测验和水平测验就是两种目的和用途不同的测验。

第二，要明确测验欲测量的目标范围。

测验欲测量的目标范围，决定于测量目标的定义，如果测量目标的定义不明确，就无法确定测验的目标范围。

第三，测验题目要有代表性。

测验试卷是要测量的内容和目标的一个样本，试题取样时要把深度取样和广度取样结合起来，一般要编制双向细目表。

第四，确定适当的题型和题量。

根据不同的测量内容和目标，可以采用不同的题型。测验中的题型一般分为客观性试题和主观性试题。客观性试题主要是正误题和选择题等，主观性试题主要是论述题、计算题、证明题等，两种题型各有所长和所短。由于客观性试题较小，所以题量可以较大，试题的覆盖面大；主观性试题回答费时，试题量小，试卷覆盖面小。由于两种题型适合测量的内容目标具有互补性，因此，实践中我们应将二者结合起来使用。

第五，测验应有恰当的难度。

测验应有恰当的难度，各试题的难度要和测验的性质、目的要求一致，测验试题难度的比例也应恰当。

应当说明的是，学校中经常进行的学生学业成绩测验，特别是一些经过仔细检验过的标准化试题，对于测定学生某一范围和某一方面的知识与能力，是很好的测量工具，可以把常规的测评与专门的教学测量所需的数据结合起来，作为诊断依据。

•关于心理测验

心理测验是实施心理测量的一种具体方式。它是在控制的情境中，提供若干经过标准化的适当刺激，引起受试者的反应，然后将其结果与一般人在同样情况下的行为表现对照比较，借以对受试者的某种心理特质做客观评鉴。

心理测验要注意以下几点：心理特质只能从行为表现中推断出来，而无法直接测量。测验所提供的刺激须经审慎选择，选出具有代表性的行为样本。测验必须符合标准化要求。测验必须具有客观性。

心理测验一般采用心理量表测验。

量表是已经标准化了的工具。量表根据其使用的情况可以分成两大类：一类是完成量表，问题的回答有正确、错误之分，它要求被测者尽可能好地完成测验。测定智力、能力的量表属于这类。另一类是评定量表，问题的回答没有正确、错误之分，它要求被测者根据客观事实对现象予以评定。用于测定人格、态度、兴趣方面的量表属于这类。在这类量表中，许多是由受测者评价自己的，它叫自陈量表。

心理测验量表在结构上包含以下四个方面：测量目标、测量题目、施测程序、评分标准。这些都会在测验指导书上介绍清楚，以便于施测者严格按照要求实施，保证测验结果的可靠性。

心理测验的另一种常用方法是心理投射测验。

在人格、态度、兴趣等方面的测量中，由于所使用的量表是要求受测者根据自己的情况做出回答，所以测量的准确性有赖于受测者是否愿意、能够做出客观真实的回答。在一些情况下，受测者会有意或无意地给予歪曲或虚假的回答。这就会影响研究的准确性。一种情况是当一些问题涉及个人在公众中的形象时，受测者倾向于按照社会所接受的准则回答；另一种情况是有些问题，受测者不一定自己清楚地意识到，或者该问题处于人们的潜意识层面，难以做出确认。这时候可以考虑借助投射方法获得所需要的资料。

投射方法是向受测者提供一些意义不明确的刺激情境，让受测者在没有控制的情况下对多种含义模糊的刺激，不受限制地、自由地做出反应，从而不知不觉地表露出诸如动机、需要、态度、欲望、价值观等人格特质。投射方法的心理学根据是：受测者对各种刺激的反应，能表现出具有相当代表性的人格特质，使受测者潜意识方面的人格特质显现出来。以投射方法测定人格，有可能转移受测者的注意和心理防卫，从而使施测者从中得到以其他方法难以得到的资料。

著名的心理投射测验有两种：

一种是罗夏墨迹测验。测验时要求受测者看每一张图，说出看到了什么。时间不限。受测者说完后，施测者可以问一些问题。最后根据受测者的反应，从反应部位、反应因素、反应内容和反应的创意性四个方面计分，以推论受测者的人格特征。

另一种是主题统觉测试。施测时，给受测者一张图片，要求他以图片内容为主题，凭个人想象编造故事，说出图中描绘的是什么，图中情境发生的前因后果，图中人物的思想、感情，未来的演变将产生什么后果等。受测者在编造故事时，除受当时知觉影响外，其故事内容往往包含他的潜意识材料。也就是说，受测者在编造故事时，借故事来表现自己的内心欲望与矛盾。因此，通过对故事的分析，我们可以找出受测者的需求、态度和情感。

除了上面我们介绍的在教学诊断中经常运用的三种基本方法外，还有一些重要的方法和技术，如个案法、文献分析法等，我们将在教师教学活动诊断和学生学习问题诊断中结合讨论。

（四）追索深层的原因

教学诊断不仅要获取充足的现象和事实，更要对这些现象和事实进行去伪存真、去粗取精、由此及彼、由表及里的思维加工，在分析综合和抽象概括的过程中，寻找教学的病因，认识问题的本质。下面我们以我国学者关于"教学病理"研究的成果为依据[①]，讨论如何进行诊断分析。应当提到的是，

---

① 参阅：石鸥. 教学病理学 [M]. 长沙：湖南教育出版社，1999；裴娣娜. 现代教学论 [M]. 北京：人民教育出版社，2005；顾春. 学校诊断咨询 [M]. 北京：华夏出版社，2002.

这里的"教学病理"分析，着眼点是对"教学系统"的较为宏观的分析，了解这种宏观层面的诊断可以开阔教师的视野，有助于剖析自身的问题，更具体的诊断将在后两部分介绍。

1. 分清性质

性质是一事物区别于他事物的根本属性。教学诊断中首先要区分不同教学问题的各自性质，以及与性质相关的原因。

• 故意的教学疾病和非故意的教学疾病

故意的教学病理行为的显著特点是：明知存在特定的教育教学规范，明知某种行为不合规范，但他偏偏要实施，这种行为，即偏偏要违反特定的规范。

非故意的教学病理行为的特点是：要么他不知道存在特定的规范，即没有掌握有关的教育规范的要求，个体的行为偏离或违反了规范要求而不自知；要么他没有能力和办法达到规范的要求。

• 原则性教学疾病与非原则性疾病

原则性教学疾病，指的是违背教学基本准则或原则的教学疾病或病理性教学行为。原则性教学疾病具有方向性特征，是一种基础性病理。实践中，比如违背科学性原则，以反科学的态度进行教学，就属原则性教学疾病。

非原则性教学疾病，它相对于原则性教学病理而言是在原则范围内的，是与教学原则不相背离的教学疾病。它不能改变教学运作的方向，不能动摇教学发展的基础，它只能延缓教学的进程，降低教学的效益。比如教师的板书设计不恰当，甚至教师上课时偶尔读、写错别字等，都是与原则关系不大的教学失误。

• 认识性教学疾病与实践性教学疾病

认识性教学疾病是对教学的客观规律和客观实际的歪曲反映，是对教学发展趋势的不正确的、违背科学的反映，它是人们在教学认知活动中形成的不健康的认识过程与认识结果。

实践性教学疾病是对教学客观规律的违背性的行为实践，是与教学发展趋势相背离的实践。它是在教学实践活动中形成的不健康的实践过程与实践结果。就是说，实践性教学疾病是一种行为性疾病，是一种病态的行为，它破坏教学的组织结构与功能。

此外，还可以区分出主观性教学疾病和非主观性教学疾病、内因性教学疾病与外因性教学疾病，以及传染性教学疾病与非传染性教学疾病等。

2. 归纳病症

这是按照一定的价值标准对教学中的问题或"症状"进行梳理分类而归纳出的"症候群"，可称为"病症"。我国学者对教学中的不正常状态进行了分析，认为至少可以将教学疾病分为四类：教学失衡、教学专制、教学偏见、教学阻隔。

• 教学失衡

教学失衡是指教学因缺乏调节或调节乏力而失去平衡，是此部分教学与彼部分教学间的不平衡，是教学的此部分功能与彼部分功能间的不平衡。通俗一点讲，是指教学缺少了某些方面的因素或在某些方面超越了现实而做得过分了。教学失衡可以分为教学缺失、教学过度和教学滞后三种类型。

教学缺失，一般是指教师在教学过程中因片面地关注一方面而有意或无意地严重忽视另一方面或另几方面的不健康的教学状态，也可以指教学的某一因素或某些因素没有得到应有重视的不正常情况。最大的教学缺失是指青少年儿童根本无法接受正常的教学，这主要指学龄儿童的未入学、辍学现象。教学缺失还主要表现在以下几个方面：忽视学生的主体作用，轻视学生的非智力因素的培养，轻视学生的能力尤其是创造能力、实践能力的提高，轻视非统考科目的教学，忽视学生创造性的发挥。

教学过度的典型表现为超时、超纲、超量。

教学滞后主要体现在教学观念的滞后、教学内容的滞后、教学方法手段的滞后、教学评价的滞后等。

• 教学专制

所谓教学专制，主要是指教师带着社会赋予他的、与职业俱来的权力凌驾于学生之上，以种种神圣的理由心安理得地对学生任意实施违背教育规律与职业道德规范的惩罚或变相惩罚的教育。教学专制的集中体现是惩罚。

惩罚形式分挫折型和痛苦型。第一种主要是剥夺个人的某些权利。第二种主要是引起学生明显的不舒适感。教学中教师所常用的挫折型惩罚中，较多的是晚放学（丧失或减少课余间）、剥夺特权（如取消参加文体活动的资格等）、布置额外作业、停课等惩罚。痛苦型惩罚是要引起学生明显的不舒适感、厌恶感，诸如实施体罚、羞辱、辱骂等行为。惩罚有两种基本类别：体罚与心理惩罚。

- 教学偏见

所谓教学偏见，是指教师根据自己的主观经验或特定价值需求的满足状况，对学生采取的不同的对待方式，即倾向某些人、冷漠另一些人的思想或行为。我们常说的"偏心眼"就是一种教学偏见。教学偏见既有与道德规范相违背的有意偏见，也有无意偏见。教学偏见可能是积极的，也可能是消极的。比如教师相信自己班上的学生个个都能成为优秀学生，个个都能考上大学，这是积极的偏见。又如教师认为成绩差的学生个个都是不爱学习的，个个都偷懒，这是消极的偏见。消极的教学偏见就是我们所指的教学疾病意义上的偏见。

典型的教学偏见体现为对学困生的偏见。现实教学中，人们往往以学业成绩作为优等生和后进生的划界标准。学业优良者就是优等生，学业不良者便是后进生。因此，德、智、体、美全面发展的标准被片面地甚至歪曲地理解了。

- 教学阻隔

教学阻隔主要指教学中任何双方或双方以上之间的隔膜或差距，或一切难以融合、不易接触、不便交流的现象。就师生双方而言，它是教学中师生之间缺乏沟通、缺乏交流的现象；就教学和社会而言，它是教学和社会之间缺乏沟通、缺乏交流的现象；就学科而言，它是学科和学科之间缺乏沟通、缺乏交流的现象。所有这些，实际上都是严重的教学不正常状态。

3．分析后果

教学诊断在了解教学病症之后，还须认识这些病症带来的危害，预测其后果，以利于引起重视，提前防范。就像医生诊断疾病常有预后分析一样，教学诊断也要考察疾病带来的影响。

我国学者认为，教学系统在自身发展、运转与保持动态平衡的过程中，因为外部的、内部的诸方面因素的作用，出现障碍，产生教学疾病，从而导致在不同结构水平与功能上的变异，发生病变异常，甚至瘫痪，这就是教学疾病的后果。具体说来有三个方面，即结构性后果、功能性后果和综合性后果。

• 教学疾病的结构性后果

这是指教学疾病对教学系统的组织结构的影响，包括对组织结构和要素的破坏、损害等，如教学系统的结构性萎缩、教学系统的结构性膨胀、教学系统的结构性瘫痪等等。

• 教学疾病的功能性后果

这是指各类教学疾病对教学功能造成的主要损害性影响。这既指使教学功能发生紊乱或失调的现象，也指使教学功能无法充分实现的现象。这里，教学疾病作为原因，与它们所引起的损害性后果（结果）之间的关系是极为复杂的。有些情况下，一种教学疾病只引起一种损害性后果；有些情况下，一种教学疾病可能会引起多种后果；还有一些情况下，几种教学疾病引起一种后果。有时候，影响是单一的；有时候，影响又是多元的。一般而言，教学疾病对教学功能的损害主要体现在对学生的身心发展、学业成绩、行为等方面带来不良影响。

• 教学疾病的综合性后果

教学疾病往往是相互联系而难以完全区别的，它们共同构成一个庞大的教学病理群。作为一个病理群，它们带来的后果很少是单一的、直接的，往往是综合的、复杂的、间接的，形成病理性综合征。较为明显的有教学人际关系不良症、教学氛围消极症、教师形象不佳症、学生发展不畅症等等。

4. 寻找原因

教学疾病的发生与发展不是偶然的、无缘无故的，它是教学机体在一定的原因和条件作用下所发生的过程，有着特定的成病或致病原因，即致病因素，也称致病因子，简称病因。教学疾病的发生是一个由致病因素引起、出现病理性萌芽、病理教学全面发生的过程，是由可病性到现实疾病的过程，是由量变到质变的过程。

我国学者石鸥教授认为，目前导致教学疾病的重要原因是教学规范的困境和教学疾病的内源性、外源性致病因素。

（1）教学规范的困境。教学规范就是教学环境中人们的行为应该遵守的规则，是对教学中人的行为的限制。教学疾病就是对教学规范的背离，病理性的教学行为就是指偏离或违反教学规范的行为。这里主要有如下四种情况：规范不清、规范无效、规范冲突、规范真空。

（2）内源性因素。石鸥教授认为这与教学系统对疾病的感受性有关。这里讲的内源性致病因素主要指那些来自教学系统组织、结构、功能、要素自身的致病因素，或是那些与教学系统结构、功能、要素密切联系的致病因素，主要包括学主体方面的教师、学生方面的致病因素，教学组织结构方面的教育和学校体制方面的致病因素，以及教育理论研究方面的致病因素等等。在教学主体上，教育者是教育的主体之一，来自他们的致病因素，主要有科学文化知识方面的、职业道德方面的（相关的致病因素中，有职业自卑、职业自私、职业歧视等）、心理素质方面的、生理方面的等。在制度性因素中，不同的学校管理模式、学校教育制度、校外教育制度等，往往都会导致不同的教学疾病。在理论研究方面，主要因两方面引起：一是理论研究本身的欠缺，二是理论研究成果在转化到实践过程中的欠缺。

（3）外源性因素。石鸥教授把这种因素称之为"隐性的社会性的病因"而且指出它特别重要但没有引起人们的重视。这方面的因素有社会目的与手段的矛盾，片面追求升学率的一系列做法就是典型的例子；付出与效益的反差，如为追求眼前的最大效益而走捷径、投机取巧，置长远效益于不顾等。

5. 提出建议

教学病理研究，不仅是要揭示教学疾病的基本形态、类型、后果以及致病因子的作用情况，更要通过这一系列工作，对教学病症提出一套切实有效的诊断手段与技术以及治疗、预防措施和途径，旨在最大限度减少教学病症的发生，缓轻教学病症的后果，促进教学系统的健康发展。教学诊断主要是给人们提出一种解决问题的思路。

• 教学系统自身对教学致病因子的抗争

首先是利用"主体屏障"。教学有阻止不良因素侵入的功能和机制，可以称之为"主体屏障"。一是教材，它体现社会倡导的核心价值，保证文质兼美；二是学校和课程，这是促进学生健康发展的阵地；三是教师，较高的素质使他们通过运用教材、控制课堂、组织学生活动等系列手段来抵御外来致病因子，来吸取外来有利于教学健康的"营养成分"。

其次是促进"主体修复"。教学系统是一个有目的、有计划、有组织的、相当健全的系统，它可以很好地利用社会、环境、家庭中那些有利因素为自身服务，也能够有效控制不良因素的影响力，尽量缓轻和化解不良因素对自身的危害。为此要建立教学系统自我修复的运行机制，提高自我修复能力。

最后是增强"主体自觉"。教师和学生作为教学的主体，前者有一种要将学生教好的自觉愿望，后者也有一种要力争在教师指导下学好（至于何谓"教好""学好"就见仁见智了）的自觉愿望。一般而言，他们有着较明显的教学自觉。正因为这一教学自觉的性质的存在，使得教学主体对那些有违教学规律、损害教师与学生特别是学生发展的各种教学疾病，有一种近乎本能的反抗与斗争意识。因此，要保护和增强师生抗御教学疾病的自觉性，提高他们分析和抵制不良疾病的能力。

• 建立与完善一套规范机制

要建立一套规范机制，在教学系统与规范之间设置一套"防护网"，防止不良因素的侵入，减少疾病对教学系统的侵害，这可以从以下方面入手：注重规范建设，强化规范的权威性，大幅度提高教师的素质，营造良好的学校氛围与社会、家庭环境。

三、 保证教学诊断效果

要使教学诊断真正起到推动学校发展、促进教师成长和提高学生学习质量的作用，除了有较为具体的诊断标准和正确的指导思想，认真做好诊断施行的一系列工作之外，还应当从环境、制度和善后等方面来保证诊断的效果。

（一）优化诊断环境

教学诊断的重点是发现、分析和研究解决教学中存在的问题，这些问题难免与具体的人和事相关，也难免同对"成绩"与"失误"的评价相关，因此，在诊断中营造一个良好的心理环境就显得十分重要。

1. 和谐的心理气氛

诊断的心理气氛是弥散在心理诊断过程中的人所感受的一种环境氛围，它主要是由人际关系所决定的。

和谐的心理气氛是一种支持型气氛。一些研究者把心理气氛区分为对立型气氛、防卫型气氛和支持型气氛。如果说对立型气氛是"敌意"的，防卫型气氛是"戒备"的，那么，支持型气氛就是"亲近"的。支持型气氛有利于化解被诊断者的心理防御机制，拉近诊断主体同诊断对象之间的距离，形成冷静思考、乐于探究、积极建构的友好倾向。

和谐的心理气氛也是一种相容型气氛。在破解了自我的防卫机制之后，诊断就会有一种接受和容许各种不同的意见，甚至触及"内隐"问题也能认真考虑和自省的气氛，这时，再尖锐的意见和再深入的透视都会真正变为内心所认同的东西。

和谐的心理气氛还是一种共享型气氛。不论在诊断中谁陈述自己的看法，都被视为一种智慧的奉献，虽然被诊断的是特定的某人某事，但所有参与诊断活动的人都要联系自己思考，反观乎自身，从中吸取有益于自己的种种观点和经验，尽力享有这种在集体智慧碰撞中生成的"思想盛宴"。

2. 积极的相互作用

教学诊断促进个体的"建构"，是一个"社会协商"的过程，这是社会建构主义的基本看法。在诊断过程中，人与人之间的积极的相互作用，有利于集思广益，从不同的角度全面、深入地揭示问题，解析问题的原因，探讨问题解决的策略。因此，教学诊断最重要的环境是人际交往环境，这种交往环境以积极的相互作用为特征，它应当是与人为善的、畅所欲言的、开诚布公的和富有建设性的。

3. 真诚的意见表达

诊断中的意见表达有时会影响效果，所以在陈述意见时应当实事求是，既不夸大其词，也不避重就轻，注意全面分析，持"两点论"；对于不同的人和事、不同的条件和情况要注意评断的分寸与切合性。在表述意见时最好能传达出一种鼓励的、寄予殷切期望的意思。

（二）健全工作规范

教学诊断的工作应当有一套制度来保证它经常、有效地开展。建立健全这样的工作规范当然要根据不同学校的具体情况有所侧重，但以下三方面值得注意。

1. 教学诊断应当作为教学过程的一个重要环节

教学诊断不是游离于教学过程的一个孤立的、附加的工作，从教师的教学活动过程看，它是在备课、上课、教学评价之后应有的一个程序，没有这个程序，"回馈""补救""辅导"等一系列教学活动就会无的放矢、隔靴搔痒；从学校教学管理的过程看，教学诊断是"预前控制""同步控制"之后的一种"反馈控制"措施，也为"计划—组织—检查—总结"的第二个循环做好准备。所以教学诊断要纳入学校教学和管理过程。

2. 教学诊断应当融入教学的工作体系

学校的教学工作是一个由各种具体工作联结起来的体系。无论备课、上课和教学评价，还是教研活动、教学检查、教学指导与总结，都有教学诊断融入的必要。

3. 教学诊断应当制订必要的操作规定

为了保证教学诊断的效果，教学诊断应当有大家必须遵守的制度，如时间安排、工作项目、结果形式、优劣认定等。同时要制订一些对人们在言行方面必须遵守的纪律规定。

（三）做好后续安排

为了使教学诊断能持久而有序地开展下去，要做好教学诊断的后续安排，这可以从以下三个方面考虑。

1. 把教学诊断同校本研修结合起来

校本研修是"为了学校、在学校中、基于学校"的一种新的学校建设和教师教育制度，它是以学校教师为主体的一种非专业性的、草根化的教学研究形式。教学诊断与校本研修的结合，不仅可以使发现教学中的问题、研究教学中的问题和探索教学中的问题解决更具有科学性，而且可以借助于校本研修"自我反思、同伴互助、专业引领"的机制，保证教学诊断有效进行。

2. 选择行动教育的展开模式

我国著名学者顾泠沅曾提出一个"行动教育"的校本研修模式，这一模式把教学的反思与行动的跟进结合在一起，使教学诊断有了一个很好的"用武之地"，对促进诊断产生积极效果和教师专业的发展很有启示意义。顾泠沅把"行动教育"的模式划分为三个阶段，即关注个人已有经验的原行为阶段、关注新理念支撑下的新设计阶段、关注学生获得的新行为阶段。承接这三个阶段的是专业引领下的两轮合作反思：反思已有行为与新理念、新经验的差距，完成更新理念的飞跃；反思理性的教学设计与学生实际获得的差距，完成理念向行为的转移。此后，他又根据新的试验，把原来"三个阶段，两次反思"进一步简化为"一个课例，三个讨论"。他和他的合作者进一步提出了基于课例研究的行动教育模式，旨在通过课例来整合行动研究和理论学习，避免以往行为跟进的缺失和疏忽，并认为课例研究是促进教师和研究者有效合作的载体，教师能在以课例为载体的行动研究中成长为研究者。

3. 促进教师自主取向的专业发展

教学诊断特别是教学的自我诊断是教师自我发展必不可少的一环，所以它应当在促进教师自主取向的专业发展中扎根并结出硕果。

教师的职业是一种凭借自身的学识与品行去影响人的工作，任何外力的干预都不可能使教师产生触动学生心灵的力量。因此，教师要特别注重自我的更新。"自我更新"的教师专业发展取向，要求教师在学校教育实践中依托学校情境，根据学校发展的要求和自己的实际，自觉找出教学中的问题，研究并解决它，不断地完善自己。这自然有赖于教学诊断。

我国的研究者指出，"自我更新"的教师专业发展与其他教师专业发展相比较，有如下特点：

1. 将自己的专业发展作为反思的对象。

2. 强调教师不仅是专业发展的对象，更是自身专业发展的主人。这主要体现在三个方面：一是教师拥有个人专业发展自主权，二是实现自我专业发展管理，三是能够自觉地在专业生活中自学。

3. 目标直接指向教师专业发展，即"以个人的专业结构为本，把教学工作看作一种专业，教师作为专业人员应追求个人专业结构的不断改进"。

显然，教学诊断应当成为这种自主取向的专业发展的重要支撑。

第四章

怎样进行教师的教学活动诊断

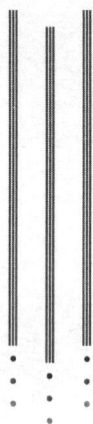

教师的教学活动大体有备课、上课、评课三个环节。对教师教学活动的诊断正是围绕这三个环节展开的。

教学是师生交往互动、共同发展的过程，是师生之间沟通的社会实践活动。学校中学科教学的作用就在于以这种活动为源泉，引发学生的文化发展[①]。教学活动包括两个子系统：教的子系统和学的子系统。从教师"教"的角度分析，教师的教学活动大体有备课、上课、评课三个环节。备课，是教师对自己的教学活动进行预先计划和准备的过程；上课，是教师灵活地执行计划、实际开展教学活动的过程；评课，是教师本人或其他评课人员对学生学习目标的达成度及其教学活动质量做出价值判断和改进决策的过程。三个环节之间的互动反映着教学效果的优劣。

对教师教学活动的诊断正是围绕这三个环节展开的。

一、 教学设计的诊断

教学设计即一般意义上讲的备课，不过它强调的是"采用系统设计教学的原理来备课"。当代著名教学设计理论家迪克和赖泽称之为"系统化备课"，他们认为："备课就是对长期或短期的教学活动做出计划，所以，备课也就是规划教学。"我国著名学者何克抗在综合多种教学设计定义的基础上提出："教学设计主要是运用系统方法，将学习理论和教学理论转换成对教学目标、教学内容、教学方法和教学策略、教学评价等环节的具体策划，创设教与学的系统'过程'和'程序'，而创设教学系统的根本目的是促进学生的学习。"[②] 教学设计实质上是对教师活动的一种事先策划，是对学生达成目标、表现出学业进步的条件和情境做出精心安排。

（一）教学设计诊断的系统分析

对教学设计的诊断首先要看是否以"系统思维"或"系统方法"来指导

---

① 钟启泉. 教学活动理论的考察 [J]. 教育研究，2005 (5).

② 何克抗. 教学系统设计 [M]. 北京：北京师范大学出版社，2002.

教学设计，这其实是诊断教师设计行为所秉持的理念。

1.采用系统方法设计教学

教学设计的"系统思维"或"系统方法"，具体来讲，是指教学设计从"教什么"入手，对学习需要、学习内容、学习者进行分析；然后从"怎么教"入手，确定具体的教学目标，制订行之有效的教学策略，选用恰当、经济实用的媒体，具体、直观地表达教学过程各要素之间的关系，对教学绩效做出评价，根据反馈信息调控教学设计各个环节，以确保教学和学习获得成功。它有两个基本含义：一是指着眼整体、统览全局，也就是说，教师在安排每一个教学活动时，心中有全局，兼顾各方面，而不是片面强调突出某一点；二是指循序操作、精细落实，这表明教学的效果来自环环相扣、扎实有效、连贯一致的教学促进行为[①]。

2.体现系统设计教学的特色

我国学者盛群力等曾概括过系统设计教学的十大特色，即：①以系统理论与方法作为其方法论基础；②更加完整合理地看待学习与教学之间的关系；③重视教学活动的循序操作；④致力于提高教师的教学素养；⑤从学习者的需要出发确立教学目标并加以具体化；⑥对教学任务进行周密分析；⑦在学习归类的基础上提出了"分类教学"原则；⑧要求教学目标与检测项目的对应匹配；⑨以达标度作为评估教学效果的主要依据；⑩强调必须精心安排教学过程。

如果将系统设计教学的功能与特色结合起来看，它有以下四大基本理念：减负增效、系统思维、以教促学、加速成长[②]。

3.选择系统设计教学的模型

盛群力教授曾介绍过戴维斯等人在《学习系统设计》中提出的一个系统设计教学的模型：

---

① 盛群力，马兰.为学生的有效学习系统设计教学［J］.人民教育，2003（12）.

② 裴娣娜.现代教学论：第三卷［M］.北京：人民教育出版社，2006：391.

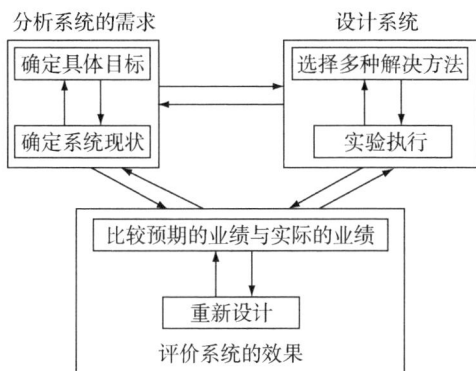

分析系统的需求　　　　　　设计系统

确定具体目标　　　选择多种解决方法

确定系统现状　　　实验执行

比较预期的业绩与实际的业绩

重新设计

评价系统的效果

系统思维与设计教学过程

1996 年教学设计专家迪克在《安排教学活动：教师指南》一书中提出了一个更加简化，更能突出要旨、强化操作的模型。盛群力教授认为，从中我们能够体会出迪克是如何做到使得该模式既反映现代教学设计理念，又便于一线教师实际使用的。

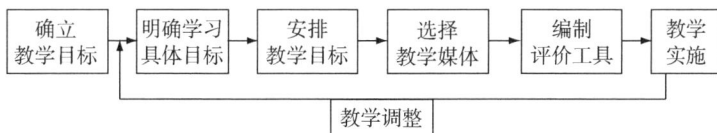

确立教学目标　→　明确学习具体目标　→　安排教学目标　→　选择教学媒体　→　编制评价工具　→　教学实施

教学调整

（二）教学设计诊断的具体内容

如果说，对教师的教学设计进行"系统分析"是对教学的设计理念、设计方法的特征、设计的操作全程进行全面的审视的话，那么，在教学设计的诊断中还要将这种"整体性"的分析具体化到一些要点上去。[1]

1. 对"备学生"的诊断——教师应了解学生的需要

所谓"备学生"就是了解学生的学习需要，其核心在于它体现为"实际是什么"与"应该是什么"两者之间的差距。只要有差距，就表明有教学问题需要解决、教学任务需要完成、学习要求需要满足。备课从了解学生的学

---

[1]　裴娣娜. 现代教学论：第三卷 [M]. 北京：人民教育出版社，2006：402－414.

习需要出发，而不是像以往那样从备教材出发，这恐怕是教育观念上的一个重大转变，即任何教学活动都要以满足学习者的学习需要为出发点和落脚点，而不是指覆盖了多少教学内容。学生的学习需要不明，就谈不上有多少教学创意和明确的教学意图。可以说，从备学生启动备课程序，是一个正确的选择。

"实际是什么"反映的是教学活动开始前学生在认知、情感态度或心理动作等方面已经达到的现有状态，这一状态标志着学生已经能做什么、说什么、写什么、读什么等等。这是学生掌握新学习任务的起点水平或前提条件。"应该是什么"反映当某一教学活动结束后，学生在认知、情感态度或心理动作方面必须达到的状态，对这种状态的把握最终会转化为确定教学任务与陈述具体学习目标。

确定"应该是什么"和"实际是什么"两者状态之间的差距，被称之为"需要分析"，这是考虑究竟有没有差距、有多大差距。假定有几种具体需要时，我们往往还要对需要满足的轻重缓急做出排序与筛选，这就是"需要评估"。

从以上的简要说明中我们可以看到，备学生，大体上包括以下方面：①了解学生学习新任务的先决条件或预备状态，这主要涉及学生在认知、心理动作技能方面是否消除了"进入"方面的障碍，做好了铺垫工作；②了解学生对目标状态是否有所涉猎、娴熟于心或是一无所知，这主要涉及学生学习新任务时是否有"中间路障"还是已经能够"长驱直入"了；③了解学生对学习新任务的情意态度，这主要涉及学生的学习愿望、毅力、动机、兴趣、时间精力投入的可能性等；④了解学生对学习新任务的自我监控能力，这主要涉及考虑学生的学习习惯、方法、策略及风格等。

对教师备学生的诊断，实际上是诊断教师对学情的把握，这是教师一系列备课活动展开的前提和依据，这种对学情的了解一般会反映在教师的教案、说课和课堂教学中。

2. 对"备任务"的诊断——教师对蕴含于教材中的"任务"做到心中有数

"备任务"的实际是确定目标状态的性质、类型和结构。当目标状态主要以教学大纲、教材为主要来源时，"备任务"与"备教材"的含义相近。不过我们要明确的是：教材内容是为完成一定的教学任务而编选的，内容是载体，任务是目的。所谓"备教材"，主要不在于分析教材内容，而是要真正把握教学任务的范围及其序列。所以"备任务"这一说法似乎比"备教材"更为贴切些。

对教师"备任务"的诊断主要有三个方面：

一是看教师是否根据学生的"现有状态"，抓住了教学目标中的"任务重点和难点"；

二是看教师是否分析了任务的不同类型，即确定了知识与技能、过程与方法、情感态度与价值观等方面的任务；

三是看教师是否做好了"任务分析"。"任务分析"历来是教学设计的重点。"任务分析"有许多细分的做法，但不妨把它分为两大类：要素式任务结构和层级式任务结构。

分析要素式任务结构相对简单，只需要做到罗列归类，不致遗漏即可。

分析层级式任务结构要确定终点任务、子任务和前提知能之间的关系，具体做法大致是：①根据对学生现有状态的了解及其对目标状态的期待，确定一个具体清晰的终点目标。②自我提问：为了达成终点目标，学生必须先掌握哪些过渡目标？③排定这些过渡目标之间的先后序列关系。④考虑每一个过渡目标下所需要支撑的前提知能是什么。⑤根据学生已经掌握的前提知能（起点行为）确定"可能的教学起始点"。⑥根据对学生情况分析，将"可能的教学起始点"转化为"真正的教学起始点"。

相关信息链接

"找出文章重点句"的教学任务分析

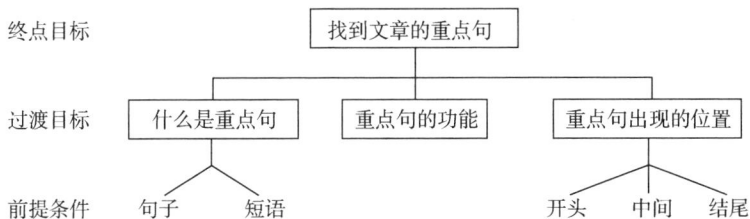

层级式任务结构分析示例

很显然，任务分析采取了自上而下的演绎途径，勾勒出将来教学自下而上、拾级攀登的蓝图。任务分析的恰当与否将直接影响着教学目标的达成效果。

3．对"备目标"的诊断——教师需全面具体地提出教学目标并正确陈述

对"备目标"的诊断主要从两方面进行：

一是教学目标能否体现"全面"和"具体"。教学目标的"全面"，是指根据教学内容的特点和学生的实际，落实"三维"目标（知识与技能、过程与方法、情感态度与价值观）的要求；教学目标的"具体"，是指教学具体目标不是笼统宽泛的教学目标、意图、范围、要求等，它具体规定了学生在教学活动结束后究竟能够表现出什么样的学业行为。

二是教学目标的陈述是否正确。教学具体目标不能用来表示教师的教学程序或活动安排，如解答学生在预习课文时提出的疑难问题。教学目标陈述的主体是学生，而且要采用可观察、可检验、可操作的句子来陈述，应包括行为、行为发生的条件和行为可接受的标准。如：不借助任何材料（条件），学生能准确无误（标准）地说出中国古代四大文学名著（行为）。不要用抽象模糊的语词，如"理解""欣赏""体会"等来陈述教学目标。教学具体目标主要应来自任务分析，应紧扣"备学生"和"备任务"所得到的信息，具体目标不能游离于任务。

4．对"备过程"的诊断——教师对实现目标的途径与策略做好策划

对"备过程"的诊断，就是检核教师事先对如何达到目标的途径、内容、策略、媒体、组织形式等做出的安排，这就是备课程序中的具体过程设计。对过程的诊断项目有以下一些：

第一，要考虑课时。

课时主要不是来自经验或教学参考书的建议，课时的确定要依据"备学生""备任务""备目标"得到的信息。课时，作为在规定的时空内所开展的教学活动单位容量，常常由若干"教学行为"模块构成。正是这些模块及其成分，保证了在相对完整的活动单位内完成相应的教学任务。

第二，要安排好教学内容。

如果以教科书作为安排教学内容的主要依据，那么，可能会有以下几种

情况：一是"托收"。这是指基本上将教科书作为教学内容全部。二是换序。这是指将教科书的前后单元、章节、主题概念、规则、实例等适当换序，以适应任务和目标的要求。三是增减。这是指将教科书的内容做必要的增加和删节，以适应任务和目标的要求。四是整合。这是指既有换序又有增减的处理，对原有的教科书做相当程度的改进。五是新选或新编。这是指基本上舍弃了原有的教科书内容，根据实际教学任务和目标的要求，新挑选或新编写教学材料。

"托收"和新选（编）是两种极端的情况，对大部分备课情境来说，也许其他三种安排方式居多。

第三，选择策略、方法和媒体。

教学策略规定了教学活动的总体风格和特征。教学策略连续统一体的两个端点分别是发现策略和接受策略，中间有不同的混合、过渡的情况。发现策略遵循的是归纳教学的途径，即案例—概念—应用（"例—规"法）；接受策略遵循的是演绎教学的途径，即概念—举例—应用（"规—例"法）。在中小学教学中很少有纯粹单一的发现策略或接受策略，常常带有混合交替的特点。更重要的是，策略的选择必须同学习的意义联系起来。

教学方法和媒体是呈现教学内容、展开教学活动的凭借。教学方法和媒体多式多样，各有优劣，总的要求是做到合理选择，优化组合，扬长避短，区分使用。

第四，选择教学组织形式。

教学组织形式是反映课堂上师生、生生之间相互作用的外部结构形式。全班教学、小组教学、个人自学三种具体教学形式反映了不同的师生、生生互动特征，我们也应该努力做到适当转换、优势互补。要防止把课堂作为个人自学场所的倾向。

第五，教学行为安排。

教学行为或教学流程就是事先大体上确定一堂课或一个单元的教学如何具体执行，其表现形式具体来说有三种：叙述式、表格式、流程图式。不管哪一种表现形式，都要重在突出教学系统各要素是如何互动的。

除以上四方面的诊断以外，教学设计诊断还要对教师的作业编制、检测指导安排以及检测题目进行分析与核查。

（三）教学设计诊断的主要方法

由于教学设计是教师上课前对教学活动的构想与筹划，它的主要工作环节是在个体头脑中进行的，因此，对教学设计的诊断一般是凭借教学设计的书面成果（教案）或设计者的表述（说课）来进行的。其诊断的方式大体有以下一些：

1. 在教学调整中的自我诊断

当代著名教学设计理论家迪克和赖泽的"系统化备课"中有一个环节叫"教学调整"。这种教学调整既有对备课计划的修订，又包括上课后从过程与结果两方面进行的反省和改进。迪克和赖泽把教学调整看成"教学过程基本成分中一个积极的、建设性的环节"[①]。

实际上，在系统化的教学设计中，应当有对教学方案的"自我评价"或"自我诊断"这项重要工作。教学设计，首先能够促使教师去理性地思考教学，同时在教学元认知能力上有所提高。只有这样，才能够真正体现教师与学生双方共同发展的教育目的。如果我们把教学设计作为一个系统来看的话，那它是一个在开发、设计、利用和评判四个方面全面研究学习过程与学习资源的"理论与实践"。在时间上，教学设计分为三个时间段，即课的准备设计、课的实施中的再次设计（即兴发挥和创造）、课后的反思性的设计修正。

对教学设计进行评价和诊断，这是教师不可或缺的元认知活动。它可以通过两条途径进行：一是在设计完成之后或设计实施之前，对自己的设计进行预测，这样能够帮助设计者在设计的实施过程中更好地应对各种突如其来的教学事件，更好地在教学活动中进行设计的二度创造。二是在教学活动之后进行的教学设计的评价，其目的在于通过实践检验总结设计的得与失。只有通过这样的反思性评价的设计，才是一个完整的、成熟和有效的设计。所以，我们讲现代教学设计不是封闭的、一成不变的，它在时空上更具有开

---

① 盛群力，褚献华，编译. 现代教学设计应用模式 [M]. 杭州：浙江教育出版社，2002：209.

放性和灵活性，也更具有先进性。

2. 在教学研究中的互动诊断

教师的教学设计是一个探究与决策的过程，这一过程放到学校的教学研究活动中进行，就可以通过人际相互作用，对参与者的教学设计做出种种推敲和评判，提出改进的建议，推动每位设计者产生积极的回应。通常这种对教学设计的互动性诊断有三种形式：

一是在集体备课中的随机性诊断。在备课小组或教研组中研究学生与教材，每位教师都陈述自己的认识和设想，相互斟酌正误优劣，分析和预测可能的后果，这是学校中比较常见又为教师所乐于接受的形式。这种诊断的效果取决于参与者能都以"问题研究"为目的，对"事"不对"人"，每个人都坦诚相见，不讳疾忌医。

二是在观课回溯中的互动诊断。上课是教学设计的实现形式，上课中出现的问题，常常是教学设计中问题的暴露。因此，通过观课和议课，回溯课堂教学中的问题，分析其存在的原因，寻找在了解学生、理解教材、运用策略和安排程序等方面应当加以改进之处，可以说是一种极为具体化的教学诊断。

三是在教案交流中的互动诊断。教案是教学设计的文本记录。通过教案的展示、交流或定期检查，可以窥见教学设计者给出的重要信息，如对教学目标的陈述、教学内容的处理、教学程序的安排、教学策略的选择、教学媒体的运用等，对这些做出考察与评量也不失为一种易行的诊断形式。

3. 在教师说课中的专门诊断

说课，就是教师以教育教学理论为指导，在精心备课的基础上，面对同行、领导或教学研究人员，主要用口头语言和有关的辅助手段阐述某一学科课程或某一具体课题的教学设计（或教学得失），并与听者一起就课程目标的达成、教学流程的安排、重点难点的把握及教学效果与质量的评价等方面进行预测或反思，共同研讨进一步改进和优化教学设计的教学研究过程[①]。说课有不同的类型，如课前说课、课后说课、评比型说课、主题型说课、示范型

---

① 周勇，赵宪宇. 新课程：说课、听课与评课 [M]. 北京：教育科学出版社，2004：18.

说课等等。无论什么类型，说课最集中的一点是"说"自己的教学设计，或是事先的构想，或是事后的反思，都会归结到对学生、对教材、对教法的认识上去，因此说课可以用于对教学设计的专门诊断。

• 说课的内容

一个完整的说课，至少包括五方面的内容①。

一说教材

说教材，就是说课者在认真研读课程标准和教材的基础上，系统地阐述选定课题的教学内容、本节内容在教学单元乃至整个教材中的地位和作用以及与其他单元或课题乃至其他学科的联系等，围绕课程标准对课题内容的要求，将三维目标化解到具体的教学环节中，确定教学的重点和难点以及课时的安排，等等。说教材时，说课者应阐明自己对教材的理解与感悟，既要说得准确，又要说出特色；既要说出共性，也要说出个性。说教材一般包括两个内容：剖析教材和课时安排。

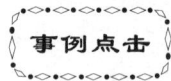

事例点击

案例：说教材（《0的加减法》）②

（苏教版小学数学一年级上册）

1. 说教材内容的地位、作用和意义

数学课程标准指出：在数与代数方面，低年级要让学生学习整数及有关运算，体会数和运算的意义，打好学习数学的基础。作为"认数与计算"的内容之一，学好本课题有关内容，不仅有助于学生巩固"0"的意义和5以内的加减法，加深对加减法含义的理解，也可为学习10以内的其他加减法奠定基础。

2. 说教材的编排特点、重点和难点

从课题内容的整体安排来看，教材充分体现了由易到难、由"实"到"虚"、由形象到抽象的安排，符合儿童的认知规律。首先，教材通过以学生生活中常见的浇花场景为例（例1），让学生借助具体情境来理解得数是"0"

① 周勇，赵宪宇. 新课程：说课、听课与评课 [M]. 北京：教育科学出版社，2004：18.
② 孟晓东. 新课程教材说课系列：小学数学一年级全一册 [M]. 南京：江苏教育出版社，2002：32.

的减法的算理。接着，通过设置例题 2 让学生来理解一个数加 "0" 的加法的原理。例题内容的设置充分体现了与学生生活实际的联系，关注了学生学习兴趣的培养和对生活中数学的感受。通过设置形式多样的 "想想做做" 练习，让学生结合观察、讨论、交流，巩固 "0" 的加减计算，从中体会和发现有关 "0" 的加减法的特性和规律，感受数学的意义和作用。

本课题重点：让学生在具体的情境中理解有关 "0" 的加减法的算理，学会有关 "0" 的加减计算。

本课题难点：让学生自己发现和体会有关 "0" 的加减法的特性和规律。

本课题教学的关键：用 "0" 来表示 "没有" 及利用加减法的含义进行教学。

3．课时建议

1 课时

可见，说教材至少可以实现以下三个目的：一是依据学习内容确定教学的重点、难点，使教学活动能做到重点突出、难点分散，解决 "教什么" 的问题；二是依据课程标准将三维目标化解到具体内容的教学过程中，有利于解决 "怎样教" 的问题；三是整体把握教材，根据学生已有的学习体验和认知特点，循序渐进地设计教学活动，为解决 "为什么这样教" 的问题提供教学参考。

二说目标

说目标，不只是宏观地阐述知识与技能、过程与方法、情感态度与价值观三个目标，还要在课程标准的指导下，就学习内容的教与学目标要求，从认知性学习目标、技能性学习目标和体验性学习目标等方面进行分层化解，阐述依托内容载体实现这些目标要求的途径与方法。说目标时要特别注意三维目标是一个有机统一的整体，它们既相对独立，又相互渗透和补充。

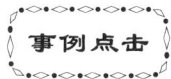

事例点击

案例：说目标（《我们周围的空气》）

（人教版九年级化学第二单元课题 1）

1．知识与技能目标

（1）了解空气的主要成分；

（2）了解氧气、稀有气体的主要物理性质和用途；

（3）初步认识纯净物、混合物的概念，能区分一些常见的纯净物和混合物。

2. 过程与方法目标

（1）通过对"测定空气里氧气的含量"实验的操作、观察与分析，了解空气的成分；

（2）通过对空气、氧气等几种常见物质的比较，了解混合物和纯净物的概念；

（3）通过对空气污染情况的调查，知道污染空气的途径及污染的危害，学会一些简单的防治方法。

3. 情感态度与价值观目标

（1）组织开展以空气污染为主题的调查活动，初步了解空气污染给人类带来的严重危害；

（2）通过介绍空气中成分气体的用途，知道空气是一种宝贵的自然资源；

（3）通过广播、电视、报纸等传媒收集本地的空气质量日报，养成关注环境、热爱自然的情感。

三说学情

说学情，就是要依据学生的年龄特征和认知规律，全面、客观地阐述学生已有的学业情况和已经掌握的学习方法，为优化教学设计提供参考。它既可以与教材一起作为教学资源加以分析，也可以单独阐述。一般地说，学情应重点关注以下三方面的内容：①已有知识和经验；②已掌握的方法和技巧；③学生的个别特点与群体状况。

四说教法

说教法，就是根据本课题内容的特点、教学目标和学生学业情况，说出选用的教学方法和教学手段，以及采用这些教学方法和教学手段的理论依据。教学的方式方法多种多样，它们存在着相互配合、优势互补的关系，而且受到教学内容、学生特点、条件设备、教师教学风格和授课时间的制约。

教法与学法是教师组织教学和学生开展学习的两种不同活动的反映，它们既相辅相成又相互促进。教为主导、学为主体，确切地道出了教学系统中这两个要素之间的关系。说教法与学法，实际就是要解决教师"教"如何为学生"学"服务的问题。

事例点击

案例：说教法学法（《一株紫丁香》）①

（苏教版小学语文二年级上册）

1. 创设情境

根据儿童的认知规律，结合教材特点，用图画再现情境，用音乐渲染情境，用语言描绘情境，唤起学生对老师的感情，与课文内容产生共鸣，从而使他们如临其境，极大地激起学习课文的兴趣，联系生活，入情入境，尽情发挥想象，释放自己的情感。

2. 自主探究

语文课程标准指出，学生是学习和发展的主体，语文教学必须根据学生的身心发展和语文学习的特点，关注学生的主体差异和不同的学习需要，爱护学生的好奇心、求知欲，充分激发学生的主动意识和进取精神，倡导自主合作、探究的学习方式。因此，在识字的过程中，教师可以采用多种形式，放手让学生自主识字。在朗读中教给学生学习方法，让学生自读自悟，自主获取知识、发现问题、体悟感情，真正成为学习的主人。

3. 朗读感悟

朗读是语文学习的重要手段，它能帮助学生理解课文内容，领悟课文情感，积累语言词汇，陶冶情操。语文课程标准中指出，阅读是学生的个性化行为，不应以老师的分析来代替学生的阅读实践。本文是一首语言清新生动、感情真挚动人的散文诗，在教学中应用更多的时间对学生进行朗读训练。多种形式的读，让学生感悟体验，再通过读来表达自己所体验到的情感。同时对学生的朗读要进行适时合理的评价，激发学生向更高的朗读目标努力。

4. 练习说话

语言是情感的载体，情感是语言的内涵。语文课程标准中指出，要尊重

---

① 孟晓东. 新课程教材说课系列：小学数学二年级全一册 [M]. 南京：江苏教育出版社，2003：30.

学生在学习中的独特体验。因此，在本课的教学中，我设计了"讲一件老师关心爱护自己的往事""如果让你去陪伴老师，你会为老师做些什么呢"等说话练习，旨在激发学生发挥丰富的想象，引导学生运用学过的语言文字表情达意，培养学生的语言表达能力。

五 说教学程序

说教学程序是说课的重点部分，因为这一过程能反映说课者独具匠心的教学安排，能反映教师的教学思想、教学个性与教学风格。也只有通过对教学程序设计的阐述，才能展现其教学安排是否科学。一般地，说教学程序应关注以下几个环节。

首先是教具准备。这部分可放到教学环节中说，也可单独列出。

其次是设计思路。设计思路，就是对教学流程主要环节的概括。例如，科学探究教学的设计思路一般可表示为：创设情境—提出问题—猜想与假设—制订计划—进行实验—收集证据—解释与结论—巩固运用。这一环节，可以单独列出，也可以隐含在教学流程中。

再次是教学流程。说教学流程，就是围绕教学设计思路，说具体的教与学活动安排及这样安排的理论依据。理论不一定要细说，只要让听者知道"教什么""怎样教""为什么这样教"就行。

最后是板书设计。

上面提到的说教法，有时也可以把它放到说教学程序中来阐述，即说明在每一个环节中具体用到哪些方法。

• 说课后的诊断

说课的诊断基本上属互动式诊断。由于教学设计的主体已经将设计的主要内容陈述出来（如果是上课后的说课，说课人也会讲到他的实践感受与教后反思），因此教学诊断是在"主客位"互动中，采用"三角分析"的方法进行，即把主体的自省同他人的评论结合起来，实现"主观了解、客观了解、人际了解"的整合。

说课后的诊断可以设定一些环节：

揭示问题。把说课中反映出的问题揭示出来是诊断的基础性工作，可以就说课的各项内容一一考察，也可以在整体联系中找出症结。只有看到症状才能确定病因。

具体分析。诊断不能泛泛而论，要针对教材、学生、教法等方面做具体而微的细化分析，与其判定好坏，不如指出认识上和操作上有什么偏差或弊病。

追索缘由。诊断在对话中进行，有利于说课人讲出自己深层的思考和操作的依据，也有利于参与诊断的人通过追问或提出请说课者进一步陈述的要求，以深入地了解个中的缘由，这样，诊断才能触及问题的实质。

多种设想。参与诊断的人不妨提出一些设想，同说课者的设计相互比较，其实这也是一种建设性意见。

实践验证。教学设计毕竟是一种构想，诊断也只是对这种构想的推究，因此，可以允许说课者重新提出教学设计方案，也可以进行不同设计的试验，让实践来检验设计的成效。

集中议题。以说课形式对教学设计进行诊断，可以是全面的诊断（对教学设计的方方面面都做出分析），也可以就某项内容或某课的一个重要方面进行研究。后一种诊断集中注意于某个议题，往往可以重点突破，牵一发而动全身。当然，这就要求说课者进行"专题性说课"，诊断者围绕这一专题做分析与深究。

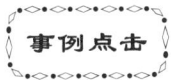

事例点击

专题性说课：《孔乙己》教学中如何引导学生欣赏人物形象①

小说《孔乙己》通过叙述孔乙己这个封建社会下层知识分子一生的悲剧，深刻地反映了封建文化和封建教育对读书人的毒害，揭露了封建社会的本质。这篇小说的教学目标是初步学会欣赏小说的基本方法，培养和提高欣赏能力。小说阅读，关键在于分析情节、环境的前提下着重分析人物形象，理解其存在的社会意义，把握主题思想。因此，在教学中，我以人物形象分析为中心，

---

① 顾存根，郭裕源. 初中语文说课稿精选［M］. 宁波：宁波出版社，2002：217—219.

根据中学生偏爱故事、活泼好动的心理特点，创造条件和机会，通过教师的点拨指导，让学生发表见解，充分发挥学生的主体作用，在探索中掌握文学作品的欣赏方法，提高欣赏能力。我将教学过程设计为"一演、二论、三悟"，以此来引导学生理解欣赏人物形象。

一演，即表演。将小说情节分为七个片段：①孔乙己到酒店喝酒，争辩"窃书不算偷"。②孔乙己过去的生活。③酒店客人奚落孔乙己没有进学。④孔乙己教"我""茴"字的四种写法。⑤孔乙己分茴香豆。⑥孔乙己因偷书遭丁举人毒打。⑦孔乙己最后一次来酒店喝酒。将学生分为七组，每组选取一个片段，咏其文，思其义，对主要人物进行深入研究，把握人物在此情节中的特点。指导学生根据环境描写分析当时的社会现状，从孔乙己的穿着打扮、言行举止来把握人物性格，从人物的服饰、语言、动作、神态来演好人物。在此基础上让学生表演，在充满情趣中再现小说情节，让学生在情境中领会人物特点。演后让学生进行自评、他评，畅谈他们是抓住人物形象的哪几点或把握住哪一性格特征来演孔乙己的，并说出理由。比如第一个情节，就要引导学生演后讲出作者是如何通过孔乙己穿长衫、排大钱、急争辩等服饰、动作、神态、语言的描写来塑造形象的，并归纳出孔乙己穷困潦倒、迂腐不堪、自命清高的下层知识分子的特点。

这一步骤设计理由有三：①表演能使学生获得一种全身心的满足，激起学生的兴趣，发挥他们的学习主动性。②学生要演好每一个片段，势必抓住人物的肖像、服饰、语言、动作等细节，并积极揣摩人物的心理活动。③学生表演后处于兴奋状态，有利于教师趁热打铁，引导他们加深对人物形象的理解，还能激起学生往下探索的欲望。这样更有利于学生轻松地把握人物形象，领会塑造人物形象的方法。

二论，即讨论。学生在表演的过程中理解了作者刻画人物的方法及孔乙己本性善良、热衷科举却屡遭失败、不愿劳动、穷困潦倒、迂腐不堪的特点，在此基础上，教师要启发学生进一步探究这个人物形象存在的意义，并由此归纳出小说的主题思想。这一步骤的设计旨在通过学生自我讨论引出答案。但初中生阅历较浅，生活经验欠缺，往往会从表面上看问题。教师应进行点拨性设疑。设疑要从人物形象存在的意义与主题的联系出发，问题宜少而精。如：孔乙己走向死亡是其自身性格所致还是另有其因？丁举人为何能够肆意毒打孔乙己？你如果见到孔乙己，也会嘲讽他吗？为什么？

这些问题讨论有利于引起学生对孔乙己这个人物形象的进一步认识，使他们由感性的认识上升到理性的思考。通过讨论、交流，可引导学生探究作者塑造孔乙己这个形象的意义及孔乙己悲剧的社会根源，从而明白鲁迅塑造孔乙己这个形象是在控诉和批判封建文化和科举制度的罪恶，揭露封建社会的世态炎凉和人们冷漠麻木的精神状态。学生在讨论中产生思想的碰撞，形成共识，加深了对小说的理解，认识到小说欣赏应抓住人物形象进行分析的重要性和必要性，充分体现了学习的主体作用。

三悟，即领悟。学生获得《孔乙己》丰富的情感体验和深刻的理性思考后，教师应组织学生再次阅读重点句段，结合讨论，引导学生概括孔乙己这一人物的特点，并由此悟出阅读文学作品的基本方法。这一过程可布置学生写心得文章。写前稍做启发：可从人物性格分析来写，可从人物描写方法分析来写，可从人物存在的意义来写，可从环境描写的作用分析来写，可从语言表达分析来写，可从情节结构分析来写，可从主题思想分析来写。如此能使学生获得对小说这一文学体裁的认识。之后教师可概括学生的意见加以肯定和总结：①阅读小说要把握故事情节，明白情节对展示人物性格、表现主题的作用。②阅读小说要分析人物形象，懂得小说以塑造人物形象为主要手段来反映社会生活，表现作者的写作意图。③阅读小说要领会典型环境描写，了解环境表现时代风貌、展示风土人情、表现人物性格、深化主题的作用。④阅读小说要理解主题，铭记主题是小说的灵魂，要深入分析把握小说的主题。

这一教学过程，使学生从感知到领悟，全力以赴，读其文，辨其言，析其理，知其法，动其情，达到教学之真谛。

（作者：刘华）

二、 课堂教学活动的诊断

课堂教学（班级授课）是教学的基本组织形式，是整个教学活动的中心环节。教师上课是将教学设计付诸实践的过程，备课的意图要在上课时贯彻实施，备课时考虑不周全的地方或课堂中出现了某种新变化，要靠教师对预案进行灵活的处理。因此，对课堂教学的诊断既要同教学设计联系起来，又要把握课堂教学活动的特点，运用专门的方法与技术，做出适当的研判。

对课堂教学活动的诊断是教学诊断最重要的部分，课堂教学可以说是整个学校教学的"窗口"。

（一）课堂教学诊断的内容

课堂是一个社会交往的舞台，课堂教学是师生相互作用的、有目的的活动，因此，对课堂教学的诊断是一个非常复杂的工作，即使是对一堂课进行分析，也涉及教学的方方面面，课堂教学诊断的内容自然也就极为丰富了。

1. 认识课堂教学情境的特点

课堂教学情境是一个复杂的情境，这是每一位诊断者都必须首先认识到的。我国学者陈瑶在总结国外学者观点的基础上将课堂的情境特点概括为以下几个方面：

课堂事件变化迅速。课堂上学生与教师的交往极其频繁，交往的形式极其丰富，课堂事件会发生同时性。课堂中尽管发生诸多事件，但是有的事件是同时发生的。

课堂事件发生的即时性。尽管教师通过教学计划对课堂已经有了周密的准备，但是课堂中随时会出现一些意想不到的问题，这时教师就应该及时处理，不应该使课堂出现时间空白。

事件流不断被中断。和上一点略有相同的是，在课堂中许多事情难以按照预定的程序进行，教师对意外或者突发事件的处理可以体现教师的专业素养和教育机智。

课堂的脉络性。课堂中的许多事件都受课堂之外因素的影响，因此，教师需要深入课堂进行长期的观察，才能够对课堂事件和行为做出正确的解释。[①]

2．明确课堂教学诊断的目的

课堂教学诊断主要靠有结构的观察（观课）来直接获得资料，可以说观课是课堂教学诊断的"切入口"和"着力点"。我国学者邵光华、王建磐曾依据观课的目的把观课分为两类：一类是以考核考评为目的的观课，一类是以教师专业发展为取向的观课[②]。他们认为，以教师专业发展为取向的观课，就是非传统的、不以考核为目的而以促进教师专业成长为宗旨的观课。

课堂教学诊断中的观课，显然是教师专业发展取向的观课。以考核考评为目的的观课同以教师专业发展为取向的观课有什么不同呢？从观课者与被观察者的关系来看，前者往往是领导或专家观课，是自上而下的一种形式；后者常常是侪辈或同类观课，即同级之间的观课，属于同事互助指导，当然也不排斥专业人员参与。从过程来看，前者似乎只有一个环节，就是观过课之后几乎没有什么讨论，常常给个评价或权威意见就完事，缺少观课后的深入的交流切磋；而后者通常有三个环节——观课前的共同准备、观课过程、观课后的共同讨论，其中观课后的讨论是重要的一环，通过讨论达到预定的观课目的，进行的讨论通常是不带有评定优劣色彩的，讨论中有充分的交流切磋。

值得注意的是，即使我们的确明了了课堂教学诊断的目的是促进教师专业发展，但在极为丰富的课堂教学表现中，我们要研究哪个方面的问题，或以什么问题为中心去定向地观察、思考与提出解决问题的思路，这也是应当充分考虑的。

---

① 陈瑶. 课堂观察指导 [M]. 北京：教育科学出版社，2002：19—20.
② 邵光华，王建磐. 教师专业发展取向的观课活动 [J]. 教育研究，2003（9）.

3．把握课堂教学诊断内容的框架

下面我们罗列出课堂教学中的内容分析框架，供大家参考。

表1　课堂教学诊断的多角度分析内容表

学科课程特点	学科教学目标	全面的目标构成与有机融合 组织了实现目标的相应活动 为促进目标达成进行评价与反馈调节
	课程与教学理念	关注每位学生的素养形成与发展 彰显本学科的育人价值 学生成为课堂学习的主体
	教材内容的组织	突出知识的要点并进行能力训练 联系现实生活和学生经验适当加工教材 整合相关的课程资源
	课程实施的效果	"双基"达到基本要求 在教学活动过程中进行方法与思维训练 学生积极参与课堂活动并有所收获
课堂教学活动	师生互动水平	教与学相互调协配合 课堂上进行多向沟通 师生之间实现经验共享
	课堂教学调控	教学有序地展开 合理选择和运用教学方法 教学组织形式灵活多样，利于学生学习
	课堂心理气氛	课堂气氛宽松而和谐 教师与学生平等交往，相互尊重 学生专注而生动活泼地学习
	学生学习方式	学生发挥自主性，动手、动口、动脑 根据教学内容进行必要的尝试与探究 师生之间、学生之间有效合作

教师教学技艺	教师的指导作用	创设促进学生学习的教学情境 积极帮助学生理解教材 步步深入，引导学生掌握学习内容
	教师的教学技能	精要的语言表达与讲授 问答与讨论能启发学习生思考 恰当地组织课堂上的演示与练习
	教师的教学手段	选择与运用适当的媒体辅助学生学习 注意现代信息技术与学科教学的整合 合理设计作业，注意课内外结合
	教师的教育机智	根据课堂变化调整教学设计 及时处理教学中的突发事件 巧妙地进行学生的个别指导

（二）以观课评课为主的诊断方法

我们知道，观察是一种伴随着思考的知觉过程。对课堂教学活动的诊断主要采用观察法，即以观察获得的第一手材料为依据进行评议分析和推论判断。这种以观课评课为主的方法，对教师的专业发展具有十分重要的意义。苏联教育家苏霍姆林斯基说过："上课和听课——自己讲课和别人讲课是最紧张、最富生气、最具有成效的科研工作。""大量地听课和分析课，才能对教师的教育学和教学法修养，对他们的学识、眼界和兴趣做出正确的结论。""分析了大量事实及其相互联系，才会取得对教育现象的发言权。"①

应当特别说明的是，除了观察法，调查法（各种座谈、个案追踪）、作品分析法、文献法、测验法都是整合在观课议课中的。

那么，怎么运用观课评课的方法呢？

---

① 苏霍姆林斯基. 苏霍姆林斯基选集：第 4 卷 [M]. 北京：教育科学出版社，2001：596.

1. 讲究"看"的艺术

一堂课是一个"全息"（全部信息）的整体，它携带的信息是极为丰富的。不同的观察者带着不同的目的走进课堂，会对同一堂课做出各式各样的解读，因此，观课者与评课首先要解决一个"看什么"的问题。从观课与评课的研究看，有两个趋势很值得注意，一个趋势是"多角度审视"，即从不同的视角和维度去分析研究一堂课；另一个趋势是"工具化的评量"，即用量化记录表或检核表之类的工具来评判一堂课。从"多角度审视"研究课，是一种由来已久的思路，如苏联教学论专家马赫穆托夫对课的分析，就不仅是"教学论结构"，还有"教学法亚结构"和"心理亚结构"。近期我国的一些研究，也提出从"教学法的角度""心理学的角度""学科特点的角度"来考察一堂课的设计。至于"工具化的评量"，从国外贝尔斯的"交互作用分析"、弗兰德斯的"互动分析分类体系"到国内各地的课堂教学评价标准，可以说开发课堂评量工具的努力从来没有停止过。

从观课者的角度说，观课所得的"收益"是很不相同的，获得收益的主观条件包括明确的目标、研究的意识、身心的投入、尊重的态度以及合适的方法与技巧等等。

• 从目的模糊到意图清晰

俗话说，"会看的人看门道，不会看的人看热闹"，不同的目的决定不同的观察技巧。下面是列举不同观察意图所确定的侧重点。

全景式观察——获取多方信息，综合进行评析；

聚焦式观察——瞄准关键问题，定向深入研讨；

搜寻式观察——发现相关线索，找出突出特点；

比较式观察——比对同类表现，探寻一般规律；

诊断式观察——厘定教学症结，解决相应问题。

带着明确的目的进入课堂观察，是获得良好效果的首要条件。

• 从假设到具体指标

观察者总是带着一种理论假设进入课堂观察，如"什么样的课算是一堂好课""课堂上教师与学生该怎么活动"等。但是，观课教师的这种理论假设往往是混沌不清和空泛不实的，因此，在进入课堂观察时，最好将种种理论假设转换为具体的观察项目或观察指标，这样，观察时就能具体而微地觅取有意义的相关信息。下面是著名学者弗兰德斯和我国学者吴康宁制作的课堂观察类目表，这是他们以课堂上师生互动为重点提出的一些观察项目。

几个结构性课堂观察的项目表

表2　弗兰德斯的师生互动观察类目系统

教师的语言	间接影响	1	接纳情感：以平和的方式接纳与清理学生的积极或消极的态度、语气，包括预料并唤起学生的情感	回应
		2	表扬或鼓励：表扬或鼓励学生的行动或行为，包括开玩笑以消解紧张，而这种玩笑不伤害第三者；点头同意，或者说"是吗"或"继续下去"	
		3	接受或利用学生的想法：清理、发展或拓展学生的看法。但若教师所言更多的是自己的看法，则归入范畴5	
		4	提问：基于教师的看法提出内容或程序方面的问题，以期学生回答	
	直接影响	5	讲授：表明内容或程序方面的各种事实或观点；表示自己的看法，做出自己的解释，或引证权威（不是学生）的观点	
		6	指令：给予指示、命令或要求，以期学生遵从	
		7	批评学生或维护权威：明言正告，以使学生的不可接受的行为动变为可接受行为；责骂学生；阐明自己所采取的行为之理；强调自身的绝对权威	
学生的语言		8	反应性说话：为了回应。由教师引发交往，或要求学生阐述，或营造情境	
		9	主动性说话：由学生主动说话。学生表明自己的看法：引出一个新的话题；自由拓展自己的观点或思想方法，比如提出一些有创见的问题；超越现存的结构	
沉默			沉默或混乱：暂时中止谈话，短时间的沉默，或短时间的混乱使得观察者无法了解交谈的内容	

南京师大吴康宁拟定的课堂观察项目列举

表3　师生课堂个体言语交往行为观察项目清单

教师													学生						
提问			答复			要求			评价			其他	回答		提问		异议		其他
方法	结论	事实	开放	中间	封闭	建议	放任	指令	肯定	两可	否定		主动	被动	求案	寻由	有	无	

表4　教师课堂口头言语互动行为（指向学生个体的）观察项目清单

判断性	描述性	论证性	15秒以下	15秒至30秒	30秒以上	接受	拒绝	中性	正反馈	负反馈	无反馈	肯定	否定	中性	快	慢	适中	专制	民主	放任	引导	控制	中性

- 从全景扫描到逐步聚焦

所谓全景扫描，就是观察者要概观全局，多角度搜录各种信息，把现象尽收眼底。当然，观察者张开的肯定是一个"理论思维"之网，这样才可能将种种现象关联、聚合起来，为下一步观察的深入打下基础。

所谓逐步聚焦，是要求观课者根据观察目的和自己的偏好，盯住某个具体的方面或某个问题，有重点地寻觅相关的信息，有主题地组织零散信息。

事例点击

聚焦学生："以学论教"评课表①

表5　"以学论教"评课表

六种状态	评估要点	A	B	C	D
注意状态	学生的目光是否追随发言者（教师、学生）的一举一动				
	学生的回答是否针对所问				
	学生的倾听是否全神贯注				

---

① 陈敬文. 评课 [M]. 福州：福建教育出版社，2005：125.

续　表

六种状态	评估要点	A	B	C	D
参与状态	是否全员全程参与学习				
	是否积极投入思考或踊跃发言				
	是否兴致勃勃地阅读、讨论				
	是否自觉进行练习（听、说、读、写）				
	有没有一些学生参与教（指点帮助别人或标新立异）				
交往状态	学生之间在学习过程中是否有友好的合作				
	师生、生生之间进行交流时是否语言得体				
	整个课堂教学氛围是否民主、和谐、活跃				
思维状态	学生的语言是否流畅、有条理，学生是否善于以自己的语言说明				
	是否敢于质疑、提出有价值的问题，并开展争论				
	学生的回答或见解是否有自己的思考或创意				
情绪状态	通过捕捉学生思维、表情变化去分析评价				
	在学生个别回答问题时，观察其他学生的反应				
	学生能否自我控制与调节学习情绪				
生成状态	是否全面投入学习				
	是否有满足、成功、喜悦等体验，对后续学习是否有信心				
	学生能否总结当堂学习所得，或提出新的问题				
评价结果	等级：　　　　　　　描述				

• 从一般了解到特点追寻

观课的效果取决于有的放矢。除了观课者的目的与偏好会影响观课者能"看"到什么以外，一堂课或一个教师所表现出来某些超乎寻常之处也可能成为观课者的兴奋点，因此，观课教师也要依据课堂的实际，去寻觅和追索某堂课或某个教师的特异之处或创新之处，这样可能使观课者有意外的收获。

167

马老师的"观课经"
一位青年教师的学习笔记

马老师是我们教研组的组长，教书教了二十五年。每当马老师提出要听我们年轻老师的课，我们又是害怕又是盼望，因为大家都说，她有一双特别能捕捉信息的眼睛，我们课堂教学中的点滴长进和微小瑕疵都会被她"点穿"。

今天，马老师在学校组织的青年教师学习会上谈了她观课的"诀窍"。她说："观课首先要有一个'打算'（目标）。我来听大家的课无非有两种打算：一是全面了解情况，二是重点研究某个问题。不管出于什么目的，总得有一个总体认识课的'思维之网'，因为即使是要研究某一个特定的问题，也应当在整体的背景上才能把握它与其他方面的联系。"

马老师先简要地介绍了她怎样全面地认识一堂课。她说，一堂课可以从三方面来分析：一是对你所教学科特点的分析，包括是否根据学科课程标准制订了明确的、可检验的目标，有没有具体操作措施来落实目标，这些措施的实效如何，当目标的达成有困难时采取了哪些补救措施；二是分析课堂教学活动，这是最重要的观察点，特别是要聚焦于学生的"学"；三是要推及教师的素养，包括教师的教学指导思想、教学技能以及教学机智等。

有位青年教师请马老师细一点儿谈怎样分析"课堂教学活动"。马老师说，课堂教学是教师与学生的双边活动，"教"是为了"学"，因此学生的活动是看的重点，课堂教学的效果也体现在"学"上。

马老师进一步谈了怎样通过学生活动去追索教师的教学观念：

首先是"扫描课堂的动态"：课堂中学生是否"动"起来了，动口、动手、动脑了吗？教师与学生如何交流沟通，他们是否在相互作用？其实这些都可一目了然。由此可以分析教师是否真正把教学看成"交往互动的双边活动"。

其次是"观察学生的投入"，包括动机的激发水平、认知的活跃程度、行为发生的范围、自我卷入的状况以及心理相容的气氛等，由此而判断教师是否认识到"学生是学习的主体和自我发展的主体"。

最后是"衡量知能的掌握"，主要是看教学的实效，看学生掌握了最重要、最基本的知识与技能没有，思想品德方面有无收益，这可以看出教师是否把教学看成"掌握课程内容的文化传递活动"。

针对有老师问"是否还要看教师怎么教"这个问题，马老师引用陶行知先生的话说，"教的法子要根据学的法子"，教师的教学展开是否有序和灵活，教学方法是否恰当和互补，组织形式是否配合与变化，教学媒体是否使用并有效，都要进行观察与分析，重要是看它适应学生的程度和促进学生"学"的效果。

2. 发挥"想"的效能

有目的、有计划的观察活动总会伴随着积极的思维。有时，我们视而不见的原因，可能就是思维的触角没有伸到那里。因此，有收益的观课不仅要"看"，而且要"想"。发挥思考的效能，是保证观课效果的重要条件。

• 由现象深入本质

课堂上出现的种种场景，都是一些现象，在现象中寄寓着什么规律性的东西呢？这需要观课者运用自己的理性思维去由浅入深、由表及里寻绎对现象的解释，提取出其中普遍的、稳定的关系和联系，因此观课者不能单纯用眼睛，更要用头脑。用我们的智慧把观察到的各种情况加以综合，对扑朔迷离、混淆不清的现象做出判断，这样才有利于我们透过表面看本质，达到科学观课的目的。

• 由结果追索到原因

我们在课堂上所看到的教师与学生的表现是一种结果，从学生的学习积极性到知识技能的掌握，从学生的活动能力到学习方法与习惯，这些表现都是教师长期工作后获得的结果。观课者要根据课堂上师生的现实表现，分析某种表现出来的结果可能是由哪些原因造成的，努力推究出一些理由，建构一种因果链，这样，观课的所得就可能比眼前之所见要丰厚得多。

• 由他人联想到自身

观课时把自己放进去，看别人时想自己，如多想想以下问题：别人的做法与自己的实践有什么相通？有什么不相宜？自己与他人比，有什么不足之处？自己有什么相异于别人之处？这样一联想，别人的东西就会很好地进入自己的经验系统，为我所用。

• 由借鉴发展到创新

观课为我们提供了很好的学习机会，能使我们开阔眼界，借鉴别人的成功经验。但是，别人上的课是与特定情境相联系的，未必适应自己的条件和学生的学情，因此，简单的移植和模仿常常不能奏效。观课者应当把所看到的东西与其他接触过的各种经验材料和场景联系起来，想想怎么把听课之所得加以丰富的扩展，加以嫁接和综合，加以改造和变通，创造出属于自己的有特色的成果来。

3. 锤炼"记"的功夫

观察最好是能一边看，一边想，一边记，把看到的稍加梳理和提炼，及时进行记录，便于以后研究和商讨。观课的记录同样决定于观课的目的和观课的方法，一般可有以下记录方式。

• 定量化的数据记载方式

这种记载方式比较适合那些事先确定观察项目的结构性观察。为了取得可靠的数据，记载时可借助于预先设计的辅助工具，填写规定的内容。这类工具如分格记载表、项目定向表、量标检核表、量化统计表等。观课记录的工具还包括录音、录像等现代技术手段。

具体的记载方法主要有：

频次记录：记所要观察的目标行为出现的次数。

时间记录：记所要观察的目标行为经历的时间长度。

等级评估记录：对目标行为的表现程度做出等级评定。

事例点击

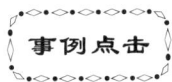

表6　小学数学课堂教学的评分表①

学校				班级		教师		
课题				时间		年　月　日　星期　第　节		
评价项目	权重	评价内容			听课记录	评价标准		评分
组织与准备	5%	1. 迅速组织学生进入学习状态 2. 精心设计和组织复习内容 3. 学生学习积极主动，参与率高 4. 时间控制在3～5分钟				优：4.5～5分 良：4～4.4分 中：3～3.9分 差：0～2.9分		
教学新知识	35%	1. 教学内容和目标符合课程标准要求 2. 教学条理清楚，重点突出，难点突破好 3. 教法灵活机智，坚持启发式，学生学习积极主动，参与率高 4. 注意在加强"双基"的同时，发展智力，培养能力，进行思想教育 5. 正确选择和使用教具、学具 6. 小结归纳及时、准确、精练 7. 时间控制在10～15分钟				优：30～35分 良：25～29.9分 中：20～24.9分 差：0～19.9分		
巩固	15%	1. 练习形式灵活多样，基本内容当堂巩固 2. 及时搜集反馈信息，及时调节矫正 3. 时间控制在5～10分钟				优：13～15分 良：10～12.9分 中：8～9.9分 差：0～7.9分		
独立作业	15%	1. 联系有针对性，有重点，有层次，有利于达到教学目标 2. 当堂独立完成全部或大部分作业 3. 注意因材施教，个别辅导 4. 时间控制在5～10分钟				优：13～15分 良：10～12.9分 中：8～9.9分 差：0～7.9分		

---

① 徐建敏，管锡基. 教师科研有问必答 [M]. 北京：教育科学出版社，2005：50－51.

续　表

教师基本功	10%	1. 专业知识扎实 2. 语言精练、准确，使用普通话 3. 组织能力和应变能力强 4. 教态自然、和蔼、亲切 5. 板书合理、工整、规范		优：9～10分 良：8～8.9分 中：6～7.9分 差：0～5.9分	
教学效果	20%	1. 当堂达到教学目标，整体结构合理 2. 课堂气氛和谐，学生思维活跃 3. 课堂作业情况良好		优：18～20分 良：16～17.9分 中：12～15.9分 差：0～11.9分	
综合评语				总评分数	

• 定性的描述记录方式

这种记录方式比较适合非结构性观察，它记录下来的是完整的事件而不是行为的数据。主要方法有：

日记记录法：是一种记录变化、发展的纵向记录。

轶事记录法：记下对观察者有价值的任何东西，而不管行为在什么时候发生。它不受时间限制，不需要特殊的情景或环境，能在任何地方进行。它也不需要特殊的编码、步骤或图表，只是简单地记录在纸上。

连续记录法：在一定时间范围内按自然发生顺序描述每一个行为事项，它比轶事记录法更完整，常为教师广泛采用。

样本描述法：按事先确定的标准，对相应的行为或事件进行详细描述。

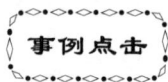

事例点击

表7　一份定性的观察记录

时间	观察到的事件	观察者的解释和疑问
10：10	教师阅读课文，眼睛始终盯着课本，没有看学生一眼	教师似乎对课本内容不熟悉
10：20	教师问了一个课本上有答案的问题（内容略），学生用课本上的答案齐声回答	教师似乎不注意鼓励学生用自己的语言回答问题

续　表

时间	观察到的事件	观察者的解释和疑问
10：30	教师问问题的时候，用自己的手示意学生举手发言。左边第一排的一位男生没有举手就发出了声音，教师用责备的目光看了他一眼，他赶紧举起了左手。所有学生举手时都用左手，将手肘放在桌子上	教师似乎对课堂纪律管理很严；绝大多数学生对课堂规则都比较熟悉
10：40	教师自己范读课文，学生眼睛盯着书本，静听教师范读	教师为什么不让学生自己先读呢？是否可以让一位学生来范读？

4. 强化"评"的作用

观课后的评议实质上是一种案例分析，其诊断作用和指导作用都十分明显。关于同事观课互助指导的效果，乔依斯和许瓦斯曾做过研究。他们让两组教师同时参与三个月的在职课程培训，其中一组在受训期间同时在校内进行同事观课的互助指导，而另一组没有。结果发现，前一组当中75％的教师能在日常的课堂中有效地应用所学的技能，而后一组中只有15％的教师能有同样的表现。斯帕克斯、辛和西弗里特在各自的研究中也发现校内同事间的互助指导远胜于其他形式。林瑞芳等的观课文化研究同样表明，同事观课有助于教师专业发展，也有利于将学校变成一个互相关怀的社群，从而有利于学校发展。

观课后的评议是以观察到的现象作为话题的一场对话，凭借不同观察者之间的各种意见交锋和观念碰撞，总结经验，吸取教训，发现规律，改进教学。评课肯定要依据一定的标准或认识的框架来作为参照，各位评课者的看法也可能见仁见智，但不论评论的内容如何，都要注意以下几点：

• 在相互作用中建构意义

人的固有的经验总是在人与人的相互作用中得到修正、提升的。对于一堂好课应当是什么样子的、怎样上好一堂课，不同的人有不同的认识，在观课后的评议中各抒己见，进行意见交换，有利于每一个参与者将一些新观念、新探索纳入自身的经验系统，通过与原有知识经验的交融，重新建构意义，形成新认识。因此，评课要鼓励每一个人充分地陈述看法，让每个人都从评议中汲取营养。着眼于建构，就要促使执教者和评议者把停留在感受中、储存在经验中、积淀在行动中的那些"默会知识"挖掘出来、显现出来、流动开来、传播起来，开发出潜在的智力资源。

• 在真诚的对话中深化认识

这里所说的"对话"，不只是言语的应答，按照雅斯贝尔斯的说法，"对话是真理的敞亮和思想本身的实现"，是一种"在各种价值相等、意义平等的意识之间相互作用的特殊形式"。它强调的是双方的"敞开"与"接纳"，是一种在相互倾听、接受和共享中实现"视界融合"、精神互通，共同创造意义的活动。评课中的"对话"，其实是一种主客位的互动，即要把执教者的说课、受教者的反应、评课者的意见联系起来，进行充分的交流和讨论，使教者、受者、观者在相互作用中获得教益，提升认识水平。课堂教学的评议应讲求真诚，就是希望每一位评议者都能处以公心、与人为善，不掩饰、不挑剔，针对问题进行研究，讨论问题解决的办法，而不是评议人物。

• 在兼容并蓄中寻求突破

评议课堂教学一定要以民主的精神、兼容的态度去对待各种意见。其实，教学的创新往往是在开放的、宽容的心境下整合有益的意见而实现的。评课要尊重差异、合理要求，对初从教的新手与熟练的专家，要求应当有所不同。执教者可能有不同的教学风格和个性差异，有各异的习惯与偏好，因此，评课要客观，把握分寸，要换位思考。评课的目的是促进创新，指出问题是为了寻求新思路、新办法，提出改进的建议，因此，评课要采用积极的建设性方式，要注重激励和引导。

（三）组织好诊断式评课

要使评课真正发挥诊断的作用，应当把评课文化作为学校组织文化建设的重要内容。我们所说的评课文化主要体现在对评课功能的认识与实践中。先进的组织文化应将评课的主要功能定位在促进教师专业发展上，而不是将评课的主要功能定位在评比与甄别上。概言之，评课应淡化"评"，突出"研究"与"发展"这两大主题①。

1. 建设自主发展型评课文化

学校的评课文化有两种类型：自主发展型与被动依从型。

就一般而言，如果学校在评课活动中，注重促使教师积极参与，有讨论，有主题，教师能自主评课，教师感受到评课促进了自我发展，就可以初步判断该校评课文化属于自主发展型。

就一般而言，如果学校在评课活动中，教师们表现出消极参与，无讨论，无主题，教师没有自主评课，教师感受到评课没有促进自我发展，就可以初步判断该校评课文化属于被动依从型。

评课文化的组织诊断参照体系如下：

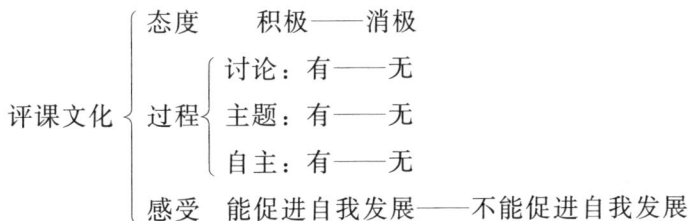

$$
评课文化
\begin{cases}
态度　积极——消极 \\
过程
\begin{cases}
讨论：有——无 \\
主题：有——无 \\
自主：有——无
\end{cases} \\
感受　能促进自我发展——不能促进自我发展
\end{cases}
$$

课堂教学诊断倡导建设自主发展型评课文化。

2. 诊断式评课的形式与方法

诊断式评课是自主发展型评课文化涵育下的一种评课方式，诊断式评课也称为教学现场分析，是诊断者有目的地观察教师教学（课内或课外，一节或几节），通过诊断，寻找教学的不足，提出改进办法。诊断式评课意在寻找教师教学中的问题，帮助教师改进教学。

• 录像评课与现场评课

录像评课是一种诊断性教学个案研究，即把每一堂课进行全程录像，然后以个人（自我）或集体（教研组）为单位，根据设计意图、教学目标，分析、研究录像的整个过程；或就某个环节、某个方面、某种方法等进行诊断式评课。评课后，执教者要根据录像整理出一份课堂教学实录，同时附上自己的评述和观后感。特别是通过录像重现，执教者可以清晰地看到整个课堂

---

① 季苹.学校文化自我诊断［M］.北京：教育科学出版社，2004：83－84.

教学的全貌（包括自己的教态、语言、教学机智、对教学重点和难点的处理、角色定位等），使执教者心灵震撼，发现自己教学中存在的不足，从而认真听取别人的意见，在以后的教学中改进。

除了录像诊断，还可以进行现场诊断，即在听课中随时发现问题，随时暂停，听课者和执教者及时探讨刚才发生的教学问题，并及时调整教学行为，这样的现场诊断教学研究也会令人受益匪浅。

• 自我诊断式评课与集体诊断式评课

诊断式评课，既可以是教师自我诊断，也可以是集体诊断，还可以是专家学者对研究人员的新教法、新模式进行诊断式评估、鉴定。自我诊断式评课是指教师对自己的教学过程和教学结果做正、反两方面的总结，以寻找教学问题。集体诊断式评课则是通过人际互动在集体中进行的评课①。

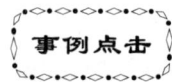

事例点击

案例1：一位教师对自己一堂课的问题诊断

参加县里青年教师新秀选拔赛，要求从一到六年级的教材中按教学进度任意抽一课时，给一个小时的时间进行备课及课前准备，然后随意抽一个班级，马上执教。我当时抽到的是《同分母分数加、减法》第一课时，备课时我想主要讲清算理，所以侧重在引导学生对算法的理解。

上课铃响后，我走进教室，先是由故事导入，接着出示例题。当同分母分数的算式一出现我便发问，一名学生非常流利地说出它的算理，其他同学对同分母分数加、减法的计算方法也答得非常好。我便又问：你们是怎么想的？一名学生用分数意义的理解非常准确地回答了。再问相关的内容，其他同学也回答得不错。当时我隐约感到学生似乎已经学过，便走下讲台看看学生的课本，发现书中圈圈点点。一问学生，原来此内容已学完。当时我脑里顿时闪过一念：怎么办？要不改改，多做练习，不再讲算理？可后面的评委会怎么看呢？他们会不会说我怎么把新授课上成了练习课呢？那样他们肯定会认为我对教材理解和处理不好。看了看评委，我心想：算了，还是不理会

---

① 陈敬文. 评课 [M]. 福州：福建教育出版社，2005：190—191.

学生的情况，按自己的意愿继续教学。于是，我仍按自己原先的设计，一环一环地继续完成。可是后面的教学活动，无论是抢答、竞猜，还是……学生都懒洋洋地配合着，没有一点儿激情。那一双双眼睛看着我似乎在说："没劲，这些我们早都会了呀，还在一直强调。真没趣啊！"我不敢直视学生，只好自顾自地讲着。时间真长啊，怎么还没下课呢？我不时看着手表，如坐针毡。……下课铃声终于响了，我不顾一切冲出教室，眼泪就掉了下来。想想学生的目光、神情，我恨自己，为什么不能随机应变？为什么要顾及那么多？课堂是师生互动的共同经历，学生既然不想学，那么设计再好又有何用呢？教学的意义何在？当时我应这样处理：让学生说说还有哪些疑难之处需要一起解决的，让学生提些值得探讨的问题一起解决完后再应用。的确，这一课时的内容原本就简单，更何况学生已学过，由此，我深刻体会到自己的课堂机智差，应变能力低。

正因为这一触动，我意识到，要想拥有一个充满活力的课堂，教育机智必须提高。教育机智是教师观察的敏锐性、思想的深刻性和灵活性及意志的果断性的有机结合，是教师优秀心理品质和高超教育技能的概括。教师为摆脱课堂困窘，直面尴尬，需有效地培养教育机智。而素质教育能否在课堂教学中真正落实好，非常重要的一点便是教师的课堂机智是否发挥得好。

案例 2：针对"两位数乘两位数"教学的教研组集体诊断

课题名称：两位数乘两位数。

课堂实录：（略）。

诊断记录：

师 1："两位数乘两位数"的教学内容在人教版的教材中我也曾经教过，两次执教的感受有很大不同。人教版教材由实物来引出算理，课堂上把指导竖式计算作为重点和难点；北师大版教材，它在新课程理念的指导下，让学生自己寻找解决问题的办法，课堂上学生的思路被打开，对于 18×11 这道题的方法使用不仅仅局限在竖式一种。

生 1：把 11 看作 10，用 18×10 求出 10 个 18，再加上 1 个 18，就是 11 个 18。

生 2：同样的道理，我可以用 $18 \times 5 + 18 \times 6$，也是 11 个 18。

生 3：把 18 看作 20，20×11 是 20 个 11。再或去 2×11，也是 18 个 11。

生 4：把 18 看作 2×9，就用 11×2×9。

生 5：同样的道理，可以用 11×3×6。

生 6：我学过 11 的巧算，两边一拉，中间一加，就可以直接得到 198。

生 7：用竖式计算。

这堂课中学生的算法如此多样，使得课堂完全开放。数学课程标准在"教学建议"中指出，要"鼓励算法的多样化"，但是算法多样化的目的是什么呢？我们只有认清这一建议所蕴含的教育理念，才能在教学实践中恰当、充分地发挥其应有功能，增强自觉性，提高我们的认识水平和实践新课程的能力。

师 2：每名学生都有自己独特的先天生理遗传和不同的家庭背景、生活经历，因此他们都有自己独特的认知基础和思维方式。这种认知上的差异不可避免地影响到儿童的学习活动，在新知建构和解决问题的过程中表现为从不同角度进行分析、思考，由此产生不同的算法。

在上例中，有的学生善于把新知识转化成旧知识去寻找解决问题的方法；有的学生有提前学习课外知识的经历，利用背景和相关知识来解决问题；有的学生则善于从事物本身的特点和内部关系出发，构造一个算法解决问题，表现出根据问题的内在关系和特点进行研究的倾向。这些不同的算法，展现出学生不同的认知个性，在一定程度上也预示了不同的发展可能性。面对这种差异，我们无法排除其产生的先天生理基础和后天社会背景。世界是丰富多彩的，我们不可能也不应该用一个统一的标准、模式去培养所有的人。我们应该尊重学生的这种个性差异，鼓励算法的多样化，让不同的学生获得不同的发展，促进学生的个性化学习。

师 3：不同的算法展示了学生不同的认知方式。如前例中有的学生的算法表现出从某一问题与其他问题的关系出发进行思考的倾向，这种独特的思考问题的角度对其他学生而言，都具有一定的启发性。而有的同学在其他同学的启发下得到了新的算法。倾听别人的想法，有利于学生感受解决问题策略的多样性与灵活性，从中受到启发，学会理解他人、欣赏他人。

不同的算法展示了学生不同的认知个性和发展水平，是教师了解学生的重要素材；同时，为学生互相交流、互相借鉴提供了材料，就像教材、学具等因素一样，成为有利于儿童学习的一种外部环境，是一种重要的课程资源。

师4：算法的多样性有利于促进学生的思维发展。这种发展可以从质和量两个方面进行：质的方面是指学生在解决问题时能有序思考，想得全，不重复，不遗漏，有规律地找出全部方法和结果；量的方面主要是指学生解决问题的策略多，方法灵活。目前我们课堂教学大都注意引导学生找出尽可能多的方法，从量的角度发展学生思维，但往往忽略了有序思维，忽略从质的方面发展。如何从质的方面发展学生的思维呢？这就需要充分利用已有的各种算法，引导学生进行反思，理清解决问题的思路。

如前例中，学生找出这么多方法来计算 18×11，教师可以引导学生对其整理、归类：第一种方法（生1和生2），把其中一个因数变成两个数的和。第二种方法（生3），把一个因数取整，再减去多加的。这两种方法都采用估算的方法，都利用了乘法的分配律。第三种方法（生4、生5），把一个因数分解成两个数的积，再分别与另一因数相乘，可以看作利用了乘法的交换律。第四种算法（生6）是巧算法。第五种方法（生7）是通常使用的竖式计算。

当然，对于低年级的儿童，我们不可能使其形成完整、清晰的认识，但我们仍可以有意识地引导他们对各种方法进行简单的反思、比较，使其对这些思路有所领悟、体会、发现，引导他们把听了别人发言所受到的触动、所产生的一些模糊想法逐步明确起来，使其获得不同程度的发展。

算法的多样化为学生进行比较、反思提供了充分的素材。通过引导学生进行反思，使多种多样的算法不再仅仅是某些学生的突发奇想，而成为按照一定方法有序思考的必然产物，从而提高学生思维质量，培养学生高水平的数学思维。

师5："马克思主义的活的灵魂，就在于具体地分析具体情况。"为什么要具体地分析具体情况呢？因为我们面临的各个具体问题，其矛盾往往具有自己的特殊性，对这类问题从整体上讲它是比较适宜的方法，而对某一个具体问题往往并非最佳的。鼓励儿童用不同的方法解答问题，有利于儿童摆脱思维方式的限制，具体地分析具体情况，根据问题的特殊性寻找最恰当的算法，防止形成机械地照搬公式或原有思路的学习倾向。

师6：重视算法的多样化，必然要求教师善于发现学生各种想法的可取之处，给学生更多的鼓励，努力调动学生的学习积极性。一些学生在大胆陈述自己的想法时，被鼓励，被肯定；一些学生在认真倾听；还有一些学生因受启发而有所领悟，急着想说些什么……思维的火花在教室里撞击、闪烁。这一切推动每一个儿童努力思考、探索、创造，享受成功的喜悦，逐步形成积极进取的良好学习心态，促进心理的健康发展。

算法的多样化作为一种具体的教学策略，集中体现了新课程的教育理念，需要我们在实践中不断探索、思考，认识其实质内涵，提高我们实践新课程的水平。当我们看到它对学生思维开发的巨大作用时，我们又怎能让我们的课堂停留在只教会学生"竖式计算"的程度上呢？

[以上案例选自陈敬文主编的《评课》]

三、 教学行为方式的诊断

按照苏联心理学家阿·尼·列昂捷夫的"活动理论"，教学活动是由一系列的教学行为、教学操作构成的。教学行为方式，是指教师在教学活动中所采取的具体操作的方法或样式，它以教师的心理活动为中介，却以一种可观察、可测定的外显行动表现出来，人们一般把它称作"教学技能"。

对教学行为方式的诊断是一种临床的"分解"式诊断，它比一般的课堂教学活动诊断更细，指向的是某种具体的操作，属"微格"的研究。如：对"讲解""提问""导入""变化"等的考察与评价就是以教学活动中的某种行为方式为对象的。这种诊断方法是一种"剖析微分子的方法"，其依据正如有的研究者所言，"教学研究的全盘宏观方法正遭失败，因而教育家应采用科学家剖析微分子的方法来作为理解复杂现象的手段"。

为了使教师教学诊断能抓住主要矛盾，解决重点问题，我们把教学行为方式的诊断确定为对教师课堂教学控调行为的诊断、对学生学习的指导行为的诊断两个方面。

（一）课堂教学调控行为的诊断

教学是一种导向目标的活动，这样的活动需要教师根据教学目标的要求，采用一系列的行为方式，确保学生学习一步步地逼近目标并最终达到目标。

1. 教学调控行为是促使教学活动有序推进的一组行为

要使教学活动围绕目标推进，就必须安排好教学的顺序，这是教育心理学家们长期探索的问题。

表8 关于教学步骤划分的一览表[①]

加涅	①引起注意；②告知目标；③回忆相关旧知能；④呈现新内容；⑤提供学习指导；⑥引发行为表现；①提供信息反馈；⑧评估行为表现；⑨强化保持与迁移
巴特勒	①动机；②组织；③应用；④评价；⑤重复；⑥概括
罗米索斯基	①引起注意与激发动机；②说明教学具体目标；③回忆与补救相关旧知能；④展开教学活动；⑤展开学习活动；⑥反馈活动；⑦学习迁移；⑧课的评价（必要时）；⑨总结与加深学习
亨特	①目标；②定向；③呈现；④示范；⑤导练；⑥检查；⑦自练
乔纳森	①示范；②指导；③支架作用
皮连生	①引起注意与告知教学目标；②提示回忆原有有关知识；③呈现经过组织的新信息；④阐明新旧知识的各种关系，促进理解；⑤指导学生复习并提供学习与记忆方法，指导或引出学生的反应，提供反馈与纠正；⑥提供知识提取的线索或提供技能应用的情境
盛群力	①指引注意，明确意向；②刺激回忆，合理提取；③优化呈现，指导编码；④尝试练习，体验结果；⑤评价反馈，调整补救；⑥强化保持，迁移扩展

---

① 裴娣娜. 现代教学论：第三卷 [M]. 北京：人民教育出版社，2006：412—413.

我国学者指出，教学顺序的确定应体现以下的意图或特色：

第一，教师教的步骤要建立在对学生的学的内部心理过程之认识上，教必须源于学，同时必须促进学。

第二，应该按照课堂上最可能出现的序列来提出教学环节或上课步骤，也就是说，它是教师安排教学活动的主要参照依据。

第三，教学环节或上课步骤往往是通用型的平台或框架，意即原则上它适用于课堂各学科、各年级教学，它既不是针对特定教学策略、特定媒体的，也不是针对特定学科内容的。当然，根据课的类型不同，教学任务、对象、内容上的差异，这些平台多少会发生一些变化。确实，我们并不否认教学环节应该具有针对性和灵活性，但这种"以变应变"的教学机智只能建立在"以不变应万变"的教学规范上。也许，这就是我们应该十分重视通用型课堂教学结构的缘由。

第四，教学环节或上课步骤要真正发挥作用，离不开备课和评课乃至说课，也就是系统设计教学。

2. 各种教学调控行为都具有一定的功能

我国学者盛群力曾将上课分为五个环节并解说这五个环节各自的功能，其所提出的上课的五个环节是：课的启动、导入、展开、调整和结束。其出发点是将教师的上课（教学）看成激发、支持和推动学生学习的外部条件，其落脚点是使得学习过程能够有效发生，学习结果能够顺利达成。下面，我们就简要地说明系统设计教学操作程序中上课五个环节的基本含义。

• 启动环节

启动环节主要是引起学生学习动机和兴趣，激发学生的好奇心和探索欲望。教师往往利用问题、演示、实验、视像画面、言语描述、体态语言等手段来创设这种情境。在课启动时，教师常常还要千方百计地吸引学生的注意力，使他们在身体上和心理上保持接受新信息的警觉，处于适度的应激状态。另外，课的启动还包括了教师将学习的目标、方式、程序安排、达标评价的形式与标准等用适当的言语告诉学生，使他们在学习一开始就能建立起应有的期望；让学生认识到他们将学习些什么。这会有助于他们将本节课与自己的生活经验联系起来，同时能激发他们表现出更大的努力。另外，交代学习目标也有助于学生从长时记忆中提取先前学过的东西进入工作记忆，以便新旧知识实现整合。

启动环节主要是非认知因素在教学中的作用，能够恰当地体现教学的目的性和"认知—情意"一体化作用。当然，除了"启动"教学的作用之外，它还对整个教学活动具有"保障"作用。

• 导入环节

导入环节的主要功能在于使新旧知识之间能顺利地过渡衔接。教师可以通过提问、检查回家作业、演示、讨论等手段帮助学生回忆与学习新知识直接相关的旧知能。这种回忆一方面起着检查的作用，同时有复习的效用。当然，在导入环节，教师要对回忆的性质、时机和数量等方面酌情把握，以有利于新任务的学习。导入环节之所以重要，是因为任何新知能的学习都离不开同学生已有的相关经验直接发生作用，离不开学生依托旧经验建构新知识的意义。

在导入环节，有时候教师往往注意到了复习刚刚学过的知识技能（例如上新课前先复习昨天学过的知识）。但是，真正重要的却是提示回忆乃至补缺同新知识直接相关的旧知能，它们可能是昨天学的，也可能是一星期前、一个月前、一学期前甚至更久远的时间学的。

• 展开环节

展开阶段是上课的主体部分，要求学生对新任务有实质性的理解。应该说，教学任务是否能顺利完成，在很大程度上同展开环节的课堂结构是否得以优化有关。展开环节教师要做以下几方面的工作。

一是优化呈现。此时教师精心组织教学内容，根据学科知识的逻辑顺序和学生接受的心理顺序合理呈现新知能。呈现时所依据的逻辑顺序是新知能（或学科内容）本身的结构特征，心理顺序是学生掌握新知能时认知建构方面的先后难易之别。我们特别强调，在中小学课堂中，教师应充分考虑首先满足学生对心理顺序的需求。因为，优化呈现的目的是保证将新课题的逻辑意义转化为学生易于接受的心理意义，将外部的信息纳入原有的或经过改造的认知结构。

二是指导编码。它的实质是要求教师根据不同的学习任务类型对学生进行有针对性的指导，帮助他们将刚刚接受的新信息结构化、意义化、形象化，有针对性且与个人经验相挂靠，从而贮存到长时记忆中去，内化为自己的智慧与品质。

三是尝试练习。当学生对新信息经过合理编码贮存之后，可以说，此时他们已初步习得（领会、理解）了新信息的实质含义。然而，这种习得还不能说是深刻透彻的，贮存也尚未达到经久不忘的程度。如果这时候教师就匆匆忙忙做"巩固"的工作，难免会产生因急于求成而错误率高和因期望过高而学习效益差的情况。所以这时候教师应通过适当的指导性练习，让每个学生都动手、动脑、动身体，尝试练习一番。借助课堂上的即时练习或讨论，一方面教师可以及时判断学生初步习得的新知能是否透彻完整；另一方面学生可以从尝试练习的结果中体验自己理解或掌握的程度。总之，系统设计教学强调尝试练习，认为不经过尝试练习，新学到的东西往往是一知半解、生吞活剥、似懂非懂的。

四是评价反馈。学生尝试练习活动必须通过形成性的、及时的评价反馈才能起到它应有的作用，否则练习的效果会大打折扣。这种评价不是用来对学生的课堂学习评等排序，而是传递某种信息，让学生知道他在尝试练习中所表现的学习行为正确与否或正确程度如何，离期望的目标还有多远。通过与预期的目标相比较，为后续的学习提供激励。

• 调整环节

既然课堂教学是一种依据目标与导向目标的实践活动，那么，课堂教学的调整不但包括了补救教学，也可能含有补充教学。补救教学是针对学生普遍存在或典型出现的错误反应或动作，从新的角度加以澄清和纠正。补充教学则往往针对原定的教学目标进行加深拓宽。不管是补救教学还是补充教学，最好是教师在备课计划中事先有所预计，因为在群体教学的环境下，课堂教学的调整常常是不可缺少的。

• 结束环节

课的结束和启动一样，虽然所占用的时间不多，却非常重要。课的结束要做的工作主要是通过"小结"和"照应"起到提炼主题、概括要旨、过渡衔接的作用。小结是反映"今天"的课与"昨天"的课之间的关系，使得学生对这一堂课学到的本领再次有一个总体印象。照应是反映"今天"的课和"明天"的课之间的关系，使得学生对下一堂课将要学习的新本领有所准备，有所预期。

课的结束还要包括课后作业，通过布置课后作业，起到知识巩固和迁移的作用。课后作业不但要精心选择，做到与目标或检测项目等对应匹配，同时要给予适当指导，提出分类要求。有了这种指导和要求，可以避免因不必要的错误而造成的无效劳动，也可以使得课后作业因人而异，减少无谓的重复劳动或无效劳动。这样做，在中小学生课后作业时间占整个一日学习时间相当比重的情况下，显得尤其重要。课后作业要么是起到巩固熟练的作用，要么是起到迁移扩展的作用，后者是在适当变化的新情境中综合运用新旧知能去解决问题。

3. 教学调控行为应表现为具体操作方式

有序推进课堂教学的调控行为，包含了许多具体的行为方式，每一种行为方式都有一定的操作要求，这是教学行为方式诊断在衡量其科学性与有效性时的重要参照。教学调控的具体行为方式主要有以下几种：

激发动机的方式。包括：设置适当的刺激情境，运用目标激励的效应，激发学生的内发需要，发挥成功的推动作用，引导学生的积极参与，等等。

导入新课的方式。包括：做好新知识学习的铺垫，采用各种"开始前教学策略"，建立新旧知识间的联系，揭示认知的矛盾以引发悬念，开展尝试学习的活动，等等。

活动变化的方式。包括：多姿多彩的教态变化，声情并茂的言语变化，相互配合的媒体变化，活泼有趣的活动变化，水乳交融的组合变化，等等。

反馈调节的方式。包括：捕捉反馈信息，选择强化方式，及时校正偏差，做好补充补救，等等。

纪律管理的方式。包括：采用预防在先的措施，选择多法并举的策略，运用规范约束的力量，教师主动积极地介入，注重课堂结构的创设，调节学生焦虑的水平，因人而异地机智处理，等等。

结束授课的方式。包括：进行概括总结，理清知识脉络，提示课后事件，做好衔接过渡，注重激情励志，鼓励探索创新，等等。

课堂教学中的交往互动与交流合作①

情境呈现

1. 一个数除以分数的教学片段

在复习完分数除以整数后，开始进入新授课内容。为了突出学生的主体探究作用，教师没有直接介绍计算方法，又由于一个数除以分数的计算法确实较难，因此教师就直接采取了小组合作讨论交流的方法。

多媒体出示：一辆汽车 $\frac{1}{2}$ 小时行驶 18 千米，1 小时行驶多少千米？

当学生列出算式后，教师布置：这道题该怎样计算呢？请同学们分组合作探究。

在这一组中，有一位学生很快提出把分数转化成小数再进行计算，有两位学生不假思索就附和；只有一位学生提出把它转化成乘它的倒数来计算，但并没有得到其他同学的认可；还有一位学生则始终没说一句话。最终少数服从多数，通过了解决方案，合作很快结束。

2.《打折》

一位教师执教六年级《打折》，在学习了有关打折的一些基本知识后，教师在练习设计中出示了下面一道开放性题目。

某旅游团共有成人 11 人，学生 7 人，他们到一个风景名胜地观光旅游，这是导游了解到的门票报价：

A. 成人票每张 30 元。

D. 学生票半价。

C. 满 20 人可以购团体票，打七折。

提问：如果你是其中一员，你会拿出什么方案？先独立计算，再分 4 人小组交流。

过了一会儿，教师看了看手表，因为离下课时间已不远了，后面还有

① 彭钢，蔡守龙. 小学数学课堂诊断 [M]. 北京：教育科学出版社，2006：98－100.

"实践模拟，延伸拓展"这一内容，于是教师非常焦急，不断在教室里来回走动，催促学生快一点儿。学生交流了不长时间，便匆匆被老师叫停，然后很仓促地进行全班交流。因为合作交流的时间不充足，全班交流时举手者寥寥无几，于是教师只能自己讲授而后急急地进入最后一个环节。

诊断与探讨

案例 1 中，教师本想通过合作交流让学生利用群体智慧探究出一个数除以分数的最佳解题方案，但在合作交流之前缺少了让学生独立思考、静思默想的过程，致使中等生、学困生在合作讨论中没有思考时间，只能成为倾听者和附和者，整个合作交流也就失去了它应有的价值。因此，讨论前的独立思考对发挥每个个体的积极性、提高小组讨论的效率起着决定性的作用。学生要参与讨论，参与探究，必须要有自己的见解和前认知能力作为基础，而个体的独立思考是无法由别人或小组来替代的。只有在学生思考到一定的程度时展开讨论，才有可能出现一点即通、恍然大悟的效果，才有可能出现观点的针锋相对和正面交锋。所以，讨论前的独立思考不是"空白"。因此，在培养学生的合作意识和创新能力时，我们也不能丢失传统的独立思考和静思默想。

案例 2 的教学设计应该是很优秀的，但合作交流因时间问题而草草收场，以至于形同虚设。首先教师完全可以舍去最后一个教学环节，而把时间放在学生充分交流上，不必过分追求教学环节的完美。试想：学生没有在小组合作中进行充分的交流，又哪会有在全班交流时的侃侃而谈？其次教师在学生合作时应积极参与。

课堂上经常有教师怕超过预定时间，怕完不成预定教案，在学生合作时没有安排充裕的时间，致使学生的合作仓促、忙乱。更有甚者，某些教师把这种合作学习当作课堂教学的点缀、"体现"课改精神的道具。这种讨论既浪费了宝贵的时间，又不利于学生对知识的掌握，实在是不可取。探究性学习必须要有充裕的时间保证，否则学生无法从容地实验、探索、交流、讨论。探究的深度不够，效果自然不好。总之，合作不能代替个体的独立学习，合作学习不能忽视教师的主导作用，合作学习应给予学生充分的交流讨论时间。

（二）对学生学习指导行为的诊断

教学是教师引起、维持与促进学生学习的所有行为，是围绕学生的学习而展开的。陶行知先生讲，教的法子要根据学的法子，这就是"以学论教"。所以，我们可以把教师在课堂上的教学方式方法都看成对学生进行学习指导的行为方式。

1. 教师的教学重在对学生的学习指导

构成课程与教学的基本要素中，教师（或教师的活动）和学生（或学生的活动）是最基本的。教学活动就是为学生组织的，没有学生，教学活动就没有存在的必要和可能；有了教师指导的教学活动才称得上真正意义上的教学活动，不然就只能算一种自学。在教学这一系统中，教师以教材为文化媒介，与学生进行着最广泛的社会性相互作用，促使学生健康成长，教师也实现了自身的发展。

由于教学过程被看作教师与学生的交往过程、互动过程，教师与学生的关系也就成为对话关系、合作关系，教师的角色也就有了新的含义——教师成为学生学习的促进者、组织者、指导者和合作者。教师在教学中所承担的多重角色，是围绕着促进学生发展、推动学生学习而定位的。无论教师在课堂中的讲授、问答、演示、板书还是学习指导，其目的都是促进学生有效学习。

从教学活动的实际情况看，教师在课堂教学中的行为，本质上是一种指导学生学习的行为。指导，既强调教师在教学中的主导作用，又反对教师无视学生主体性的强制与灌注。这正如杜威所说："指导是一个比较中性的词，表明把被指导的人的主动趋势引导到某一连续的道路，而不是无目的地分散注意力。指导表达一种基本的功能，这一功能的一个极端表现为一种方向性的帮助，另一个极端表现为调节和支配。"

2. 各种学习指导的行为方式都有其特点和功能

在一般的课堂教学中，教师指导学生学习的行为方式主要有以下几类。

• 讲授

讲授是指教师以语言为载体，向学生传输知识信息、表达思想感情、启迪学生心智、指导学生学习和调控课堂活动的一类教学行为。

讲授的功能是：组织学生已有的表象和经验，架设通往新知识学习的桥梁；揭示概念与原理的本质，促进知识的掌握；指导学生学会学习；发展他们的智能；培养和激发学生的学习动机，使他们习得一定的情感、态度和价值观。

• 提问

提问是教师运用提出问题、诱导学生质疑与回答和处理学生答案的方式来引起学生的定向的积极思考，促进学生参与学习、理解和应用知识、培养能力，了解学生的学习状况的一类教学行为方式。它是课堂教学中师生相互作用、相互交流的最常用手段之一。

提问的功能是：把学生引入"问题情境"，使他们的注意迅速集中到特定的事物、现象、专题或概念上；引导学生回忆、联系、分析、综合、概括，从而获得新知识，形成新概念；通过问题解答，能提高学生运用有价值的信息解决问题的能力和表达能力，启发他们"学会怎样学习"；可以使教师及时得到反馈的信息，不断调控教学程序，为学生提供机会，激励他们提出疑问，积极主动地参与教学活动。

• 讨论

讨论是在教师的组织和指导下，以教材中的重点、难点、疑点为话题，通过教师与学生、学生与学生之间的意见交换、经验共享、言语交流而求得共同理解和问题解决的活动。

讨论的功能：讨论是促进学生发展的一种全方位多向互动；讨论是导致"意义建构"的一种"社会协商"；讨论是合作学习的重要方法。

• 板书

板书，是教师在黑板上书写文字符号、绘图或列表，以辅助知识信息传输，揭示学习材料之间的关系和联系的一类教学行为。

在课堂教学中，板书的主要功用有以下几点：突出教学的重点和要点，帮助学生理解教材；提示教材内在联系，促进学生认知结构的建造；增加信息刺激的强度，提高学习的效率。

• 演示

演示，是指教师展示实物、标本、模型、图表等直观教具，运用数字化媒体等，进行演示实验操作和动作示范等一类行为方式。

演示的最大特点是加强教学的直观性。其功能主要是：促进学生对知识的理解和掌握；发展学生观察能力、思考能力和实践能力；激发学生的学习兴趣，培养他们科学的态度和创新精神。

- 学法指导

学法指导，是指教师在教学过程中，为发展学生的自主学习能力，引导学生进行策略学习，对学生完成课业任务、进行心智操作和调控学习行为的活动，进行指点、训练和培养的一类教学行为方式。

学法指导的功用主要表现为："教会学生学习"，开发学生的智慧潜能；培养学生收集与处理信息的能力、获取新知识的能力、分析与处理问题的能力、交往与合作的能力；充分发挥学生的积极能动性，使学生习得自主、探究与合作学习的方式；提高学生的整体素质，培养良好的个性品质。

3. 教师指导学生学习的具体操作要求

无论什么样的学习指导行为都必须表现为具体的操作方式并且符合一定的要求。对学习指导行为的诊断主要是根据这些操作方式是否符合一定规范来进行的。

讲授的要求：要注意利用学生头脑中已有的表象；联系学生切身的经验；吸引学生参与讲授的过程；讲授要与其他方法配合；尽量精要生动地表述；叙述应简洁明快，解释应清晰明确，论证要有理有据，传输可动静结合。

提问的要求：要注意挑开学生认知上的矛盾，启发学生积极思考；要创设疑难情境，激发学生探索；要培育学生的问题意识，由教师善问走向学生会问；要注重问题的质量，引导学生深入理解所学内容；要重视对学生回答的评析，尽量保护学生的主动积极性。

讨论的要求：要认真选好讨论的题目，精心组织和引导讨论的过程，及时做好讨论的总结。

板书的要求：要紧扣教材，富有目的性；要言简意赅，富有启发性；要书写优美，富有示范性；要设计独到，富有艺术性；要条理清楚，富有系统性；要突出重点，富有鲜明性；要灵活多样，富有情趣性；要有的放矢，富有针对性；要掌握时机，富有机智性。

演示的要求：认真选择好直观教具、传媒和演示实验，明确演示的目的；要做好演示前的各项准备，保证演示顺利进行并能规范操作；要善于促进直观活动与抽象思维的统一，注意演示与语言讲解的结合；要掌握好演示的时机，讲究演示的方法。

学法指导的要求：建立学法指导的内容框架；充分了解学生的学情，使学习指导适应学生心理发展水平；把传授学法的知识同培养学生的学习能力统一起来，注重一般学法同各学科学法指导的有机联系；要把教师的教学方式的转变、师生互动方式的转变同学生学习方式的转变结合起来，尽量同步进行变革；学法指导既要面向全体学生解决共性问题，又要解决特定学生的个性问题。

事例点击

怎样的提问才能点燃智慧的火花？[①]

问题呈现

案例一：有一位教师在教学《少年闰土》时问学生："同学们，'只看见院子里高墙上的四角的天空'是什么意思？"老师的这一问题如斗大的馒头，学生感到无从下口，个个一脸茫然。教师微笑着启发道："你们可以设想自己就在这样的院子里，会看到什么？"教师的这一启发还真有效。这不，有两名学生举手了。教师喜出望外，立即叫他们回答。学生说："这句话的意思是在院子里看到的天空不大。"另一个学生说："在院子里看到的东西太少了，除了高墙，就是高墙上的四角的天空。"教师听了皱眉头："不是这个意思，请大家再想想。"后来无一学生举手，教师只得照搬参考书上的标准答案。

案例二：下面是《凡卡》的教学片段。

师：同学们，凡卡告诉爷爷昨天晚上挨了一顿打，原因是什么呢？

生：因为凡卡给老板的孩子摇摇篮的时候，不知不觉睡着了，老板很生气，所以就打他了。

师：老板怎么打的呢？

———————————

① 杨九俊. 小学语文课堂诊断［M］. 北京：教育科学出版社，2006：207－208.

（学生纷纷要求发言）

生：老板揪着他的头发，把他拖到院子里，拿皮带揍了他一顿。

师：这个礼拜凡卡还挨了一顿打呢，这是怎么回事呢？

生：老板娘叫他收拾一条青鱼，他从尾巴上弄起，老板娘就捞起那条青鱼，拿鱼嘴直戳他的脸。

生：一次，伙计们捉弄凡卡，他们打发凡卡上酒店去打酒，叫他偷老板的黄瓜，老板随手捞起个家伙就打他。

师：（点点头，满意地说）大家说得真不错。你们说，凡卡学徒生活痛苦不痛苦啊？

生：（机械地说）痛苦。

案例三：教学《二泉映月》，教师先让学生欣赏二胡曲《二泉映月》，然后要求学生默读课文第5节，在书上画出介绍这首二胡曲特点的句子。

教师提问：同学们，这首曲子分几个部分？各有什么特点呢？

学生说：开始琴声委婉连绵，后来旋律升腾跌宕，步步高昂，最后舒缓而起伏，恬静而激荡。

在此基础上，教师要求学生读出这些特点，语调要富于变化。结果学生读来读去，都不尽如人意。

诊断与探讨

案例一的教师由于备课时对教学难点的突破方法没有潜心研究，引导理解句子的问题没有精心设计，结果，虽然教师进行了引导，但学生依然难以理解句子的真正含义。

案例二的教师也许为了追求课堂上的热闹，想拎起一根"藤"，让学生"顺藤摸瓜"，最后贴标签式地问学生凡卡的学徒生活痛苦不痛苦，学生嘴上说痛苦，其内心是否真的与文本产生共鸣？不得而知。

案例三的教师没有把握住教材的重点，游离于文本的主题之外。如果教师能引导学生抓住语言文字，体会阿炳通过琴声倾吐出的积淀已久的情怀（对家乡的热爱，对生活穷困和疾病折磨的哀怨，对音乐的热爱和对美好生活的向往，面对挫折不低头，敢于与命运抗争的心绪），学生就会真的受到感染，就会和阿炳"同呼吸""共命运"。

综观小学语文教学现状，不少教师虽然也知道精心设问在教学中的重要作用，但到底应在何处设问、如何设问，心中并没有底。主要存在的问题是难度过大，缺乏力度，问点不准，问题过碎。因此，要提高提问的质量，就需要认真研读课文文本，注意提问的针对性并在提问中体现创新意识。

（三）教学行为方式诊断的方法

教学行为方式的诊断，除了运用一般教学诊断的方法，如观察法、调查法、作品（业）分析法、测验法以外，还应根据教学行为方式诊断是一种"临床的微观诊断"这一特点，运用以下的方法进行分析和判断。

1. 效用分析法

如看教师的"讲"，就是看教师的讲授能否调动学生已有表象和经验，引导学生深入理解了知识，看教师在讲授的过程中指导了学生怎样学习，又相应地进行了怎样的情感态度和价值观教育。又如教师的"导入"，要看他能否激发学生的学习动机，是否使学生建立起新旧知识的联系，能否把学生带入学习情境。总之，无论什么教学行为方式，都要根据其"功能定位"去分析它是否产生了相应的效用。

2. 规范分析法

每种教学行为方式都要满足一定的要求，即要遵从一定的规范，只有按照这些操作要领去做了，才能断定是合适的。如对"提问"的诊断，就主要是看提问能否挑动学生认知上的矛盾，是否能启发学生积极思考并引导他们不断探索，是否把学生带入问题情境并启发他们质疑善问，提出的问题是否有质量等等。

3. 反应分析法

这是根据每种行为方式导致的反应来诊断行为效果的一种方法。如组织学生讨论，学生不积极参与，不发言；教师进行纪律管理，学生却根本不守秩序。这就可以判定老师的行为是无效的，就值得认真分析其原因。

4. 综合分析法

教学行为方式是一种具体的操作方式，每一种教学行为在整体教学活动中只是单一的、微观层面的构成要素之一，单一的某种教学行为方式即使很理想、很到位，也不见得整个教学活动就很合理、很有效。所以，对教学行为方式的诊断要放在整体的背景上进行分析。看各种行为方式是否为达成教学目标而相互配合、各尽其用、优势互补。

5. 深层分析法

行为方式是一种能感知到的表现，这种外在表现总有其深层原因，因此教学行为方式的诊断不能只停留在"技术"的层面去就事论事，而必须进行深层次的分析，如深入教师的教育思想和教学理念、教师所持有的"隐性假设"和"潜规则"、教师的专业素质、教师对教学内容的理解等。

（四）教学公平的微观检视

教育公平的实现是一个伴随着经济发展和社会民主化进程不断向前推进的过程。一方面，社会化大生产要求实现多阶层、普及化、多元化的教育，使现实社会中的个人逐渐具备全面发展的能力。另一方面，人的全面发展的内在性要求社会大力推进基本教育权利、教育机会保障下的更高的教育公平的充分享有。保证教育公平在更高水平上的实现，人的能力、体力、智力才能继续向前发展。

教育公平是社会公平正义的重要领域，教育公平的含义很宽泛。教学公平是践行教育公平必不可少的一环。

1. 教学公平的评估域分析

我国教育公平的评估域从强调政治、经济等"社会"的片面需求逐渐转向侧重"人"的全面发展。"新教育公平"观旨在实现以"人"为核心评估域的视角转换，主张从注重效率优先到强调公平正义，从注重教育公平的外延到关注教育公平的内涵。有研究者将以社会为核心评估域和以人为核心评估域的教育公平观的基本特征进行比较，如表9。[1]

---

① 程天君. 新教育公平引论：基于我国教育公平模式变迁的思考 [J]. 教育发展研究，2017 (2).

表9　以社会为核心评估域和以人为核心评估域的教育公平观比较

	评估域	
	社会	人
核心评估变量	出身背景，分数，能力，效率	兴趣、幸福、尊严
人、教育、社会的关系	教育是社会稳定和发展的工具，人隶属于社会，教育是社会的奴仆，社会至上	育人，人与社会互构，以人为本
教育目标	接班人，社会建设者，精英教育，单向度的人，尖子生，追求现代化（工业化为先）	人的自由、全面发展，大众化教育，和谐社会
学校模式	简单的平均主义＋重点学校	教育均衡＋特色学校
实现方式	统一的办学模式＋分数至上＋权力运作	办学多样化，自主招生

由表9可见，以社会为本的教育公平观和以人为本的教育公平观的最重要区别在于对人和社会关系的认知不同。倡导以人为本的教育公平观，将教育公平的评估域由社会转向人，并非指教育公平可以无视社会需要，而是为了淡化教育公平观过度强调社会所需而忽视人的发展。在实然的教育中，两种教育公平观没有一个严格的分割界限，其差别在于谁占主导地位。简言之，任何一种教育公平观都无法完全抹去另一种教育公平观的存在。

以上的评估域对我们认识教学公平的价值取向是很有帮助的。

2．教学过程公平聚焦：学习机会[①]

关注教育公平的研究，常常从起点公平、过程公平和结果公平三个方面展开讨论。教育起点公平是实现教育公平的前提，教育过程公平是教育公平的核心因素，教育结果公平是教育公平的最终目标和理想。作为教育公平的核心，教育过程公平的研究重点随着教育事业的不断发展而发生着变化，关注点从教育资源到学习过程。这一转变与教育事业发展的新阶段相适应，同时能够更好地促进教育精细化管理，提高教育质量。

---

① 辛涛，姜宁，王旭冉．从教育机会到学习机会：教育公平的微观视域 [J]．清华大学教育研究，2018（2）．

（1）学习机会揭示教学过程的本质

教育过程的关注点从教育资源到学习机会，更加接近教育过程的本质。以往提到教育过程公平，主要涉及教育机会，如入学机会、教育资源分配等，而很少提到与学习相关的学习机会。为了更有效地指导教学过程，国外许多学者和研究机构开始关注学习机会这个概念。学习机会涉及如课程设置、教材编写、教师教学、课堂内容覆盖等与学习密切相关的各种指标。这种转变将教育公平的关注点从教育外部的资源、投入等因素拉回到了教育内部，关注课堂上和教师教学过程中学生是否接受到了公平的学习机会，更真实地反映教学过程，更有效地给教学和教育管理提供反馈，有助于提高教育精细化管理水平。

（2）学习机会的含义

学习机会并没有一个严格的定义，研究框架也比较广泛，从它的缘起和发展可以看出，学习机会是学校提供给学生的、能够增益其学业的条件，是学生在学校能够正常学习的保障。基于这样的目的，学习机会涉及学校教学课程、教学环境、师资力量、学校管理等多方面的条件需求，旨在确保学生能够在进行标准化测试前已经学习了相关知识。它可以在一定程度上用来解释不同班级、学校或者地区学生成绩的差异。

学习机会这一概念内涵真实地反映了教育过程的本质——教育给学生提供的资源和机会，学生获得知识能力是以教育提供了足够的学习机会为前提的。学习机会标准就是用来确保学生公平地接受教育。在理想的情况下，公平的教育应该是学生学业的成功与否取决于个人的努力程度、智力高低、学习动机、学习态度等自身因素，而不应取决于是否缺少了学习机会。教育公平并不是让每一名学生达到相同的学业能力水平，而是要确保每一个学生有机会学习到相关内容。学习机会不仅是教育过程公平的真实反映和重要指标，同时因为其与学习成绩有较高的关联，学习机会的研究能够促进教育政策制定者找到高质量学校和教师的特征，进而推动教育政策制定。

（3）学习机会的认定

学习机会作为教育领域讨论的重要概念，有着比较成熟的研究框架和操作定义，已经可以转化成为有效的测量指标。国际上最初将学习机会分成两个部分：预定的课程和实施的课程。对于每一部分，学习机会就是测量计划需要学习的时间与实际参与学习的时间。在第二次国际教学调查中，学习机会包含三个方面，即计划实施的教学内容与已经实施的教学内容之间的相似程度、国家体系下课程内容的差异、同一个国家内的学校情况的差异。库埃托等人认为学习机会的框架包含四个变量：①课程覆盖，即学生在书本或作业本上做的练习数量；②一年中课堂学习时间；③教师正确反馈的练习占总练习的比例；④有认知水平要求的练习，即学生书本或是作业本上的练习是否都对认知水平有所要求。此外，尤卡也提出了一个包含三个指标的理论框架，第一个指标是不同主题在书本中所占的比例，第二个指标是关于教师是否已经教授了特定的知识，最后一个是学生课本上是否包含了学生回答问题所用到的相关知识和材料。但是，随着研究的不断深入，学习机会的框架也在发展，史蒂芬在其报告中指出，除了内容相关的变量以外，学习机会还应该包含教学指导，例如课堂教学练习等。

显然，学习机会的衡量框架对我们诊断教学公平提供了一个非常好的操作定义。

3. 教育公平机制的基本维度

推进教学公平并不是一种照章办事的临时性举措，人及其境遇的复杂性，千差万别的学校教育条件和资源环境，都使教育公平的认定难以"一刀切"。因此，从教育公平机制的建构和完善着眼，可能对我们的诊断和改进有重要的意义。

我国有研究者提出[①]，教育的多元性、高质量和丰富性等，对教育公平的内在运行机制提出了新的要求，构建教育公平的新机制成为社会发展的必然选择。通过建立平等性、差异性、补偿性和评价性四维一体的教育公平机制，现代意义的教育公平在当前中国社会的实现才成为可能。

---

① 庞君芳. 教育公平机制的四维分析［J］. 全球教育展望，2015（2）.

（1）平等维度

现代社会保障教育公平的核心是受教育权的平等性，这种平等性主要体现在教育权利平等和教育机会均等两个方面，即人人享有平等的基本教育权利，同时能够平等地接受各种受教育的机会。

第一，受教育权的平等是教育公平的基本要求。就我国而言，针对由政治、经济发展不平衡导致的教育不公平状况，出台有利于体现受教育权平等的入学政策，建立公平的入学机会保障机制、教育资源均衡配置机制、城乡教育一体化机制，完善以居住地为依据的学校教育管理机制、义务教育免费制等，都是从政策机制上保障平等受教育权的有效措施，提供受教育者平等的教育机会。

第二，教育过程的平等是教育公平的保障。"教育机会均等"意味着个体在教育过程中受到公平的对待，即个体进入不同教育渠道的机会是均等的。

鉴于我国当前的教育国情，建立以缩小城乡、区域、学校之间教育质量差别为目的的"校共体"机制，完善贫困生助学金制度、教育经费使用监管制度、优势教育资源共享制度，加强教育财政转移支付力度、对口支援扶持力度等，对促进教育过程的平等、实现教育公平具有重要的现实意义。

第三，教育结果的平等是教育公平的理想。教育公平是一种相对公平，绝对的公平是不存在的。教育中权利平等和过程平等的实现，必然包含着对教育结果平等的诉求。要求教育结果的平等在当前看来几乎是不可能的，相同的结果很难复制，教育结果只能是相对的平等，教育公平可以为教育结果提供平等的机会。但是，建立在权利平等、机会平等基础上的结果不平等也是一种平等，也是公平的、合理的。

（2）差异维度

教育公平从某种意义上讲并不是把大家拉平，因材施教是教育活动中普遍的现象。"给每一个人平等的机会，并不是指名义上的平等，即对每一个人一视同仁，如目前许多人所认为的那样。机会平等是要肯定每一个人都能够受到适当的教育，而且这种教育的进度和方法是适合个人特点的。"这种"适合个人特点"的教育就是我们通常所说的"差异教育"，它体现的是"不同情况不同对待"的原则。教育公平要求我们关注人与人之间的差异，尊重个体的个性特征。

第一，关注人与人之间的差异性。"20世纪以来的科学和哲学的发展肯定了人与人之间智力或能力的差异，但这种差异一般并不表现为好坏、高低、贵贱之间的差异，而是多样化的表现。承认差异、适应差异和多样性的平等才是真正的平等。"因此，建立、完善适合差异发展的教育公平机制，诸如选修课制度、科学的考试招生制度、公平的人才选拔制度等成为教育公平发展的时代性选择。

第二，尊重个体的个性特征。教育在关注到人与人的差异之后，还要尊重个体的个性特征。这既是人的全面发展对人在情感、能力和需要诸方面发展的要求，也是教育公平对人的自然力量、社会关系和道德风貌充分发展的推动，使人不仅成为自身的主人，拥有自由时间，而且在发展中呈现出有别于他人的内在特殊性。人的个性的发展，表征着个人有着与他人区别开来的个性，能够自由地按照自己的意志和愿望展现自身的个性魅力。

因为个体的发展具有内在独特性、多元性和丰富性，不同个体有不同内在需要。"教育的多样性是教育中差异性的表现和教育对于差异性的尊重和适应"，"教育多样性是个人完善发展所必需的"，为了充分发展个人多方面的特性，多样化是教育的唯一选择。既提供个人受教育的机会，又提供多样化的教育资源让个人进行选择，这种差异教育为教育公平价值的实现提供了依据。

（3）补偿维度

补偿原则主要是针对受教育者在政治、经济地位上的不平等提出的。根据受教育者在社会政治、经济地位上的差距，对社会经济地位中处境不利的受教育者在教育经济上予以补偿，教育资源向弱势群体倾斜，加强对教育薄弱地区的资源投入，使得弱势群体能够取得与正常群体相同的成功的机会。

第一，补偿对象：弱势群体。弱势群体的存在与社会经济发展和阶层分化相联系。教育领域的弱势群体通常是指由于历史和现实的诸多原因，从而在受教育权利、机会和资源等方面处于不利地位的群体。当前社会条件下，对弱势群体的补偿可以缩小他们与强势群体间在教育权利和机会上的差距，促进教育公平和质量的提升。

第二，补偿机制：法制保障。建立教育补偿机制，首先需要明确教育补偿的责任主体及其承担的责任范围和内容，并以法律制度形式明确；其次要建立保障弱势群体利益的教育补偿实现机制、保障机制、监督机制等。建立与社会保障机制相协调的教育补偿机制，通过补偿机制对社会弱势群体进行教育利益的补偿，为弱势群体的发展提供制度性保障，是实现教育公平的重要手段。

（4）评价维度

如果说前面三个维度是目标性维度的话，那么评价维度就是操作性维度。教育评价是根据一定的教育价值观或教育目标，运用可操作的科学手段，通过系统搜集信息、资料并进行分析、整理，对教育活动、教育过程和教育结果进行价值判断，从而为不断完善教育和教育决策提供可靠信息的过程。教育评价是对教育公平状况的监测和判断，对于改善教育不公平状况具有重要意义。

第一，评价的功能：诊断性。从教育评价的过程看，诊断贯串于评价的全过程。评价的过程其实就是一个诊断的过程。从确定评价目的到评价目标分析，从收集评价资料到评价结果判断，每一个环节都包含着诊断。教育评价是以促进改进和发展为目的的一种活动，这种评价是诊断而非甄别。

评价的诊断性功能体现在两个方面：一方面是对教育管理工作的评价。通过对教育管理状态的检查，辨别评价结果的优劣，总结教育的症结所在。另一方面是对教育对象的评价。在现实的教育过程中，它有助于教育者把教育对象适当地分置在社会生活或教育活动的展开中，正确找出妨碍个体学习发展的原因，提高个体自我教育和自我控制的能力，以及识别、控制、利用环境的能力等，从而促进教育对象的自由全面发展。

第二，评价的要求：连续性。连续性要求评价主体在对评价对象进行评价时，既要有客观整体的评价，还要有基于现实基础的发展性评价。教育在整体结构上具有层次性，在目标内容上又具有连续性。各级各类学校以及各年级之间都有衔接，这种衔接就是一种连续性的表现。这种连续性要求评价主体从发展的观点出发去评价教育成果。坚持评价的连续性要求评价主体既了解评价对象原有的发展水平，又能关注其现有的实际水平，以发展的目光对学生的学力水平进行整体性评价，在促进实际应用的基础上提高评价的效度。

科学的教育评价机制应是多元化的，具有客观性、发展性和全面性，是人性化和统整化的，是促进教育公平的重要手段和方式。

第五章

学生的学习困难如何诊断

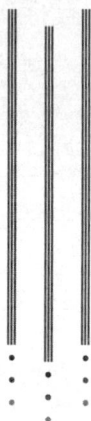

学生学习心理问题是导致学生学习困难的重要原因，而学习困难是一系列心理问题最直接、最现实的综合表现。国外有人认为，90％的学习困难儿童是教师施教不当而导致的。

学习是学生学校生活的主题，但学生在学习中往往会产生或多或少的问题。从心理健康角度对儿童和青少年进行的许多调查，都确认他们的学习心理问题十分值得关注。如程华山等人对上海市4649名中小学生的心理问题现状的调查表明，中小学生的心理问题，居前10位的是：学习动机不足、学习习惯不良、学习能力不够、注意力障碍、自控力差、自我中心、耐挫力低、学习焦虑、自卑和社交退缩。从这一调查中我们可以看到，困扰学生最多的是学习心理问题，其次是人格发展问题，再次是社会适应问题。

学生学习心理问题是导致学生学习困难的重要原因，而学习困难是一系列心理问题最直接、最现实的综合表现。国外有人认为，90％的学习困难儿童是教师施教不当而导致的。但应当说，这是一种间接而非根本性的原因，学生学习困难应当具体分析。

一、 学生学习困难的鉴别

什么叫学习困难？目前世界上有两个主流概念：一个是学习障碍（learning disabilit），另一个是学业不良（low achievement）。

学习障碍是指由于中枢神经系统功能失调，而使儿童在聆听、说话、阅读、书写、推理和数学能力方面，表现出显著的困难。例如，有的孩子常常把相近的汉字或字母（如上一下、王一玉、b—d、j—i等等）混淆。

学业不良系指学生学习成绩低下，具体又可分为：相对学业不良、绝对学业不良和成绩不足。

（一）学习困难学生的鉴别[①]

诊断前的第一步是鉴别，也就是要在众多的学生中甄别出哪些人是学习

---

① 吴增强. 学习心理辅导 ［M］. 上海：上海教育出版社，2000：211—214.

困难学生。这需要有一定的鉴别标准。

1. 学习障碍学生的鉴别

柯克根据学习障碍定义提出三条鉴别标准：差距标准、排他标准和特殊教育标准。

差距标准指个人学业或能力发展方面的内在差异，也就是个人潜力与实际表现的差距。差距标准的判定，首先需要标准化的能力测验与成就测验。测定差距的方法主要有几种：年级水准差异、期望公式、标准方法和回归分析。

年级水准差异是将学生的学业成就水平与现读年级比较，明显低于现读年级某个差距以上的，则符合差距标准。

期望公式又称为潜能和成就水平差距法。此法利用不同的公式，将预期的成就水平量化，再与学生实际的成就相比较，低于预期成就水平者，即符合差距标准。

标准方法是将学生能力测验与成就测验的分数转换成标准分数（Z分数或T分数）再行比较。

回归分析是指在一定的范围内（如一个学区），建立能力成就的常模与两者的回归关系。

尽管差距标准在各种学习障碍学生鉴别标准中占首要地位，但仍受到一些学者的批评。凯弗莱认为，差距标准是人为的概念，强调能力与成就的差距容易造成学习障碍与低成就混淆的现象，以致把许多低成就学生鉴定为学习障碍学生。另外，使用差距标准容易让人忽略学习障碍的病因。

排他标准指学习困难不是由于智能不足、感官障碍、情绪困扰或缺乏学习机会等因素所造成的。这种排他标准并不完全排斥上述障碍者可能有学习障碍的现象，若是同时并存，则须提供多种特殊教育的服务。美国的约翰逊等人在联邦政府定义之前，曾提出学习障碍鉴定的六项排他标准：

- 一般智力测验智商在90左右或以上；
- 双眼的视力值经矫正后在0.5以上；
- 两耳的听力损失不超过30分贝；
- 情绪困扰现象不是直接可以观察得到的；

- 没有明显的动作障碍；

- 家庭社会经济地位中等。

视觉、听觉和动作障碍，智能不足，情绪困扰，环境、文化或经济不利等原因造成的学习困难不可鉴定为学习障碍。

特教标准即学习障碍学生必须是无法在普通教学条件下进行学习，需要接受特殊教育服务的。贝特曼提出转介前的干预是确定此资格的方法，即在鉴定前增加转介前的干预措施，如果在原来学习环境中做适当的调整即可解决学习困难的儿童，就不符合特教的标准。

2. 学业不良学生的鉴别

我们根据对学习困难学生的界定，也提出了三条标准：

（1）智力标准。

美国学习障碍学生的鉴别标准一般将智商的下限定在 90～95，智商低于这一范围的不属于学习障碍儿童，而要划入专门的特殊教育。不过，这个标准似乎太高。

（2）学业不良标准。

这是一个相当有弹性的标准，争论颇多。我们则采用绝对学业不良与相对学业不良相结合的方法来确定学习困难学生，即以代表性较好的样本的学科统测平均分为参照标准。学科统测是根据教学大纲命题的绝对评价，而以低于平均分 25 个百分等级为划分学习困难学生的标准是相对评价。两者结合也是一种确定学业不良标准的方法。这里要注意学科测试的内容效度和样本的代表性，如果这两点或者其中的一点得不到保证，划分的结果就可能不可靠。

（3）学习过程表现异常。

学习过程是学生知觉、接收信息、加工信息、利用信息解决问题的认知过程。学习困难学生在这一过程中往往会在某些方面明显地表现出偏离常态的行为。一般来说，教师可以在平常观察到学生的这些行为。

现列举几点：①课堂学习中反应迟缓。这说明他可能在感知学习内容时有困难（如不认识字母、符号及其相应的意义），或者理解知识发生困难等。②记忆效果差。可能是在知识组织、编码、复述和精细加工等方面有问题。

③注意力涣散。表明学生在感受、选择信息方面有困难，或者是自我控制能力较差。④解题或回答问题思路混乱。可能是学生根本不理解问题，或者有较多的知识缺陷，或者缺少解决问题的技能和策略。⑤言语障碍。不能完整清晰地使用语言表达，言语发展障碍又直接影响阅读、写作与思维。⑥行为问题。课堂上屡屡违纪或干扰别人，可能是听不懂上课内容，也可能是学习态度动机问题或者其他原因。如果学生在相当一段时间（几个月或半年以上）内出现上述某些行为，则可以认定为学习过程表现异常。

具体鉴别时，要注意这三条标准的意义是不同的，在具体鉴别某个学生时，这三条标准要综合考虑。原则上，第一、二条标准是鉴别的必要条件，也就是说，鉴别是否为学习困难学生必须要符合这两条标准。第三条标准是重要的补充条件，若学生确有持续的学习过程表现异常，则可能属于稳定性学习困难学生；若学生在学习过程中没有持续的表现异常，则可能属于暂时性学习困难学生，至少可以排除学生的学习困难是由个体内因引起的。

（二）学习困难学生的分类

学习困难学生是一个庞杂的异质群体，异质性给学习困难学生的鉴别、诊断和干预带来了很大的模糊性。分类的目的是最大限度地同质化，最低限度地异质化，以提高教育的针对性。要对学习困难学生合理地分类不是一件容易的事情。一般分类总要依据一定的结构维度，而学习困难学生的异质性是多维的，任何一种维度的分类都很难将其概括；同时，分类的完全同质化也是困难的，每一种类型都不可能是纯粹的单质性。因为人是一个有机的整体，各种心理机能是相互联系、相互制约的。类型的同质性只具有相对的意义，类与类既是相对独立的，又是相互联系的。

根据相关文献资料，目前的分类方法大约有以下三种：

1. 经验描述

这种分类不需要理论框架，主要是研究者通过对学习困难学生的日常观察经验来划分类型。如有人根据学生在学习活动中的表现，将学习困难学生分为学习缓慢型、学习不得法型、外因致差型和缺少内驱力型①。这样的划分比较直观，教师也容易判定。但从分类的标准来看，这种分类得到的类型同质性较低、异质性较高。如学习缓慢型与学习不得法型的互相包容性较大，以致没有明确的界限。另外，经验分类没有一定的维度结构，几种类型可能不是同一层次上的，这在逻辑上就有矛盾。

此外，还有人把动机障碍的学习困难学生分成四类：被动型，被动应付家长和社会舆论的压力，不得不上学；随波型，不明白上学有什么具体意义，随大流；混日型，得过且过；虚荣型，学习是为了得到表扬、奖励，有时弄虚作假②。这四个类型的相互包容性也很大，如被动型的也可能是随波型的。这样分类仅仅是对现象的一种描述，尚未涉及个体的本质内容。

2. 理论推断

研究者依据一定的理论（如心理学、教育学、社会学或神经生理学等学科理论）对学习困难学生类型进行归纳。不同的学科理论背景得到的分类结果是不同的。③

梅钦斯卡娅等人着眼于教育学的理论背景，运用可接受性这个概念作为对学业不良学生的分类基础，把学业不良学生具体分为三类：第一类的特征是可接受性差，但他们有良好的学习愿望与动机；第二类的特征是动机水平低，但他们在课堂活动中有积极思维的能力；第三类特征是可接受性和动机水平都比较低。

柯克和葛拉格着眼于心理学和神经生理学的理论，将学习障碍儿童分为发展性学习障碍和学业性学习障碍两大类。在这两个主要类别之下，又分别划分成若干类型。其中发展性学习障碍有原始性缺陷和衍生性缺陷两个亚类。原始性缺陷包括：注意力缺陷、记忆力缺陷、视动协调缺陷、知觉能力缺陷等。衍生性缺陷包括：思考能力异常、语言能力异常等。学业性学习障碍有阅读缺陷、算术缺陷、拼字缺陷、书写缺陷四个亚类。对于特殊的学习困难

① 何家銍. 论中学差生的衡定标准、类型、成因及转化 [J]. 教育研究，1986 (11).
② 何敬仁. 中小学后进生形成的若干非智力因素 [M] // 朱永新. 差生心理与教育探索. 杭州：浙江大学出版社，1989.
③ 吴增强. 学习心理辅导 [M]. 上海：上海教育出版社，2000：213.

还可以进行专门的亚类分析，如阅读能力困难又分为更小的亚类。

也有些学者在对大量有关学习困难学生类型研究报告分析的基础上进行综合分类。如威廉和斯特沃斯根据学生认知与社会性发展上不同的特点，将学习困难学生分成五类：即假性学习困难、行为缺陷、言语组织缺陷、非言语组织缺陷和综合缺陷（详见下表）。他们的分类代表了相当一部分专家的共同意见。

表1　学习困难学生类型的综合分类

类型	认知与社会性特点	百分比
1. 假性学习困难	学业成就低，但智力正常 有挫折感，马虎	25%—38%
2. 行为缺陷	认知策略水平低 注意力缺损或多动症	22%—30%
3. 言语组织缺陷	语言运用与理解能力差	14%—17%
4. 非言语组织缺陷	视觉—空间—运动协调能力差 社会知觉差或退缩	11%—15%
5. 综合性缺陷	认知社会技能缺陷 加工中多重缺陷	8%—10%

3. 多元统计分析

运用因素分析和聚类分析技术是进行分类的一种重要方法。近年来，聚类分析在学习困难学生分类研究中得到越来越多的应用，这方面国内外都有许多重要的成果。这里我们介绍吴增强等人运用聚类分析方法对上海市区 353 名初中学习困难学生进行分类的研究[①]。他们把学习困难学生划分为四个主要类型：暂时性困难、能力型困难、动力型困难和整体型困难。其中后三个类型均属稳定性学习困难，与暂时性学习困难相对应。

（1）暂时性困难学生。

这类学生能力和个性特征没有偏常，但他们在学习行为上存在不少问题。

---

① 吴增强，段惠芬，沈之菲，等. 学业不良学生类型与特点的聚类分析［J］. 心理学报，1994 (1).

他们中的有些人在参加课堂活动时缺乏积极、紧张的思维，缺乏主动、兴奋的情感投入，没有积极的心理活动，就很难对学习的知识内容进行有效的加工；有些学生因一时没有掌握某些章节的知识内容造成阶段性的学习困难；有些学生则因受到外界突发事件影响（如父母闹离婚、生病、早恋、与同学关系紧张等）而情绪受到严重干扰，学习分心。针对暂时性困难学生的多种起因，教师还须做进一步的亚类分析，根据不同亚类特点，及时采取不同的措施。相对地说，这类学生的学习困难程度较轻，如果工作做得及时，比较容易转变；如果错失时机，会使这些学生的学习困难继续加重，而成为稳定性学习困难。

（2）能力型困难学生。

这类学生所占比例最少，仅为 5.7％，能力较差是他们学习上的主要障碍，而他们的动机、意志水平不低，这是他们身上十分宝贵的尚未开发的动力资源。如果教育者对这些学生嫌弃或一味训斥、惩罚，不去帮助他们分析具体的知识障碍和技能障碍，不去帮助他们改进学习方法，甚至把他们的学习困难归因于学习态度、动机，就会加重他们的学习困难。

（3）动力型困难学生。

这是占比例最高的一类，达 57.8％。他们在学习态度、动机、意志以及自我意识等方面存在较多的障碍，他们的能力更多是被动机不足所抑制。如何调动他们的积极性，帮助他们树立积极的自我概念，激发其学习动机，是对这类学生教育的关键。

（4）整体型困难学生。

他们的能力差，动机、意志、自我意识等水平低。这类学生的心理发展水平低，大多是由小学阶段持续的学习困难、知识障碍积累、基本学习技能匮乏造成的。同时，长期的学业失败使他们经常受到教师、家长甚至同伴的否定评价，这使他们产生消极情绪，缺乏自信，丧失对学习的兴趣和愿望。这类学生所占比例不高（约为 11.2％），但学习困难程度比较严重，与前述威廉的五个类型中的综合性缺陷的特征和百分比都很接近。教育上，除了改善课堂教学，还必须摸清他们的知识起点和障碍点，制订个别教育计划和目标，针对其知识与技能薄弱之处予以强化训练。这类学生在班级教学中常常处于不利的地位，常规的教学计划、内容与他们的学习水平相差甚远。个别补救教学是解决这个矛盾的一种过渡性教学策略。

需要指出的是，类型既是相对稳定的，又是动态变化的，类型内部的同质和类与类之间的异质只具有相对意义。在一定条件下，暂时性困难会变成稳定性困难，局部型困难会变成整体型困难。反之亦然。就整体型困难学生来说，他们的学习不是一下子什么都差的，而是有一个变化的起点与过程。

综合以上所述，经验描述、理论推断和多元统计分析三种分类方法在实际诊断和干预中各有千秋。经验描述没有更多的理论框架，便于一线教师掌握运用，缺点是比较粗糙。理论推断是思辨的产物，逻辑性强，但不够精确、严密。而多元统计分析，方法是严密的，但它须以合理的理论框架为前提，如果没有一种正确清晰的理论依据，就会得到不同的结论。我们认为最佳的选择是根据不同情况，灵活综合地使用这三种方法。也就是说，要将定量分析与定性分析相结合。例如，对于大样本的学习困难学生分类可以采用聚类分析技术，而进一步做亚类分析；在样本少的情况下就不能再用聚类分析，因为聚类分析在大样本条件下才有较高的效度，这时就需用理论推断或经验描述的方法。

（三）学习困难学生的特点

对于学习困难学生表现出来的心理和行为特点，学界已经进行了大量的实证研究，积累了丰富的资料。我国学者胡兴宏、吴增强等曾在《学习困难学生的特点和成因探究》中综述了国内外的研究成果，并以他们的研究为基础做了很好的梳理。

1. 智能发展的特点

学习困难学生智能特点是高级认知能力不足，但存在不同程度的潜能。研究发现，学习困难学生在言语、数理、思维、记忆、观察、空间和操作能力等方面，均与学习优、中等生存在非常显著的差异。其中在高层次认知能力（言语、数理、思维能力）方面差异最大，而低层次认知能力（观察与操作能力）方面差异较小。研究也表明，学习困难学生的确存在不同程度的潜能。他们中间能力水平在中等或中等以上的占有相当的比例：50％的学生在言语、数理和思维能力上处于中等水平，78％的学生的观察能力处于中等水平，65％的学生的记忆、空间、操作能力处于中等水平，25％的学生具有较高的智能水平。

2．认知加工特点

从信息加工论的观点看，学生的学习过程实际上是个体对外来知识信息接收、编码、储存、提取以及运用的过程。学习困难学生在这一过程中则表现出较多的障碍，如注意、记忆、问题解决等，这便是他们内部的学习障碍。

不少研究发现，学习困难学生在学习活动中表现出明显的注意缺陷，主要是选择性注意能力较差。这使他们在课堂学习中难以有效地接受知识信息，在对新知识加工的前期就产生了障碍。由于在认知加工的整个过程中始终需要注意的参与，所以注意的缺陷也直接影响他们在信息加工过程中的效果与质量。

学习困难的学生在记忆方面的缺陷表现为：感觉记忆中信息编码、提取的速度较慢，短时记忆中复述频率与复述策略水平低，长时记忆中语义编码困难。

在问题解决方面，研究发现，学习困难学生的学习策略水平明显低于学习优、中等学生。学习困难学生同学习中等生相比，他们在制订学习计划、采用有效识别方法、有重点复习、利用工具书和课后复习五个方面都存在明显差异。大多数学习困难学生一方面是不会在学习中运用这些策略，另一方面是不愿在学习中运用这些策略。当然，通过学习策略训练和指导，是可以提高学习困难学生解决问题的能力的。

学习困难学生信息加工能力与他们的知识背景有密切关系。个人的知识背景是贮存在长时记忆里的。知识背景会影响学生的编码和提取的效果。学习困难学生知识背景的主要特点是：知识背景贫乏，知识结构紊乱。知识背景贫乏使他们对外来信息加工、分类显得困难，也不利于他们在回忆时激活长时记忆中的概念图式。

元认知对整个加工过程起着控制执行的作用，是影响个体能否有效地加工信息、解决问题的关键。对学习困难学生元认知发展的研究资料表明，他们严重缺乏有关的策略知识和自我调节的知识与技能。

3. 情绪与动机的特点

学习困难学生同一般学生相比，存在着更多的情意障碍，诸如成就期望低，学习上缺乏胜任感，自卑自弃，懒散成性，畏学、厌学甚至逃学等。学习困难学生的抱负水平、求知欲、好胜心、坚持性等情意因素明显不如一般学生。

习得性无能是学习困难学生最主要的动机障碍之一，深深影响他们的成就行为。

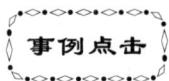

事例点击

学生习得性无能

学生的习得性无能主要表现在人际交往和学习两个方面。

1. 社交习得性无能

格茨和德威克研究了社会拒绝情境下的习得性无能。研究者在问卷中提出一系列假设的社会情境，要求被试对每个假设中的不同拒绝做出反应。如："假如你家旁边搬来一个新邻居，新来的女孩或男孩不喜欢你，这是什么原因?"……三周以后，观察每个被试在一定情境下面临同伴拒绝时的表现和反应。研究发现：

①习得性无能儿童比其他儿童在拒绝以后表现出较多消极行为，他们中的39%有社交退缩。

②习得性无能儿童比其他儿童面临困难时，更喜欢重复无效策略，或放弃有效策略。从社会动机模式分析，习得性无能儿童认为社会归因是固定不变的，他们为了避免社会归因的否定判断，故常常采取退避行为。而自主性儿童认为社会归因是可以改变的，常采取增长社会能力的学习目标，表现出社交自主的行为。

2. 学业习得性无能

学业习得性无能主要表现在：认知上怀疑自己的学习能力，觉得自己难以应付课堂学习任务；情感上心灰意懒，自暴自弃，害怕学业失败，并由此产生高焦虑或其他消极情感；行为上逃避学习，例如，选择容易的作业，回避困难的作业，抄袭别人作业乃至逃课逸学等等。学业不良学生的习得性无能不是一朝一夕形成的，而是个体在经常性的学习失败情境中习得的行为方式。其动机过程大致由两条途径发展：一是失败的信息引起消极的情感体验。因为经常失败招致教师、家长更多的批评抱怨，他们由此感到灰心、沮丧，并严重损害个人的自尊和自信，为了维持自尊便会产生消极的防御机制，其主要表现形式之一就是逃避学习。二是失败的信息通过归因的中介影响自我信念的确立，进而构成消极的自我概念。大量研究表明，学业不良学生在成就归因上存在归因障碍。

4．行为特点

学习困难学生的认知障碍、情意障碍是与其行为障碍密切联系的。因为学生的心理活动最终是通过行为表现出来的。学习困难学生比较突出的学习行为问题是不良的学习习惯（包括课堂违纪行为）和注意力失调等，而他们注意力缺损的原因是多方面的，大致有生物、环境、神经生理偏常、唤起缺陷等因素。

学习困难学生比一般学生存在更多的人格适应问题，诸如攻击、反抗行为出格、多动、不合群、孤僻、自卑等。

二、 学生学习困难的诊断方法[①]

对学生学习困难的诊断首先要深入地了解诊断对象，走进他们的内心，然后才谈得上正确的分析判断和采取有效的补救措施。对教师来说，对学习困难学生的理解、接纳和爱心是取得诊断效果的前提条件。

---

① 吴增强，沈之菲，冯永熙，等. 学校心理辅导通论：原理·方法·实务［M］. 上海：上海科技教育出版社，2004：244—250.

（一）搜集诊断对象的资料

1. 搜集的内容

要详尽地了解诊断对象，需要三方面的资料，即个人的历史资料、现状资料和背景资料。

历史资料包括学生的出生史、身体生长史、学习史等。①出生史。如母亲怀孕是否足月，母亲怀孕期间是否酗酒、抽烟或是否受过强烈精神刺激，出生是顺产、难产还是钳产，体重是否过轻，等等。出生的情况对个体后天生长会有重要影响。②身体生长史，包括健康史和生长史。健康史，如有没有得过疾病（脑炎、肺炎、小儿麻痹症、哮喘等），有没有意外事故的机体损伤（骨折、烫伤、烧伤等）。成长史，如何时开始坐起，何时开始行走，何时开口说第一个字、第一句话，有没有言语困难、行动障碍等。③学习史。指儿童入学以后的个人经历，如学习成绩何时开始落后，学习期间有没有受到重大挫折（留级、受处分、与老师关系紧张等），其间家庭有没有发生重大事件（丧父或丧母、父母离异等）。要诊断分析学习困难学生的形成原因，了解其在校经历是十分重要的方面。

现状资料包括学业状况、学习能力、学习动机、学习态度、社会技能以及兴趣特长等等。①学业状况。学生在哪些学科学习上有困难，哪些学科没有困难。在具体一门学科中，哪些单元内容有障碍，哪些单元内容没有障碍等等。②学习能力。具体指思维、记忆、观察、言语、空间判断等能力在发展上是否有偏差。③学习动机、态度。包括抱负、志向、求知欲，对学习的情绪反应（是否有厌学、畏学、过分焦虑等），对学习的信念（是否有自卑、自弃心理等）和学习习惯等方面。④社会技能。包括与人交往的能力、理解别人观点的能力、处理问题的能力等等。⑤兴趣特长。了解学习困难学生的兴趣、特长，一方面是为了发现和开发他们的潜能，另一方面可以引导学生将兴趣融于学习之中，将特长发挥于活动之中，激发他们的学习动机。收集学生的现状资料，最有价值的是学生的思想和社交圈。学生心灵深处潜藏着一些成人难以理解的密码，教师要站在学生的立场上认识学生，了解他们的喜怒哀乐，了解他们的需求。学生的社会交往背景是其社会支持系统，对其学习、生活、行为方式和价值观念的影响具有举足轻重的作用。学生的许多品行问题之所以出现，就是因为结交了不良的朋友。

背景资料包括家庭教育背景、学校教育背景、社区环境。家庭教育背景，包括父母受教育程度，父母的职业，父母对教育的态度和理解，父母对子女的教育期望、教育方法，家庭成员关系，以及父母自身的举止言谈、文化修养、业余爱好等。学校教育背景包括校风、班风、教师、同学等方面。校风、班级风气、同学关系都是能对学生学习产生影响的因素。教师方面，包括历任教师对学生的评价和影响。教师的影响包括正面影响（如该教师很受该学生的尊敬），也包括负面影响（如师生关系紧张或某教师的一次批评很伤学生的自尊心）。第三个背景资料是学生居住地的文化环境，它对学生的价值观念会产生潜移默化的影响。

2．收集的方法

收集资料的方法很多，有观察、谈话、自述、座谈、访问和心理测试等等。教育中常用的有以下几种：

现场观察。它实施方便，在任何时间和地点都可进行。它能提供具体事件的真实描述，这比事后了解和查阅资料更具体、真实和完整。特别是在自然状态下不为学生所注意，使他们不受干扰地活动，所得资料的真实性是其他方法无法比拟的。

观察法也有局限。由于观察的大多是学生的自然状态，信息的整理归类比较困难。也存在观察者偏向的影响，如观察者对被观察学生的主观态度会产生偏向，因此，几个观察者观察同一对象有时会产生观察的不一致性。教师在具体观察过程中可采取轶事记录、现场观察记录、定期记录等方法。

学生自述。自述是指学生自己叙述有关自己的事实与想法，包括自传体作文、日记、周记、思想小结、学期总结和犯错误后写的检查等。如果教师能指导学生写得具体并符合实际，避免空洞套话，那么学生的自述往往是一种有价值的资料。越是与教师关系融洽、对教师信任的学生，他们在自述中越能反映其内心世界。

同学生谈心。这是最普通、最常用的收集学生资料的方法。教师与学生谈话要根据学生不同的个性特点采取不同的方式，还要注意当时的情境，要选择一个适当的时间和地点。谈话中教师要和蔼、专注、准确地与学生沟通。和蔼给学生以亲切感；关注是对学生尊重、关切的表示，可以给学生以信任感；准确是指既要听懂对方的话，又要准确地向对方表达自己的话。

问卷与测试。这是定量收集学生资料的方法。这些方法便于统计整理以做数量的比较。问卷调查是通过被调查者回答一系列有结构的问题，了解学生各方面的情况，如学生的家庭教育情况、在校表现、在家庭表现等等。被调查者可以是家长、教师、同学，也可以是学生本人。从学生本人在问卷中的自陈，可以了解他们对父母、教师、同学以及对学习的态度与认识。测试分为学业测试和心理测试。标准化的学业测试可以了解学生具体学科的学业水平。心理测试是运用标准化的或非标准化的量表了解学生的能力倾向与个性特征的一种方法。

此外，家访、座谈也是常用的收集学生资料的方法。

（二）认真进行分析与诊断

首先是材料的整理。材料整理主要是将材料归类。

归类的第一个要求是有个结构（或提纲）。根据诊断要求，学生材料应按照其问题性质、问题特征、问题程度和问题原因分别归类。以学习困难学生为例：问题性质，比如是学业状况的问题还是学习能力的问题，是学习态度问题还是学习方法问题等等；问题特征，如外语学习困难有何特点，是记不住词汇，还是听力或语言能力较差等等；问题程度，如数学学习究竟差到什么地步，相当于几年级的水平等等；问题产生的原因，如家庭教育、同学关系、师生关系的原因等等。有了这样一个结构，归类就比较清晰，就能"纲举目张"。

归类的第二个要求是去伪存真。整理材料要注意材料的真实性，包括有关学生事件和行为、思想的真实性。事件要多方核实以避免误传。对反映学生行为和思想的材料，研究者要尽量克服主观偏向，做到客观地审视这些材料。

归类的第三个要求是去粗取精。学生材料中有相当一部分是谈话、访问记录、自述、轶事记录等定性资料，其中，有关内容与无关内容混杂在一起，这就需要删去无关内容，精选有关内容。

其次是分析判断。分析判断是诊断的核心，要抓住三点：

1. 分析学生问题形成的原因

大体上可以从个体内部因素（如智能、个性、身体等）和个体外部因素（如家庭教育情况、学校教育教学情况、大众传播媒介的影响等）来寻找原因。但事实上，学习困难学生的形成是多种原因交织作用的结果。诊断就是要分析出最初的起因是什么，最重要的原因是什么。这需要比较充分地了解学生过去的历史，弄清问题的来龙去脉。

2. 透过现象看实质

实质反映了事物更为深层的原因或属性。它需要研究者有一定的洞察力。例如，厌学、畏学情绪是一种现象，但为什么畏学、厌学，各人背后的原因不同。有的学生是缺乏意志力，有的学生是学习态度不端正，有的是懒惰成性，有的则因学业经常失败而自卑、自弃等等。诊断就是要分析判断出学生实质的问题。

3. 抓住主要问题

学生身上的问题往往不是单一的，而是一种综合症状。例如，知识基础差、学习技能低、学习习惯不良、学习态度不端正，或者还有人格适应不良和行为问题等等。每个学生的问题各有侧重，抓主要问题，就是要找到影响各个学生学习的主导性因素。例如：某学习困难学生冯 X，从表现看问题不少，如知识基础差、阅读能力低、学习不专心、作业粗心等等，但进一步分析，研究者发现她的主要问题是两个——学习中思维活动强度不够和依赖性过重。这样就可以围绕这两点有针对性地制订教育干预方案。

要准确地诊断，研究者主观上要具备三个条件，即思维加工能力、理论知识和经验背景。缺乏思维加工能力，就难以找到事物的因果联系；缺乏理论知识，就不能科学地归纳问题；缺乏经验，就会影响对现象的洞察力。

从客观上看，准确的诊断还必须借助于高质量的诊断量表。这就如同医生借助先进的医学检测仪器可以更准确地诊断病人的病情。理想的诊断工具应该既有较高的效度、信度，又兼有简便易行的优点。但事实上两者很难兼顾，这是一个迫切需要研究解决的问题。

（三）选择具体的诊断技术

常用的具体诊断技术有行为分析、作品分析、能力诊断，以及教育会诊等等。

1. 行为分析

课堂行为分析。学生在校的主要活动场所是课堂，学生课堂行为往往反映了其身上的学习障碍。利用事先设计的课堂行为观察记录所获得的资料，可以分析学生如下行为：①对教师讲课的反应。有些学生似乎也在听教师讲课，但对教师讲课内容反应迟缓或者毫无反应。究其原因，一种可能是听不懂，有知识障碍；另一种可能是分心，思想不集中。究竟属哪一种，教师要具体分析。②课堂作业时的反应。学习成绩好的学生常常能有效地完成课堂作业；学习困难学生则常常很难完成课堂作业，有时为了表明自己不落后也会胡乱做一通，或者随声附和。这个问题的症结，一方面是学习困难学生的学习基础差，另一方面是课堂上统一的教学要求使他们难以适应。③不安定的课堂表现。包括心神不定、随便讲话、做小动作、骚扰邻座、起哄等不良课堂表现。这方面的原因就更多了，可能是自控能力差；或因与老师关系紧张，存心作对；或是其他原因。④回答问题的表现。有些学生怯于回答问题，上课总是默不作声，可能是起因于学习退缩倾向；有些学生回答不得要领或语无伦次，则可能在问题理解或言语表达上有问题。

学生日常行为问题分析。这可以通过日常观察来诊断，一般教师比较容易掌握。以下列举几种：①行为失调的症状是：好斗，憎恨别人，发脾气，不顺从，对抗，不礼貌，鲁莽，不合作，不体谅别人，吵闹，总要支配别人，盛气凌人，不诚实，说谎，说话低级下流，妒忌，猜忌，挑剔，责备，依赖别人，不能承担责任，戏弄别人，否认错误，易生气，自私，等等。②焦虑—退缩的症状是：过分焦虑，害怕，紧张，胆怯，忸怩，退缩，孤独，不愿交友，沮丧，悲哀，烦恼，过于敏感，容易受伤害，自卑，感到自己微不足道，缺乏自信心，容易激动，常常哭，等等。③不成熟的症状是：注意广度不够，不能集中注意，常做白日梦，手脚不灵活，动作不协调，缺少活力，精力不济，常常昏昏欲睡，对事物缺少兴趣，缺乏坚持性，做事不能有始有终，脏乱，不整洁。④社会性攻击的症状是：结交不良伙伴，偷窃别人的东西，打架斗殴，恃强欺弱，破坏公物，忠于坏朋友，逃学，离家出走。对于有上述症状的学生，教师还应参考其历史资料与背景资料进行综合分析诊断。

学生在课堂上的表现多种多样，教师要善于把学生各种异常表现归类，找出其症结所在，这便是教育诊断的技能。

2．作品分析

这是指通过对学生自述性材料和作业的分析，了解学生的内心世界和实际存在的学习障碍。

事例点击

1．与老师说悄悄话
——一名成绩较差的初二学生的作文

我并不是一个好学生，但我也有自己的理想，我希望自己能成为一个了不起的警察，对付那些社会渣滓，让他们受到应有的惩罚……我想在初二这一关键的一年里好好地拼一拼，我要为自己的理想而好好读书，考进自己理想的学校——××美术学校，然后去当兵。如果不能当兵，我就把头发剪短，做个假小子去少林寺学武功，空余时间练书画……我要办一个"陈×美术展览馆"，里面放满我的美术作品，并让我的侦探所成为上海滩最有实力的侦探所。

从这篇自述材料中，我们可以看到这名学生自尊心很强，对自己未来充满幻想，尽管理想飘忽不定，但从中可以发现她的兴趣，便于教师进一步诊断她的问题。

2. 一名学生的作业错误分析

$$
\begin{array}{ccccc}
564 & 722 & 821 & 954 & 349 \\
-472 & -519 & -431 & -233 & -123 \\
\hline
112 & 217 & 410 & 721 & 226
\end{array}
$$

这名学生做的五道题中有两道题答对、三道题答错。仔细分析发现，他总是用大数减去小数，而不管哪一个数在上面，这种错误类型叫"大数减小数"。可见，准确诊断了学生的作业错误，针对错误类型进行补救教学，可以使他的这一学习困难迎刃而解。

作业错误分析还可以帮助教师了解全体学生的学习情况，以便发现问题及时调整教学策略。例如，一名初一年级数学教师对班级数学作业错误分析中发现学生在三道因式分解题中错误率明显不同。第一题错误率为 4%，第二题是错误率为 10%，第三题错误率为 40%。第一题比较简单，套套公式即可，绝大多数学生都能做对；第二、三题错误率大大上升，是因为解这两题还需做适当的转换。这表明学生的问题整合能力较弱，应适当予以训练。

3. 能力诊断

对于学习有困难的学生可以采用各种学习能力的诊断（包括阅读、言语、拼写、计算等）。一般可用学科成就测验与诊断检测表进行诊断。例如，阅读能力诊断，可以先用阅读水平测验测定学生的阅读水平等级，再用阅读诊断量表诊断学生的具体阅读障碍。下表是美国学习障碍儿童研究专家编制的阅读诊断量表，可供参考。找到具体阅读障碍还可做进一步的能力诊断。例如：某学生词汇遗忘较突出，则要进一步查明该生的记忆力如何；某学生阅读速度慢，则要检测其知觉信息能力有何问题；某学生阅读句子不完整，则要注意其对信息编码、组织能力如何。

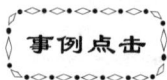

事例点击

表2　阅读诊断量表

阅读障碍细目	经常发生	有时发生	偶尔发生
1. 逐字阅读			

续　表

阅读障碍细目	经常发生	有时发生	偶尔发生
2. 句子错误			
3. 发音错误			
4. 重复句子			
5. 基本词汇不识			
6. 视觉扫描慢			
7. 猜字			
8. 缺乏完整性			
9. 不能利用提示线索			
10. 阅读速度慢			
11. 不能浏览			
12. 对困难的材料不能调整阅读速度			
13. 嘴唇运动次数少			
14. 词汇遗忘			

言语能力诊断可参照以下项目：

①讲话口吃；②不能有条有理地陈述事情，不能将句子组成一个意群；③说话句子不连贯；④不能理解笑话、双关语和讽刺语；⑤不理解抽象的词；⑥理解词义狭窄，不知道词的多重含义；⑦不能连贯、完整地讲一个故事，只能零碎、单一地描述与自己有关的日常琐事。我们发现有些学习困难学生平时很会讲话，但课堂上正式表达常常语无伦次，或表现出上述障碍。

计算能力诊断可以参照下列项目：①不能记住数学公式；②数字与符号联系困难；③空间图形概念混淆；④解应用题困难；⑤心算能力差；⑥口算能力差。

4. 出声思维诊断

人的思想活动总是默默地进行的，它借助于不出声的内部语言。学生完成一道数学题的思维过程中，他通过哪些内部心理操作来完成是别人无法直接观察到的，而事后询问所得到的回答又常常是不完整、不十分准确的。克服这种困难的一个有效的方法是让他出声思考，使学生的思维过程外部言语化。这样就可以直接观察他的思维过程，知道他解决问题时的依据、步骤，在什么地方出现障碍或差错，是什么原因等。利用这种方法诊断之前应对被诊断学生进行足够的训练，以便他们能较顺利地进行思考。诊断时，给被试者一个思维作业，比如一道数学题或一篇短文阅读，让他们用出声思考来完成，同时用录音机录下他们的口述。如果被试者在进行过程中发生停顿，诊断人员可以问他在想什么，但一般不应提出问题，以免干扰被试的出声思考。

5. 教育会诊

这是由班主任、任课老师、辅导人员等参加的对需要辅导的学生进行集体诊断的一种方法。有时可以吸收家长、有关的同学甚至学生本人参加。会诊之前，应该将有关学生的材料分发给会诊者，便于事先准备会诊意见。会诊时，先由主诊者扼要介绍学生情况，然后请与会者充分发表意见，分析学生的主要问题、产生原因、可以运用的有利条件，讨论与制订教育干预方案等等，最后达成比较一致的会诊意见。会诊内容是多方面的，可以对一个学生的问题会诊，也可以对某一类学生的问题会诊；可以是综合性的问题，也可以是某一专门的问题（如某一学科的学习、某种不良倾向等）。

教育会诊的优点之一是能比较全面地反映学生的问题。会诊者大多应是某门学科的教师，他们可以分别从该学生在本门学科的表现情况来分析问题。这样便于其他会诊者掌握学生的全貌，包括长处与短处。教育会诊的优点之二是能够形成比较适切、完善的会诊意见。

在对学习困难学生做好诊断之后，接下来就是进行辅导和干预，也要采用一些专门的技术，如行为矫正、情绪辅导等等，在此不赘述。

三、 学科学习困难的诊断

前面我们已经述及，在我国的教育背景下，人们一般把学习困难与学习不良联系在一起，把学习困难界定为：智力正常且有适当的学习机会的学龄儿童，由于环境或自身等方面的原因，在学业成就方面明显落后于同龄儿童，达不到相应教学要求的现象。从学生学习困难表现的实际情况看，通常表现为具体学科的学习困难，而且不同的学生有不同的学科学习困难，因此，对学生学习困难的诊断，应具体分析学生在不同教学内容的学习中的各种问题。这里主要以语文、数学为重点进行分析。

（一）以能力的知识观作为诊断的重要依据

对学生学科学习困难的诊断，能力的知识观可以给我们一把钥匙。

我们知道，皮连生教授曾提出了一个学习公式，从内部的、直接的因素方面揭示了导致学习困难的原因，他指出影响学生学习成绩的主要因素有三个：智商水平、原有知识基础、动机水平。根据学习困难的定义，可将智商水平排除在导致学生成绩不良的因素之外。于是，导致学生学习困难的原因就剩下原有知识基础和动机水平这两个内在的直接因素。

在知识和动机两个因素之中，更为重要、更为根本的是知识。这里的知识是现代认知心理学所讲的广义的知识，包括陈述性知识、程序性知识和策略性知识。现代认知心理学认为，人类的一切后天习得的能力都是由知识构成的，可以用广义的知识来解释人类习得的能力[1]。从这一观点看，广义的知识是能力的构成成分，缺少了知识，便不具备能力。用加涅的话讲，知识是能力的必要条件，而学习动机则不是能力的组成成分，虽具有强烈的动机，如果缺乏必要的知识，依旧表现不出相应的能力。动机相当于加涅所讲的支持性条件。和动机相比，知识是导致学生学习困难的最根本原因。奥苏伯尔说："影响学生学习的唯一最重要的因素，就是学习者已经知道了什么。"[2] 因此，能力的知识观认为，人类之所以具有一些习得的能力，是因为具有了相关的知识；人类表现不出一定的能力，是因为缺乏相关的知识；人类表现出错误的能力表现，是因为具有不适当的知识的缘故。现代心理学的一些研究证实了上述论断。

---

① 皮连生. 教育心理学：第三版 [M]. 上海：上海教育出版社，1997：63，47.
② 皮连生. 教育心理学：第三版 [M]. 上海：上海教育出版社，1997：63，47.

（二）运用任务分析技术进行学习诊断

任务分析是一个重要的教学设计环节，是对学生能达成教学目标的原有基础、必要条件、支持性条件所做的分析，从而揭示出教学得以施行的先行条件。分析的结果既可以用来指导教师安排教学内容及其顺序，选择相应的教学方法，也可以在学生未达成目标的情况下用来诊断学生学习上的缺陷。任务分析所做的工作，从另外一个角度看，都是围绕学生学习困难的因素展开的。分析学生的原有知识基础，分析学生达到目标的必要条件，本质上都是在找出学生知识上的缺陷。

换言之，任务分析描绘了学生能力的蓝图，在学生能力表现出问题时，就可以对照这张蓝图，按图索骥，找出问题的根源所在。

1. 任务分析的要义

任务分析作为一种教育设计的技术，是在研究课程内容和学生情况后对完成教学任务所必须掌握的先决条件进行的分析。它要解决的问题是：确定完成新的学习任务所必需的学习准备；分析从学生已有的学习准备到完成新的学习任务之间要铺垫哪些过渡性的目标或从属性的技能，才能逐步"逼近"目标；分析先前获得的哪些智慧技能（特别是概念和规则的学习）可以支持新的学习任务的完成。任务分析中，一般将为达到终点目标而必须先行掌握的过渡性目标称为"使能目标"。

从国内外对学习任务分析的界定看，任务分析有以下一些共同的特点。

第一，任务分析是对教学目标或学习任务（教学任务）进行分解的过程。这里的分解是将复杂的整体分解为简单的组成部分。

第二，任务分析还是一个分类的过程。这里的分类是将复杂的学习任务分门别类地归入学习规律已经阐明的心理学类别中，如知识、技能、态度等。找到合适的类别以及该类别学习的规律，就可以"顺藤摸瓜"找到促进学习的教学措施。

第三，任务分析还是一个对分解出的子成分进行排序的过程。分解出的子成分不可能同时教学，必须根据它们之间的关系以及与终点目标的关系确定教学顺序。

以上三个方面是任务分析最突出的特点，由此导致任务分析可以决定与实现教学目标相关的三个重要问题：教什么、按什么顺序教、用什么方法教。教什么——教构成教学目标的子成分；按什么顺序教——按安排好的子成分的顺序教；用什么方法教——根据教学目标涉及的心理学类别及其习得规律选择教学方法。它们确定下来了，就基本确定了为实现目标进行的教学活动的大致框架。

教学任务分析是一项复杂的教学设计技术。如果说教学任务分析是教学过程的"路线图"，那么要绘好这张图，教师可从以下几方面操作：

①确定具体清晰的终点目标；

②提问"为了达成终点目标，必须先掌握哪一个过渡目标"；

③再提问"为了掌握这一个过渡目标，必须先知道什么或先会做什么"，如此逐级推演，直到找出全部过渡目标和先决条件为止；

④按照终点目标—过渡目标—先决条件的层级进行排序；

⑤考虑用什么样的方法、途径才能最有效地完成每一项学习任务；

⑥根据学生的起点行为确定"可能的教学起点"。

从以上操作中我们可以看到，教学任务分析比单纯确定教学重点和难点的做法更为全面和科学。

2．运用任务分析诊断学生学习困难

根据任务分析的要求诊断学生学习困难主要从如下三个方面来进行。

• 诊断原有认知结构中存在的知识（广义）缺陷

这是根据任务分析而进行的对学生起点能力的分析。学生在进入新的学习单元或新的学习课题时，其原有的学习习惯、学习方法、相关知识和技能对新的学习起着决定性作用。所以，教师在确定了教学目标（教学任务）之后，必须分析并确定学生为完成这一目标（任务）所具备的起点能力状态，从而准确诊断出其认知结构中存在的知识缺陷。

对作文困难的知识缺陷分析①

比如，就作文教学与训练而言，起点能力不仅仅决定学生在作文课中能够学什么、学多少和怎样学，而且对学生能否写出符合要求的作文也有直接的影响。我们知道，起点能力与写作任务之间通常存在一段距离，用现代学习论来解释，这段距离的实质是知识上的空缺。

在写作任务一致的情况下，不同起点能力的学生，他们知识空缺的类型和程度是有区别的。如在完成一篇给材料写议论文的写作任务时，不同起点能力学生的知识空缺就有很大差别：从知识类型上看，有的学生缺少的可能是写作内容知识，不能提取出足够的典型论据；有的学生缺少的可能是写作的基本技能，不能对论据进行恰当的分析，或者结构安排不当；有的学生缺少的可能是写作的高级技能，不知如何从所给的材料中构思出一个准确、新颖的中心论点。

从知识掌握的程度上看，不同起点能力的学生对知识的巩固熟练程度、加工水平等也存在一定的差异。因此，我们在确定补救教学内容之前，必须先找出不同学生的知识空缺，确定他们的起点能力，然后才能依据他们的个性差异，因材备课，因材施教，有的放矢地填补各个知识空缺。

• 诊断实现教学目标所需的必要条件

这是根据任务分析中的必要条件而进行的。如前所述，完成了学生的起点能力分析之后，任务分析的下一项任务是要鉴别学生从起点到终点之间所必须掌握的必要条件。不少学生学习困难的原因，就是学生没有掌握这些必要条件。因此，学生学习上出现困难，也要从学习的必要条件是否满足来寻找原因。

所谓必要条件，即决定进一步学习必不可少的条件。我们可称之为要实现的教学目标的子目标。所谓诊断必要条件，就是要运用"递推法"，从教学目标（终点目标）出发，反复提出这样一个问题"学生要完成这一目标，他

---

① 何更生，吴红耘. 语文学习与教学设计：中学卷［M］. 上海：上海教育出版社，2004：304.

预先必须具备哪些能力"，一直追问到起点能力为止。这样，就可以把学生需要掌握的子目标分层次一一排列出来，形成一个必要条件的目标序列。这个目标序列就是学生通过学习应该逐步形成的能力序列。根据这个能力序列，可以测量学生的实际成绩，检查和分析其存在的差距，找出学生仍然没有形成哪些能力而造成学习困难，从而准确诊断出在实现一定教学目标中学生的欠缺所在。

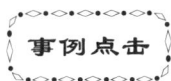

事例点击

例1：连续两次借位减法的任务分析

表3

计算任务：500－127	
需要的先决技能	需要的数学程序
1. 数的辨别	1. 识别出减法问题
2. 书写数字	2. 确定起点（从最低位算起）
3. 遵循书面或言语指导方向	3. 确定不能用0减7
4. 说出数字	4. 转到十位数以便重组
5. 对位数字	5. 确定不能用十位数上的0
6. 识别减号	6. 转到百位数
7. 陈述借位概念	7. 确定百位数上的5可以重组
8. 比较基本的减法事实	8. 重组百位数：a. 画掉5；b. 在5上面写4；c. 在十位上面写上10
9. 重组概念	9. 重组十位数：a. 画掉10；b. 在十位上面写上9；c. 在个位上面写上10
	10. 用10减7
	11. 写下3
	12. 用9减2
	13. 写下7
	14. 用4减1
	15. 写下3
	16. 得出正确的答案（373）

在需要两次借位的减法学习中，教师可以借助上述任务分析结果来具体分析学生运算的错误所在。例如，如果学生的运算结果为427，则可能是由于他根本没有掌握借位概念，只是采取了大数减小数的方法；如果学生的运算结果为383，则可能由于只进行了一次借位，问题出现在十位数的重组上。

例2：解应用题的任务分析①

题目：一辆公共汽车载有38名乘客。在一个车站，下去了23名，上来了11名。从这一站开出时，车上载有多少乘客？

为解决这一问题，学生要经历一定过程，利用多种类型的知识：

（1）转换。学生要理解问题的陈述，为此，要具有事实知识和语言知识。如学生要理解"公共汽车""载客""公交车站""上下车""从车站驶出"等概念，还要能理解最后问的问题的含义。

（2）理解。学生要能识别出问题的类型。这需要学生具备有关问题类型的知识（又叫图式知识）。在该例中，学生要能识别出这是涉及变量之间增加和减少的算术问题。

（3）计划。学生形成解决问题的策略或计划，需要具备策略性知识。如学生要先求出下去乘客后车上还剩多少人，然后再加上上来的乘客数，从而求得车上乘客的总数。

（4）执行。学生要采用合适的计算程序来对数值进行正确运算，需要学生具有计算的知识（程序性知识）。

· 诊断实现教学目标所需的支持性条件

这主要是分析促进学习的一些非必要但起支持作用的因素，如动机、策略等等。如学生阅读课文时粗枝大叶，谈出的见解和体会很肤浅，在诊断其缺陷时，学生对所阅读的文章是否感兴趣或者学生有没有主动阅读欣赏的动机，这些应成为诊断的重点。

又比如，学生作文时，字迹潦草，材料平淡，甚至连字数都达不到要求，在诊断其缺陷时，学生对作文的题目、题材是否感兴趣，或者学生有没有写出优秀作文的内在动机，是否具有明晰的写作思路等，这些应成为诊断的

---

① 王小明. 教学论：心理学取向 [M]. 上海：上海教育出版社，2005：247－248.

重点。

　　在对学生进行诊断时，上述三个方面往往是结合起来使用的，即在对教学目标进行任务分析的基础上，对照学生的能力蓝图，就学生的能力表现，从原有知识基础、必要条件、支持性条件三个方面进行诊断。分析、找出问题症结所在。这需要教师具备扎实的学习心理学基础。

3. 学科学习困难的诊断方法

　　前面我们对一般的教学诊断方法和诊断技术做了讨论，这里再就学科学习困难的诊断进一步做具体介绍。

　　• 诊断测验

　　诊断测验与教学评价中使用的测验实质上是一样的，只不过教学评价中的测验是针对教学目标编制的，诊断测验则是针对任务分析分析出的教学目标的子成分编制的。诊断测验要获得学生问题的准确信息，也要讲究效度和信度。这里的效度是指与构成教学目标的子成分相匹配。为保证信度，一般对每个子成分用 4 个或 5 个题目来测量。

　　根据学习层次来诊断学生的缺陷时，一般从层次的底部开始，一次检测一个成分，逐步向上，直至检测出学生不能完成的成分为止。如果学习的层次很多，尼特科主张先从层次中间的成分检测起，如果学生掌握了中间层次的成分，表明问题出在中间层次与最终目标之间的某个地方，这时可以对中间层次与最终目标之间的层次成分进行检测，直到检测出学生完不成的目标成分为止。这一方法有一假设，那就是如果学生能完成层次中某点上的任务，则在这一点以下的任务学生都已掌握。但这一假设并不是绝对的，有时这一假设并不正确，需要教师在实际诊断时注意。

事例点击

数学诊断题两例①

　　如对于退位减法的计算任务，在任务分析基础上编制的诊断测验如下：

_____

　　① 王小明. 教学论：心理学取向 [M]. 上海：上海教育出版社，2005：248.

① 17 ② 15 ③ 43 ④ 337 ⑤ 654
  −12   −13   −32   −226   −423

⑥ 43 ⑦ 63 ⑧ 462 ⑨ 667
  −25   −57   −453   −374

其中题目⑧和⑨检测的是"三位数的不连续退位减法"技能，题目⑥、⑦检测的是"两位数的退位减法"技能，题目③～⑤检测的是"两位数和三位数的不退位减法"技能，题目①、②检测的是"20以内的两位数减法"技能。假设一名学生前5道题目全部做对，⑥、⑦两题做对一道，⑧、⑨两题全部做错，则可以判断，该生没有掌握"两位数的退位减法"和"三位数的不连续退位减法"技能，补救教学应从这两个子目标补起。

又如对学生解应用题的能力的检测，在任务分析的基础上可以出示下面的检测题：

问题：一只空饼干盒重80克，当装满饼干时重1千克。盒中的饼干有多重？

事实知识与语言知识的检测题：（1）什么是空饼干盒？（2）1千克等于多少克？（3）"盒中的饼干有多重"是什么意思？

图式知识的检测题：题目中两个量之间存在什么关系？

策略性知识的检测题：你打算如何着手解决这一问题？解决这一问题的正确步骤是什么？

计算知识的检测题：$1 \times 1000 - 80 =$ ？

• 会谈

由于测验信度和效度的影响，仅用诊断测验有时难以对学生的问题做出正确诊断。在有些情况下又不便于对学生进行诊断测验，这时教师和具体学生的会谈就起了重要的诊断作用。这里的会谈是向学生提出一些问题，要求学生回答或解释自己是如何解决问题的。当然，这里的问题是有目的、有根据的，通常是参照任务分析的结果来提问。从学生的回答中，教师可以收集到相关的诊断信息。为提高会谈的有效性，尼特科对教师提出了如下建议：

①要记住，与学生个别会谈的目的是收集学生思维及出错的信息，不是

从学生那里得到正确答案。②要像对待正式考试一样来对待与学生的个别会谈。除了记住要问的问题外，手边要准备一些必需的材料。找一个安静的、不受干扰的地方。③用非正式的和友好的方式进行会谈，不要吓着学生。④不要连珠炮式地向学生发问。⑤向学生提出问题后，要留出至少 5～10 秒的时间让学生准备反应。⑥先从较宽泛的问题问起，然后逐渐缩小问题的范围，所问的问题要集中于搜集诊断性的信息上。⑦在学生回答时要做好笔记，以防止会谈后遗忘，也便于以后安排补救性的教学。[①]

• 问卷

问卷法即以书面提出问题的方式搜集资料的一种诊断方法。一般将要诊断的问题编制成问题表格，让学习困难学生在正常状态下填答，从而获得相关资料。

运用这种方法，要注意以下几点：

①根据诊断目的和需要，认真确定被调查者，保证其具有代表性，防止被调查者不合作影响问卷的效度。②设计的题目要针对任务分析的结果，数量不要太大，表述要简单、明确、通俗，题型最好使用判断、选择、填空等形式，必要时也可以使用问答式。③所要求的答案尽量是具体的，便于统计和分析。④要注意根据测试结果对项目内容、排列方式不断加以改进，以提高问卷诊断的信度、效度。⑤除针对个别学习困难者进行问卷诊断外，最好使用无记名答卷，以消除被调查者的疑虑。

• 查阅文献资料

这种方法是指通过查阅学习困难学生现有的书面材料，并进行分析，做出诊断。这些材料是学习困难学生在学习过程中自然形成的，能真实反映其学习情况，如各种作业本、考试卷、成绩曲线图、背诵或默写不出来的次数记录、作业迟交或不交次数记录、违纪次数记录等。

通过分析这些材料，可对学习困难学生的知识缺陷、学习动机等发展变化做出动态判断，有利于综合诊断学习困难的成因。

运用这种方法，要注意以下几点：①查阅的文献资料要针对任务的需要

---

① 王小明. 教学论：心理学取向 [M]. 上海：上海教育出版社，2005：250.

而有所选择。②对各种作业情况的分析要及时、细致，准确找出作业中错误的成因。③对学习困难学生平时学习情况的记录档案要保存完整。④既要把学习困难学生的学习状况与优秀学生做对比分析，又要把学习困难学生的现状与过去做对比分析，找出其中的差距所在。

事例点击

例1：学生习作的查阅[①]

比如，在学生的习作中，我们可以轻易地诊断出如下各种错误：有的学生以"文体自选"为借口，固守着记叙文、散文等而排斥议论文；有的学生通篇没有明确的中心论点，在行文中不断转换论述的中心；有的学生虽然抓住了中心论点，但不能围绕中心论点展开论述，有时甚至还写与中心论点无关的事实和道理；有的学生不能处理好"论"和"述"的关系，所论述的道理与所列举的事实结合不紧密，缺少分析；有的学生列举的论据贫乏、陈旧，人云亦云，缺乏新意；有的学生列举的论据材料幼稚化、私人化，不够典型，缺乏说服力；有的学生的思维有了一定的发展，但还缺少一种综观全局、驾驭整体的能力，缺乏严密的结构设计；有的学生缺少深入探寻事物深层意蕴的能力，即使知道什么是"层进式"，文章也只能是浅尝辄止，流于表面；有的学生在写驳论文时，往往破而不立，或只立不破等等。以上种种错误，清晰地显示出学生写议论文的困难。

例2：学生数学作业中的错误分析[②]

对学生的数学作业或者课堂练习中出现的错误进行系统的分析，也可以找到学习中存在的各类问题。以下面四则混合运算的错误为例。

$28+13\times2-15$ $28+13\times2-15$ $28+13\times2-15$

$=41\times2-15$ $=38+26-15$ $=28+26-15$

$=82-15$ $=64-15$ $=54-15$

$=73$ $=49$ $=49$

(A)   (B)   (C)

---

① 何更生，吴红耘.语文学习与教学设计：中学卷 [M].上海：上海教育出版社，2004：310.

② 庞维国.数学学习与教学设计：小学卷 [M].上海：上海教育出版社，2005：300.

通过分析上述三类运算错误，教师一般可以断定：（A）为没有掌握运算规则类型的错误，这类学生的问题比较严重，需要进行重新教学，指导其掌握运算规则；（B）为基本的事实错误，学生已掌握了运算规则，但是对解题过程的监控不够；（C）为基本的运算错误，学生可能还没有熟练掌握借位的减法运算，需要补救教学。

（三）智慧环境下的学习分析

我们已经进入一个"数据驱动学校，分析变革教育"的大数据时代，大数据必将改变传统教育的面貌，"数据驱动决策"已经成为教育流行语。大数据时代为我们提供的海量数据和先进的数据分析技术，使得我们有机会更加精准地去认识每一位学习者。如：通过对学习者相关数据的挖掘和分析，绘制学习者的学习路径图；在前期预测模型研究的基础上，优化学习者的学习路径，促进学习反思。

1. 智慧教育的基本概念

随着信息技术在教育领域的深入应用，智慧教育成为信息化教育应用的一个新范式。智慧教育主张借助信息技术的力量，创建具有一定智慧特性（如感知、推理辅助决策）的学习时空环境，旨在促进学习者的智慧全面、协调和可持续发展，通过对学习和生活环境的适应塑造和选择，以最终实现对人类的共善（对他人、社会的助益）。智慧教育充分体现了"以学习者为中心"的思想，强调学习是一个充满张力而平衡的过程，揭示了"教育要为学习者的智慧发展服务"的深刻内涵。

智慧学习环境的基本特征是：基于学习者的个体差异（如能力、风格、偏好、需求）提供个性化的学习诊断、学习建议和学习服务；记录学习历史数据，便于数据挖掘和深入分析，数据结果用于评估学术过程、预测未来表现和发现潜在问题。因此学习数据分析成为智慧学习不可或缺的条件。

（1）教育大数据

"大数据"这一概念对于我们来说已不陌生，大数据规模巨大，无法通过目前主流软件工具获取、管理、处理、整理。

大数据具有数据量大、数据多样和数据产生速度快三大特征。

教育领域中的大数据有广义和狭义之分。

广义的教育大数据泛指所有来源于日常教育活动中人类的行为数据，它具有层级性、时序性和情境性的特征。

狭义的教育大数据是指学习者的行为数据，它主要来源于学生管理系统、在线学习平台和课程管理平台等。

（2）教育数据挖掘和学习分析

通过对教育大数据的获取、存储、管理和分析，我们可以构建学习者学习行为相关模型，分析学习者已有学习行为，并对学习者的未来学习趋势进行科学预测。美国《通过教育数据挖掘和学习分析促进教与学》报告指出，目前教育领域中大数据的应用主要有教育数据挖掘和学习分析两大方向，两个研究方向虽然同源，却在研究目的和研究方法等方面截然不同，具体比较情况如表 4 所示。

表 4　教育数据挖掘和学习分析比较[①]

概念名称 概念属性	教育数据挖掘	学习分析
研究目的	通过研究，使学习者学习行为模型化显示，探寻各变量之间的相关关系，预测学习者未来学习发展趋势	通过研究，使学校和老师能够根据不同学习者的能力水平和实际需求为其提供合适的教育机会
研究方法	综合运用统计学、机器学习和数据挖掘的技术和方法	统计学、数据挖掘、社会学、心理学、学习科学的技术和方法

• 教育数据挖掘

教育数据挖掘是综合运用数学统计、机器学习和数据挖掘的技术和方法，对教育大数据进行处理和分析，通过数据建模，发现学习者学习结果与学习内容，学习资源和教学行为等变量的相关关系，来预测学习者未来的学习趋势。美国《通过教育数据挖掘和学习分析促进教与学》报告通过对教育数据

---

① 徐鹏，王以宁，刘艳华，等. 大数据视角分析学习变革：美国《通过教育数据挖掘和学习分析促进教与学》报告解读及启示 [J]. 远程教育杂志，2013（6）.

挖掘和对领域专家进行访谈，列出了教育数据挖掘的四个研究目标：（1）通过整合学习者知识、动机、元认知和态度等详细信息进行学习者模型的构建，预测学习者未来学习发展趋势。（2）探索和改进包含最佳教学内容和教学顺序的领域模型。（3）研究各种学习软件所提供的教学支持的有效性。（4）通过构建包含学习者模型、领域模型和教育软件教学策略的数据计算模型，促进学习者有效学习的发生。

- 学习分析

学习分析是近年来大数据在教育领域较为典型的应用，在国际上有专门针对学习分析研究和应用的国际会议，目前已举办了两届。在首届会议上将学习分析定义为"测量、收集、分析和报告有关学习者及其学习情景的数据集，以理解和优化学习及其发生情景"。我国学者顾小清认为，学习分析是围绕与学习者学习信息相关的数据，运用不同的分析方法和数据模型来解释这些数据，根据解释的结果来探究学习者的学习过程和情景，发现学习规律；或者根据数据阐释学习者的学习表现，为其提供相应的反馈，从而促进更加有效的学习。学者祝智庭指出，大部分学者认同如下定义："学习分析学是使用智能数据、学习者数据，以及分析模型来发现信息和社会性联系，并以此为依据进行学习预测和提供建议。"[①] 在借鉴教育数据挖掘相关技术的基础上，学习分析的关键技术涉及系统建模、分类、聚类、关系挖掘、社会网络分析、话语分析及文本挖掘一系列方法。最常用的方式是分类，其次为聚类、回归（线性回归或者多元回归）和模式挖掘。

综合而言，学习分析是一种应用技术，是一座连接提升学习者专业表现、预测成绩、挖掘潜在问题、推荐个性化资源和改进实践教学的技术"桥梁"，也是学习者、教师、教育组织者等之间的联结纽带，可应用不同关键技术将适合个人特征的学习资料、学习路径推荐给学习者，为教师反馈学生的学习行为分析结果和评测诊断结果提供帮助，帮助教学组织、管理机构提高教育决策质量、优化课程评估流程。[②]

---

① 祝智庭，沈德梅. 学习分析学：智慧教育的科学力量 [J]. 电化教育研究，2013 (5).

② 顾小清，刘妍，胡艺龄. 学习分析技术应用：寻求数据支持的学习改进方案 [J]. 开放教育研究，2016 (5).

2. 学习分析技术应用于学业诊断[①]

（1）学习分析技术的学术内涵：聚焦学习者的学习过程

学习分析的核心是对学生学习过程中产生大范围数据的解释，以用于评估学术过程、预测未来表现和发现潜在问题。

学习分析技术包括以下几个要素：

第一，数据理解与采集。数据的量不仅大，而且数据的类型和来源比较多元，联系也不甚紧密，涉及学习者本体、学习环境、学习行为等各方面的数据。这些数据的理解、设计和采集是学习分析技术的重要任务。由此可知，数据是学习分析技术的基础要素。

第二，数据处理与分析。面对不同的数据集和学习者，具体采用哪些技术进行挖掘分析，这是学习分析技术的重心。基于所有数据、由各类工具综合而成的分析过程或分析模型是学习分析技术的关键要素。

第三，学习（者）解释与认知。学习分析技术应用的目的不是寻求数据的完美性和技术的规范性，也不是寻求学习的普遍规律，而是更好地认识和理解学习者或学习。所以，对数据结果的可视化表征及其意义阐释对学习分析技术研究来说具有重要意义。图文表征是学习分析技术的结果要素。

第四，学习（者）预测与干预。对未来的预测与建议是教育者一直以来的理想，过去囿于经验的预测经常会发生偏差，教育大数据思想下的学习分析技术让大家对这种预测更推崇、更期待，所以，预测和基于预测的干预是学习分析技术的价值要素。

学习分析技术的价值追求和使用过程，与智慧教育背景下学业质量评价的发展方向和改革要求具有较高的一致性。

（2）学习分析技术的评价应用：贯串学习者的发展过程

• 从过程性评价看学习分析技术的应用

作为一个研究领域，教育领域的分析技术目前还处于早期发展阶段，目前学习分析所考量的维度主要在两方面：一是分析情绪行为或认知等成分在学习中有多"宽"，即这些成分对学习的影响程度；二是在各特定学科知识领

---

① 何永红. 智慧教育背景下学业质量评价的设计：以学习者为中心 [J]. 教育发展研究，2019 (24).

域中，分析学习者从新手到专家的发展路经有多"深"，即学习者的学习路径是怎样的。学习分析中，对学生当下学习状态及影响因素的探究以及对学生未来发展路径和潜能的预测，也是学业质量评价亟须突破的难点。按此理念，科学、便捷、有效的过程性评价可以成为现实。

学业质量评价要走向"多维和全程"，要从传统的"诊断与选拔"中走向"对于学习、为了学习、促进学习"三维一体的评价，这与学习分析的理念框架、系统等具有一致性。学习分析的发展已经脱离了单纯的技术倾向，而是融合了数据处理和人类决策的综合系统，它可以从目标设定、数据获取、分析方法选择、结果呈现与反馈等多个方面与评价理论相互渗透融合，赋予"促进学习的评价全新的面貌，为学习发展构建全新的生态"。学习分析技术的应用可以让学业质量评价"回归初心"。

评价既是教学的起点，也是教学的终点，更伴随教学的过程，不仅是绩效管理的手段，更是学生发展的阶梯。基于教育大数据的学习分析技术应用系统让这一评价理念转化为实践成为可能。当然。在面向不同学段的学生、不同课程或学科的学业质量评价时，其过程性评价的具体操作方式等会有所不同。

学习分析对数据的重视程度、应用方式等对学业质量评价有巨大的促进作用。学习分析技术的应用可以让学业质量评价走出单考试、单类证据的藩篱。

学习分析技术对数据的来源、类型、关系、价值等方面的观念尤为重要。当前，在数据采集方面，除了网上课程或网上学习的伴随式采集数据外，录像、语音识别、表情识别、动作识别、可穿戴设备、眼动仪、调查等也是重要的采集手段。这使得学习者的学习过程、身体活动、生理反应等数据源都可以形成多模态数据集。可以说，学习分析技术正从多元数据走向多模态数据。多模态数据是指对于同一现象、过程或环境采用两种或两种以上方式获取的相关数据。与传统学习环境中采用观察法人工记录数据相比，多模态数据从多个维度全面、精准地采集记录和存储真实的课堂情景，涵盖数字、文本、音视频、生理指标等多种数据类型，映射了学习者的基本信息、行为、心理和生理特征，具有情境性、时序性和层级性。根据数据中所携带信息的特性，可将多模态学习分析数据分为生理层数据、心理层数据、行为层数据和基本信息数据四类。多模态数据扩大了学业质量过程评价的内涵，突破了传统的证据定式，让过程性评价更加灵活、真实和有效。

• 从结果性评价看学习分析技术的应用

学业成果是学业质量评价的核心证据。长期以来，我们参照布鲁姆目标分类，通过严密的命题工具的开发与严格的测试，借助学习成果对学生的学业水平或学业质量进行评价。此类测评的前提假设是学习成果是可测量的，而且是在多个维度可测量。但有研究者认为，事实上，学习成果的描述与所测量的结果之间是否匹配还存在疑问。为此，可以借助学习分析方法对这一问题进行探究。结果性评价需要综合运用多种手段，通过多元方法呈现学习成果，并用学习分析技术和数据挖掘技术进行处理。

在多元评价导向下，对学业质量的结果性评价，一方面，可以参照大规模学业质量监控或著名国际测试，进行学业质量评价的规划和设计；另一方面，结合经典测量理论和项目反应理论，借助学习分析系统中的工具进行充分的数据挖掘，并借鉴其思路将评价结果应用于导向预测和干预。

学习分析技术拓宽了学业质量评价的视野，在一定程度上可以突破传统学业质量评价的瓶颈。运用学习分析技术，可以加强对学生学习过程、环境、背景等各方面结构性数据、半结构数据、非结构数据的采集、分析和挖掘，探索区域整体学业水平变化趋势与规律，挖掘学生非学业因素与学业水平之间的关联性，关注学业质量的学校、班级、个体间的差异，关注对学生学业质量及其相关因素的历史纵向解释和未来发展预判，促进每一个学生的健康成长。